国家出版基金项目
NATIONAL PUBLICATION FOUNDATION

国家高端智库
CHINA TOP THINK TANKS

智库研究丛书-07

丛书主编 黄宪起
丛书副主编 张 伟

智库研究与管理方法

张 伟 金江军◎编著

中共中央党校出版社
The Central Party School Publishing House

图书在版编目（CIP）数据

智库研究与管理方法/张伟，金江军编著．--北京：中共中央党校出版社，2017.6

（智库研究丛书）

ISBN 978-7-5035-6028-6

Ⅰ.①智… Ⅱ.①张… ②金… Ⅲ.①咨询机构-研究-世界 Ⅳ.①C932.81

中国版本图书馆CIP数据核字（2016）第322973号

智库研究与管理方法

策划统筹 曲　炜
责任编辑 楚双志　王　琪
版式设计 尉红民
责任印制 王洪霞
责任校对 魏学静
出版发行 中共中央党校出版社
地　　址 北京市海淀区大有庄100号
电　　话 （010）62805830（总编室）　（010）62805821（发行部）
（010）62805034（网络销售）　（010）62805822（读者服务部）
传　　真 （010）62881868
经　　销 全国新华书店
印　　刷 三河市华润印刷有限公司
开　　本 700毫米×1000毫米　1/16
字　　数 226千字
印　　张 16.5
版　　次 2017年6月第1版　2017年6月第1次印刷
定　　价 50.00元

网　　址：www.dxcbs.net　**邮　　箱**：cbs@ccps.gov.cn
微 信 ID：中共中央党校出版社　**新浪微博**：@党校出版社

〉〉〉总 序

纵观当今世界各国现代化发展历程，智库在国家治理中发挥着越来越重要的作用，体现了一个国家的综合实力。智库不仅作为公共政策咨询体系的“硬”支撑，同时也是协商民主广泛多层制度化发展的助推器，是引领社会思潮、启发民智的思想库，是联通政学两界高端人才的旋转门，是政府与社会有效互动的纽带，是国际合作共赢的沟通平台，是撬动全球竞争格局的杠杆。无论在各国的国内事务领域还是在国际政治经济舞台上，都活跃着一大批智库的身影。智库日益成为国家治理、全球治理体系中不可或缺的组成部分。

对于现代中国，智库建设显得尤其迫切。在政府决策中，我国历来重视发挥专家咨询的作用，一些具有智库性质的机构也一直承担着一定的“辅政”功能。但随着当前形势发展，破解改革发展稳定难题、应对全球性问题的复杂性艰巨性前所未有，相对于当前各领域决策科学化民主化的迫切需求，相对于现代国际智库整体发展水平，我国传统智库体系发展已经严重滞后，智库建设跟不上、不适应现象日益突出。为推动国家治理体系和治理能力现代化、增强国家软实力，尽快实现中国智库建设现代化，其意义重大、刻不容缓。

当前，中国特色新型智库建设进入“春天”。尤其党的十八大以来，以习近平同志为核心的党中央高度重视智库建设，要求把智库作为国家软实力的重要组成部分，智库建设被提升到国家战略的层次和高度。2013年11月，党的十八届三中全会通过的《中共中央关于全面深化改革若干重大问题的决定》首次提出，“加强中国特色新型智库建设，建立健全决策咨询制度”。2014年10月27日，习近平总书记在中央全面深化改革领导小组第六次会议审议《关于加强中国特色新型智库建设的意见》时指出：我们进行治国理政，必须善于集中各方面智慧、凝聚最广泛力量。改革发展任务越是艰巨繁重，越需要强大的智力支持。2015年1月，中共中央办公厅、国务院办公厅专门印发《关于加强中国特色新型智库建设的意见》，作为中国特色新型智库体系建设的总方案，中国特色新型智库建设迎来历史上前所未有的战略机遇，迅速形成中央积极引导、各地方各部门踊跃投入的氛围。2015年11月，中央全面深化改革领导小组第十八次会议通过《国家高端智库建设试点工作方案》，共有25家机构入选首批国家高端智库建设试点单位。

在中国特色新型高端智库发展新格局中，中央党校具有格外重要的位置和优势。在中央和国家支持下，中央党校实施了“创新工程”，把智库建设作为与教学并列的两大创新主题之一，足见中央党校对智库建设的重视。被明确列入先行开展试点建设的国家高端智库名单，对中央党校智库建设又是一个巨大推动。中央党校有条件、有能力建设国家亟须、特色鲜明、制度创新、影响突出、引领发展的新型高端智库，并在智库研究领域发挥排头兵作用。

当前，我们对于中国特色新型智库的研究和认识整体上仍处于初始阶段，难免存在诸多理论误区和困惑。对于如何着手开展中国特色智库建设，难免出现一哄而起、无所适从的现象。如果不能及时广开言路、开阔视野、紧贴中国现实深入开展研究讨论，将不利于我国智库建设进程的顺利推进和长远发展。近两年来，国内智库研究呈迅速增长态势，但总体上，关于智库的学术成果数量还比较少；我们仍然主要处于借鉴学习阶段，尤其是对美国智库建设的借鉴学习比较多；核心作者数量不多，整体研究力量仍显薄弱；研究成果的整体学术质量有待提高，经验性、应用性、普及性的研究成果比例较高；研究主题散乱现象比较明显，规范性、系统性、理论性方面存在欠缺，① 尤其是对智库专门的系统的学术研究，至今还是空白。

为推动中国特色新型智库的建设实践和理论研究，我们酝酿策划了这套丛书，首批推出九本，试图从多个研究视角对智库建设进行剖析。其中，《新型智库基本问题研究》就我国智库建设中的一些重大理论问题，尤其是一些容易形成理论误区的基本问题进行分析；《中国特色新型智库研究概览》选编了近期有关中国特色新型智库建设的观点著述，包括高层论述、论坛研讨、学术观点、国外经验等；《智库能力评价与创新》就当前国内外关于智库能力评价的经验做法进行梳理，提出关于中国智库能力的新框架，并相应就如何进行智库能力创新进行探讨；《智库协同创新研究》基于中国智库机构的"条条化"特点，以党校系统为例，探索智库协同创新问题；《智库建设法治化研究》基于国外智库建设法治化实践经验，探讨了如何促进中国智库法治化的目标与路径；《国际智库发展模式》从政策参与、影响社会、制度促进、组织管理、项目管理、全球化发展等角度，探讨了国际智库的发展经验；《中国民间智库发展研究》探讨了中国民间智库发展的历程、现状、制度环境、困境、策略等，并借鉴国外经验，提出中国民间智库发展的对策；《智库研究与管理方法》从微观层面入手，对智库研究方法和智库管理方法进行了梳理；《国外智库研究要览》从多个层面和角度汇集了国外关于智库的

---

① 参见邱均平：《中国智库理论研究的最新进展与趋势》，《重庆大学学报（社会科学版）》2016年第2期。

学术研究现状、成果、经验等。

本丛书作者以中青年学者为主，他们在已经非常繁忙的现有教学、科研工作中额外付出大量心力，勇于在一个全新的领域进行探索，其精神可嘉。不必讳言，作为智库研究领域的新探索，这套丛书肯定存在着很多不足甚至缺陷。因为本丛书研究视角“多元”，而且定位“学术”研究，在当前国内智库研究总体水平不高、文献成果总体数量不多、专门研究者缺乏的情况下，研究深度必然受到“局限”，结合中国特色场景时难免生硬，在研究内容上难免出现交叉、重复。本丛书立足于抛砖引玉，所著材料和观点仅供广大研究者和实践者参考，期望能对大家理解中国特色新型智库建设的新思想、新观点、新目标和新举措等有所启发。我们能够承诺的是，丛书作者们将会继续在智库研究领域进行“深耕”，希望有机会能够对丛书中的内容不断进行更新，就更多、更具体的课题进行探讨，适时推出新的版本，使丛书内容更加丰富，更加贴近现实。诸多不当、不足之处，文责自负，请读者朋友谅解并指正。

本丛书得到了 2016 年度国家出版基金项目资助，得到了中央党校科研基金重点项目资助。在本丛书策划、出版过程中，中央党校出版社曲炜、楚双志两位编审付出大量心血。本丛书在写作中参考了许多国内外文献，体现了原著者、论者的理论和学术贡献。在此，对他们一并表示感谢。

黄宪起

2017 年 6 月

前　言

中国特色新型智库是党和政府科学民主依法决策的重要支撑，是国家治理体系和治理能力现代化的重要内容，是国家软实力的重要组成部分。

2015年1月，中共中央办公厅、国务院办公厅印发了《关于加强中国特色新型智库建设的意见》，提出支持中央党校、国家行政学院把建设中国特色新型智库纳入事业发展总体规划，推动教学培训、科学研究与决策咨询相互促进、协同发展，在决策咨询方面发挥更大作用。2015年12月，中央党校被列为首批国家高端智库建设试点单位。目前，中央党校正在积极实施创新工程，加快构建国家高端智库。

在智库建设中，智库研究人员需要掌握哪些研究方法和工具，如何提升智库研究水平，如何管理好智库，是许多智库人士非常关心的问题。为此，我们编写了《智库研究与管理方法》一书，供智库同仁和广大读者参阅。

智库需要专业化、规范化，智库是一个特殊存在，既不同于学术研究，也不同于新闻媒体，智库人才必须做到学术和实践的有机结合。智库研究方法自成体系，在研究中要注重实证性和经验性，注重智库研究的过程设计。智库专家应是政策分析师，政策科学与智库发展是相辅相成的。智库研究有其独特的系统分析视角和政策模型，在实践中要注重开展社会调查方法、资料收集和分析方法。随着科学技术的进步、“互联网＋”时代到来，我们在实践中也要不断创新智库发展模式，通过互联网检索文献资料，通过网络传播扩大智库影响力，运用大数据来提升智库研究水平。国内外智库发展成熟，它们在组织架构、人才管理方式、资金管理方式、项目管理方式和质量管理方式等方面的经验值得我们借鉴，从而形成中国特色的智库战略管理方法。本书对以上内容进行了归纳总结和深入阐述，以期为中国特色新型智库建设贡献力量。

许多智库对我们相关调研工作给予了支持和配合，一些智库研究领域的专家学者、中央党校的一些教员和学员对本书写作提出了宝贵的意见，在此一并表示感谢。由于作者研究水平、编写时间有限，书中纰漏在所难免，敬请广大读者予以批评指正，提出意见建议，以便再版时补充、修改和完善。

目录

第一章 绪 论

第二章 智库研究方法与设计

第三章 智库专家应是政策分析师

第四章　智库研究中的分析视角

第五章　智库研究中的政策模型

第六章　智库研究中的社会调查

第七章　智库研究中的资料收集

第八章　智库研究中的资料分析

第九章　互联网时代的智库研究

第十章　智库组织与管理

第一章 绪 论

一、智库专业化、规范化

（一）什么是智库

智库（think tank），又被称作思想库、智囊机构、外脑、脑库等。最初，它是第二次世界大战期间美国为国防科学家和军事参谋提供的一种能够让他们在一起讨论战略问题的密室。《世界知识大辞典》认为智库是一种为政府机关、企业、公司、社团提供研究咨询的智力劳动集团，一般由多学科、多专业的专家组成。《大英百科全书》认为智库是跨学科研究组织的研究所、公司或者团体，通常为政府和商业客户服务。

不同专家学者对智库的理解不完全一样。1971 年，保罗·迪克森（Paul Dickson）出版了第一部介绍美国智库形成与发展的专著——《智库》。他认为智库是“独立的、非营利的政策研究机构”，它是一个永久性的实体，不是临时为解决问题而组成的研究小组或委员会，其目的是为政策而不是技术服务①。詹姆斯·史密斯（James A. Smith）认为智库是“在美国主流政治进程的边缘运行的、私人的、非营利的研究型团体，介于社会科学学术研究和高等教育之间，以及政府和党

① 参见 Paul Dickson，*Think Tank*. New York：Atheneum，1971.

派政治之间"[①]。安德鲁·里奇（Andrew Rich）认为智库是"独立的、没有利益倾向的非营利性组织，它们提供专业知识或建议，并以此获得支持，影响决策过程"[②]。唐纳德·E. 埃布尔森（Donald E. Abelson）认为智库是"由关心广泛公共政策问题的人组成的独立的、非赢利性的组织"[③]。

根据中共中央办公厅、国务院办公厅印发的《关于加强中国特色新型智库建设的意见》，中国特色新型智库是以战略问题和公共政策为主要研究对象、以服务党和政府科学民主依法决策为宗旨的非营利性研究咨询机构。

从这个定义可以看出，智库研究的是战略问题和公共政策，而不是学术问题。智库的服务对象是党和政府，而不是企事业单位。智库是为党和政府进行科学决策、民主决策和依法决策服务的。这就需要智库为党和政府提供科学的、合理的、具有可操作性的政策建议或政策方案。智库是非营利机构，而不是商业机构。值得指出的是，非营利不等于不营利，只是不以营利为目的。智库是研究咨询机构，既要做政策研究工作，也要为党和政府提供政策咨询服务。

（二）智库人才建设

近年来，我国智库建设取得了很大成绩，为推动改革开放和现代化建设作出了重要贡献。尤其党的十八大以来，明确提出中国特色新型智库是党和政府科学民主依法决策的重要支撑，是国家治理体系和治理能力现代化的重要内容，是国家软实力的重要组成部分[④]。从而，

---

① James A. Smith，*The Idea Brokers：Think Tanks and the Rise of the New Policy Elite*，New York：The Free Press. 1993.

② Andrew Rich，"US Think Tank and The Intersection of Ideology Advocacy and Influence"，*NIRA Review*：Winter 2001.

③ Donald E. Abelson，*American Think Tanks and their Role in US Foreign Policy*，New York：St. Martin's Press，1996.

④ 参见中共中央办公厅、国务院办公厅印发《关于加强中国特色新型智库建设的意见》，中华人民共和国中央人民政府网站 http：//www.gov.cn/xinwen/2015－01/20/content_2807126.htm.

在全国范围内的各个领域、各个层面，迅速形成了一轮智库建设和研究的热潮。

同时，随着形势发展，智库建设跟不上、不适应的问题也越来越突出。例如，智库的重要地位没有受到普遍重视，具有较大影响力和国际知名度的高质量智库缺乏，提供的高质量研究成果不够多，参与决策咨询缺乏制度性安排，智库建设缺乏整体规划，资源配置不够科学，组织形式和管理方式亟待创新，领军人物和杰出人才缺乏，等等。

归结为一点，当前智库建设的主要瓶颈在于专业化、规范化程度不高。专业化，主要指的是政策研究专业化；规范化，主要指的是智库管理规范化。

要提高智库专业化、规范化程度，需要高素质人才作支撑。我们常说："所谓大学者，非谓有大楼之谓也，有大师之谓也。"① 如果说智力资源是一个国家、一个民族最宝贵的资源，那么智库人才是智库建设中最重要、最基础的资源，也是当前智库建设中最紧缺的资源。总体上看，现代智库对我们来说仍然是个新兴事物，现代智库人才也是个新兴需求。新型智库建设难以一蹴而就，智库人才的培养更需要久久为功。

自 2015 年初党中央、国务院提出加强中国特色新型智库建设以来，许多党校、行政学院、高校和科研院所等都积极开展新型智库建设。两年来，新型智库建设取得了不少成绩，但也面临许多问题。有人甚至感叹"有库无智"，对中国智库发展前景比较悲观。

智库不同于传统意义上的任何学术研究、学科教育、干部培训、文件起草机构，包括党校、社科院、高校、企业、军队院校等，甚至也不同于现有的党政部门政策研究机构。在当前已经形成的智库建设热潮中，一定程度上难免存在着建设期一哄而上的现象。例如，现有机构翻牌或加挂牌子成为智库，现有人员加上了智库专家的头衔，等

① 1931 年 12 月 2 日，梅贻琦在清华大学就职演讲中说："一个大学之所以为大学，全在于有没有好教授。'孟子说：所谓故国者，非谓有乔木之谓也，有世臣之谓也'。我现在可以仿照说：所谓大学者，非谓有大楼之谓也，有大师之谓也。"

等。所谓“术业有专攻”，智库建设有其自身的特点和规律，智库人才有其特定的专业要求。不具备专业知识、专业能力的人，不是专业人才；所具有的专业知识、专业能力不对口，也不是智库建设需要的专业人才。

首先，我们需要一大批政策研究人才。从机构上来说，现有国内许多开展智库建设的机构大多并非专门从事政策研究，而是一种“副业”。例如，高校的主业仍然是教书育人，科学院的主业仍然是学术研究，各级党校、行政学院的主业仍然是干部培训，企业的主业仍然是生产经营，党政机关研究室主业仍然是为领导起草讲话稿。相应地，这些机构的人员日常主要从事研究、教学、培训等工作，智库领域的研究只是兼顾的副业。

从专业背景上看，就目前而言，政策研究不是、也不能简单对应传统意义上的任何一个学科或学科分支，当然也就谈不上学科意义上的专门人才储备。甚至，在如何从事政策研究方面，现有的许多智库专家也是“新手”，并没有足够经验积累，没有形成大家普遍认可的规范、标准等。

其次，我们需要一大批智库管理人才。技术是生产力，管理也是生产力。在当前智库建设热潮中，上上下下不仅重视智库建设，而且在人、财、物上投入很大。然而，如何提升智库管理水平，如何提高智库建设效益，建立并运行顺畅的智库管理模式和机制，以有利于智库专家发挥聪明才智，不仅多出成果，而且出好成果，让好成果更好地发挥经济效益和社会效益，是我们面临的迫切问题。

在许多具体方面我们仍缺乏足够认知，例如智库的经费管理，智库组织运行管理，智库的人事、人才管理，智库成果及其传播管理，等等。尤其基于我国现实国情，许多智库机构都属于复杂的“事业单位”体系，具有难以一时改变的体制机制惯性，不完全适应新型智库建设的需要。因此，我们需要从人才层面推进管理规范化，建立起高效的现代智库管理机制。

延伸阅读：中国特色新型智库应具备的基本标准[①]

中国特色新型智库应当具备以下基本标准：（1）遵守国家法律法规、相对稳定、运作规范的实体性研究机构；（2）特色鲜明、长期关注的决策咨询研究领域及其研究成果；（3）具有一定影响的专业代表性人物和专职研究人员；（4）有保障、可持续的资金来源；（5）多层次的学术交流平台和成果转化渠道；（6）功能完备的信息采集分析系统；（7）健全的治理结构及组织章程；（8）开展国际合作交流的良好条件等。

（三）对“智库学”的思考

随着智库建设的兴起，加深对智库自身规律的认识，推动实践中的新型智库建设，显得特别重要而迫切。近期，“智库学”的说法浮出水面。有人认为，政策研究领域应该上升为一门专门的学问，并郑重探讨了智库学的学科标准，智库学的范畴、规律与框架，智库学的现实基础和发展前景，提出“建立智库学势在必行，切实可行，智库学含苞待放，呼之欲出”，“不久的将来，独具特色的中国智库学一定会成为管理学科中一颗璀璨的明珠，智库学这门新兴的学科一定会从无到有，从有到优，从优到强”。[②] 并且，有人编写了《智库学概论》。

所谓的“智库学”是否能够立得住，是个可以讨论的严肃话题。智库学能否成长成一门成熟的学科，要看它是否有独立的理论框架，看它是否有系统的研究方法，看它是否有代表性学者、经常性学术活动、固定周期的学术期刊、稳定活跃的学术团体等。实际上，一门新兴学科要从潜在学科羽化成熟，需要大量的基础、系统研究成果做支

---

① 摘自中共中央办公厅、国务院办公厅印发的《关于加强中国特色新型智库建设的意见》，中华人民共和国中央人民政府网站 http：//www.gov.cn/xinwen/2015－01/20/content_2807126.htm.

② 周小毛、黄海、周湘智：《智库学的范畴、规律与框架》，《中国社会科学院报》2015年2月4日。

撑。在过去、现在和将来，我们总会面临一个又一个需要不断认识的新领域，但并非都要以设置专门的学科为目标。① 政策研究没有一个固定的问题对象，而是广泛涉及经济、社会、政治、科技、文化、外交、军事等几乎所有人类知识领域。政策研究作为一种特定的研究领域，不能简单借用既有学科的研究范式。而且，智库作为一种特定的组织机构，自身并没有独立的管理模式。实际上，在智库比较发达的西方国家中，有大量专业智库机构以及专业的政策研究人员，但迄今还没有出现所谓“智库学”这个专门名词，更谈不上相应的学科规范。因此，就目前而言，构建所谓的“智库学”学科，既不必要，也不可行。

这样，我们面临的任务并非建立所谓的“智库学”，而是提高智库建设专业化、规范化程度，解决智库建设过程中遇到的实际问题。因此，要借鉴国外智库研究和管理经验，并结合中国实际，引入相关学科和领域的成果，在手段、方法、机制层面上梳理出我国智库人才需要掌握的一些知识和技能，提升我国智库研究和管理的专业化、规范化水平。

相应地，有很多问题值得探讨，包括需要澄清的一些知识误区。有些内参报告中的建言献策，往往直接以结论出现，缺乏对一手材料的掌握和严谨的分析论证。即使有社会调查作为基础，但其材料的获得和分析也不够科学规范。例如，在政策研究中常见的社会调查应用中，问卷调查本来是一种带有理论预设的、规范性程度很高的量化研究方法，但我们看到的大量的“问卷调查”，既没有一定的理论，也没有对资料的信度和效度进行检验，似乎人人都能设计问卷，人人都能从事量化研究。有时看到动辄数千份问卷的不规范的调查，令人深感这是一种浪费。有些定性研究访谈质量低下，很多是以问卷的形式提出问题，问题缺乏深度，搜集的资料凌乱破碎。有的定性研究报告变成了“举例说明”，完全失去了定性研究报告生动、写实、“还原事实”

① 参见程宏、刘志光：《智库、智库学、智库文化》，《智库理论与实践》2016年第3期。

和理论解释或发现规律的优势。

因此，我们面临的困难也可以想见。不可否认，近年来关于智库的研究文献迅速积累，并形成一定规模。但这些研究主要偏重宏观层面，泛泛而谈多，方法、手段等微观、操作层面上的研究少。智库专业化缺乏特定的学科支撑。即使有学科支撑，也至少要放大到整个社会科学领域。其中政治学、经济学、管理学、政策科学等和政策研究的相关性最强。然而，即使与智库机构最为接近的政策研究机构，以及与智库研究最为相近的政策科学，彼此也大相径庭。国外发达的智库机构体系是自然形成的，相应的专业研究和管理也是自然形成的，并由成熟的社会科学学科体系和人才作为支撑。相对而言，我国当前的新型智库建设具有典型的后发特点，而且具有一定“大跃进”特征，① 同时又缺乏成熟的社会科学学科体系和专业人才支撑。在这种特定背景之下，对智库研究和管理方法进行专门梳理，有利于促进我国智库建设的专业化和规范化。

作为智库领域的初步探索，作者的学识水平、专业素养以及所能投入的时间、精力都是有限的。所以，本书注定只能是抛砖引玉之作。其中内容在是否完整、是否深入、针对性强不强等方面，肯定有许多可商榷之处，甚至可能存在错误。文责自负，作者只能寄望于在此领域不断前行，进行认识水平和经验、材料的积累，在将来能够不断推出修订版本，以期与专家同仁们共同进步。

二、智库是一个特殊存在

智库之所以是智库，尤其是专业智库，显著不同于一般意义上的大专院校、干部培训学校等教育培训机构。甚至，智库也不同于科学院等研究机构，不同于新闻媒体机构，它是一种特殊存在。相应地，

① 参见刘昊、杜佳静、部碧澄：《智库“大跃进”？——“井喷”之后，中国智库还缺啥》，《南方周末》2016 年 4 月 18 日。

智库研究也具有其特殊性。

（一）政策研究不同于学术研究

高等教育的普及使我们对社会科学的学术研究并不陌生。学术研究是指运用理论、知识和经验对科学问题进行分析、探讨，发现客观规律，揭示未知科学问题。学术不仅强调专业性，而且强调系统性。例如社会科学，它的主要目标是从理论的深度加深我们对社会的了解。因为它的研究对象是“真理”，社会科学理论企图发展严格的方法，以从逻辑上说明理论、从经验上检验由此而产生的假设。社会科学的持续进步源于研究人员的孜孜不倦，也源于更为广泛的社会需求。不管一个新的理论或是创新的假设检验方式是否与公共政策直接相关，学术成果都可以赢得社会科学工作者的尊重和重视。学术研究对公共政策的作用是间接的、偶然的，随着经验的累积以及相关理论的兴衰，会在一定程度上影响政策制定者的“世界观”。然而在通常情况下，学术研究与现实智库的决策咨询研究往往大相径庭。政策研究是针对特定的公共事务开展研究，为制定政策提供科学依据和决策参考。政策研究即使以学术研究为支撑，但它绝不以纯学术研究和学科建设为己任，而是侧重于对各类现实政策问题的关注，强调时效性、实用性和对策性。

学术研究与政策研究之间存在着不少功能区别。第一，学术研究的目的是发展学理、观点和理念；而政策研究的要义是运用现存的学理、观点和理念阐释现实问题，提出政策建议，解决实际问题。第二，学术研究是“荒江野老，屋中二三素心人商量培养之事”①，需要有一个相对宽松、单纯的环境，选题和研究进程相当程度上被学者个人志趣左右；而政策研究则有明确的目的和效率指向，它要求汇聚各方专家、平衡多方观点而形成共识，体现的是机构组织的共同看法。第三，学术研究追求的境界是“十年磨一剑”，讲求厚积薄发；而政策研究则

① 《钱钟书给友人的书信》，《郑朝宗纪念文集》，鹭江出版社 2000 年版，第 295 页。

要求及时、迅速做出反应，最忌延误时机。第四，学术研究成果优劣的判别依据在于知识的积累与传承；而政策研究成果的判定标准则在于是否能在国家政策中得到体现，是否在社会公众中产生影响。第五，学术发展的过程高度依赖于“养士”机制和学术梯队培养机制；而政策研究的运行则重在“用士”，延揽各个学科、各个领域的专业人才进行共同讨论。学术研究与政策研究的功能、运作模式如此不同，显然必须有适当的体制安排来妥善处理两类功能的关系。

许多人把学术研究和政策研究混为一谈，认为学术水平高的学者就一定能够制定出好的政策，其实不然。不少政府部门把政策研究课题委托给学术水平高的教授、院士，结果往往不尽如人意。政策研究课题成果不是不可操作，就是不对路，即大量使用学术语言，而不是政策文件语言，把政策文件写成学术论文。学术问题可以自由探讨，但政策问题有许多边界条件约束，必须根据现状提出对策措施。学术研究可以天马行空式的想象，但政策文件是要发布实施的，必须接地气，能落地。

归结起来，学术研究侧重在“是什么”和“为什么”，而政策研究侧重在“怎么办”。不知道“是什么”和“为什么”是很难提出解决问题的方法，但知道了“是什么”和“为什么”，未必能够说出“怎么办”①。这也是为什么学术水平高的学者不一定能够起草出好的政策文件。

因此，千万不能把政策研究等同于学术研究，不能拿考核学者的方法（如看发表在SSCI、CSSCI、中文核心期刊等刊物的论文有多少）来考核智库研究人员。虽然政策研究也需要学理支撑，但不能教条主义，而是应该理论与实践相结合。社会科学许多理论来自国外，但不能拿西方理论套用中国实际，拿中国素材论证西方命题，而是要建立中国自己的话语体系。

当然，政策研究和学术研究也有相通性和联系性。很多组织机构和专门智库一样，有很强的专业性。这些机构虽然不是专门智库，但

---

① 参见丁元竹：《探索智库的研究方法》，《中国发展观察》2012年第8期。

本身职能多元化，在决策咨询方面与专门智库存在交叉。例如，高校、党校、行政学院等教育培训机构，除了教育培训功能之外，还承担着学术研究、政策研究等职能。近年来，我国一些大学院系和研究机构开始利用原有的学术研究优势，以内部刊物、专家座谈会等形式影响政府决策。社科院、社会科学联合会、科学院、研究所等科研机构，除了科学研究、学术研究等职能，还有为各级党委、政府提供决策咨询的功能。研究机构的学术能力，为政策研究提供了专业基础。反过来，专门的智库及其专家也会从事学术研究，或具有学术能力，从而更好地开展政策研究，为政策研究服务。

（二）政策研究不同于新闻媒体工作

媒体和智库从来都是密切联系的，尤其在传播智库成果方面，媒体无疑是智库与公众之间的重要媒介。甚至有人提出了要建设“媒体型智库”的目标，并指出了媒体智库的诸多优势。[1] 新闻从业人员的职业特点是关注近期事件。人们很少要求他们对未来的情况做出预测。当他们撰写有关公共政策的报道时，出于吸引广大读者的目的，通常会把注意力集中在某些与众不同或耸人听闻的事件上，而忽视日常的小事。尽管智库专家与新闻记者在某些目标和局限上呈现了相似的状态，但新闻记者对政治过程的贡献主要在于将政治问题引向公共舆论，而不是对备选方案进行系统的比较分析。

当然，政策研究和媒体工作也有相似的一面。例如，两者都讲求时效。由于新闻转眼就会成为旧闻，他们必须不断地挖掘新的新闻，否则文章就难以得到发表。同样地，无论智库专家的建议是多么的科学、合理，若是在决策做出之后再拿出来，其价值也大打折扣了。紧迫的截止日期使得新闻从业人员和智库分析专家们收集信息的策略非常相似。有关背景的文件以及那些对情况了如指掌的人脉关系网络都

① 参见刘征：《媒体智库的六种优势：基于全球视野的智库分析》，《传媒评论》2015 年第 11 期。

是极有价值的信息资源，他们能让新闻媒体记者迅速地弄清整个事件的来龙去脉。这些资源对智库分析专家也有类似的作用。同时，在没有时间进行系统、全面的调查时，它们能提供大量的关于备选方案在技术、政治和行政可行性等方面的有用信息。如新闻报道一样，智库专家正在努力扩展他们的信息来源渠道。

三、智库人才素养

智库机构的特殊性，决定了对智库人员素质的特定要求。人既是知识的载体，更是知识的主体，人最终决定着知识创造和知识应用的效率和水平。智库工作的核心是对策研究，所以智库人才是决定智库生存与发展最关键的因素。人才的选拔、配备、使用、考核、培训的科学性与合理性，决定了智库的竞争力和成就。

智库人才必须做到学术和实践的有机结合。在著名的《行政国家》一书中，美国行政学家沃尔多（Waldo）十分强调理论创新的实践基础。在他看来，那些与政府活动隔绝的人不可能具备理论创新的知识基础，理想的理论家应该是既能够对政府进行近距离观察，甚至有时直接从事政府管理，同时又能够从管理工作中脱离出来，以便进行认真的思考和反思。

欧美智库的研究人员有很多都曾在政府部门和企业工作过，被称为“学术实践者”（Scholar Practitioner）。例如，美国的布鲁金斯学会，董事会成员共 83 人，由著名的企业家、银行家和学者组成，其中包括世界银行总裁吉姆斯·沃尔芬森（James D. Wolfensohn）、朗讯公司总裁亨利·斯卡特（Henry B. Schacht）、卡内基基金会总裁杰西卡·马修斯（Jessica Tuchman Mathews）、原学会的对外研究所主任理查德·哈斯（Richard Haass）等。董事会主席由吉姆斯·约翰逊（James Johnson）担任，他是 Fannie Mae 抵押公司总裁，曾 5 次竞选民主党总统失败，至今仍活跃在华盛顿的政坛。布鲁金斯共有 100 多名学者，其中高级研究员 75 人。他们拥有极强的学术背景，观点和文章在学术界很有影响，使布鲁金斯学会（Brookings Institution）享有“没有学生的大学”的美誉。

事实上，欧美智库往往是一个政府官员后备人才的蓄水池或储备库。许多官员在任期结束之后，会转到这里工作，一方面利用他们在政府部门工作过的经验和人脉关系来从事研究，另一方面，来此“充电”，为今后有机会再度进入政府部门任职做好知识储备。这就是美国政界和学术界之间的“旋转门”现象。在布鲁金斯学会，这样的例子很多。布鲁金斯学会现任主席斯特普·塔尔博特（Strobe Talbott）就是一个典型代表。他毕业于耶鲁大学，是一名美国外交政策的专家，在政界和学界影响力都很大。1993—1994 年曾任国务院特别顾问，1994—2001 年担任克林顿政府的副国务卿。来布鲁金斯学会之前任耶鲁大学全球化中心主任，主要研究欧洲、北约、国家安全、俄罗斯与苏联、南亚、美国外交等，著作颇丰。其近期发表的著作有《俄罗斯之手：总统外交备忘录》（2002 年）、《恐怖时代：美国与世界》（2001 年）、《在最高层：冷战结束的幕后》（1993 年）等数十本。又如，杰弗里·贝德（Jaferey Bade）。2002 年他从国务院退休之后，到布鲁金斯学会中国研究中心担任主任。在奥巴马竞选总统之时，他在人们普遍不看好奥巴马的情况下选择支持他，成为奥巴马的亚洲和中国政策顾问，并在奥巴马当选总统之后于 2009 年成为国家安全委员会的亚洲事务主任。两年之后，他离开白宫重返布鲁金斯学会担任资深研究员。卜睿哲（Richard Bush）曾供职国会、美国中央情报局和国务院。著名中国研究专家李侃如（Kenneth Lieberthal）曾是密执根大学的教授，在克林顿政府中担任国家安全委员会亚洲部主任，后来又选择在布鲁金斯学会中国研究中心工作。

延伸阅读：美国的“旋转门”现象

“旋转门”是指个人在公共部门和私人部门之间双向转换角色、穿梭交叉为利益集团牟利的机制。“旋转门”机制可以被归为两类：第一类是由产业界进入政界的“旋转门”，这主要是指公司高级管理人员和商业利益集团游说者进入联邦政府并担任要职。在政策制订和实施的过程中，这就可能为他们曾经代表的团体谋取特别的好处。第二类是由政府进入私人部门的“旋转门”。退下来的政府官员充当游说者后，利用自己与政府的联系来为现在所代表的团体谋取特别的利益。在美国，“旋转门”现象司空见惯，而且运转良好。

美国兰德公司（RAND）认为，一个合格的政策分析家必须在社会科学、甚至自然科学方面具有渊博的背景知识，掌握多种不同的分析技术，并有能力和信心从事跨学科的研究。第一，智库专家必须知道如何在截止日期临近，而且有关人群受到限制的情况下仍能够完成任务。第二，智库专家需要把认识到的社会问题放到其背景中进行观察。第三，智库专家需要专门技能，以便能更好地对未来进行预测，更令人信服对备选方案进行评价。第四，智库专家必须了解政治和组织行为，从而能够预测并在可能时影响政策的采用和成功实施的因素。第五，智库专家应该有道德框架，应明确考虑到与政府部门的关系。当政府部门或官员的偏好、利益与他们自己对公共利益的理解产生实定性分歧时，智库专家可能会进退两难。

现代政策科学的奠基人哈德罗·拉斯韦尔（Harold D. Lasswell）曾经指出，政策科学为之奋斗的三个最主要的特性，是脉络（或语境）、问题取向和方法的多样性。① 结合中国情况，一位优秀的智库研究人员，至少应具备以下素养：

（1）智库专家最好具有政府工作背景，或了解政府运作。如果一个研究人员既没有在政府部门任过职，又没有承担过政府部门委托的政策研究课题，对公共事务缺乏了解，不知道政府部门是如何运作的，就很难胜任智库研究工作。目前，许多党校、行政学院、高校和科研院所都只招收应届毕业生，导致教师和研究人员“从校门到校门”，既

① 参见 Harold D. Lasswell，*A Pre-View of Policy Science*，American Elsevier，1971，p. 5.

不了解政府运作、又不了解现实社会。智库要着重研究中国现实问题，必须对中国现实问题有深刻的了解。如果拿西方社会科学理论到中国生搬硬套，肯定行不通。因此，在新型智库建设过程中，有关单位要多招聘那些有工作经历、有社会经验，特别是有政府工作经验、政策研究经验的人员，而不是只招聘没有任何社会经验的大学应届毕业生。此外，可以聘任一些学者型官员担任智库兼职研究人员。

（2）智库专家要聚焦中国现实问题，了解国情社情民情。政策科学研究要为中国经济社会发展提供智力支撑，开展重大问题研究。例如，如何贯彻落实“五位一体”总体布局、“四个全面”战略布局和五大发展理念？如何推进国家治理体系和治理能力现代化？如何发展新经济，培育新动能，引领经济发展新常态？如何对市场进行有效监管，对社会进行有效治理？如何推进生态文明建设？如何保障和改善民生？如何实施“一带一路”倡议？如何推进“简政放权、放管结合、优化服务”改革？如何保障国家安全？等等。政策研究不是纯学术研究，政策科学要以问题为导向。政策科学研究人员要直面现实问题，深入开展调查研究，综合运用多学科知识，帮助政府部门制定科学、合理的政策法规，促进决策科学化。

（3）智库专家既要有扎实的专业知识，又要有开阔的视野，知识面要宽。因为公共事务往往是跨部门、跨领域的，政策研究内容往往涉及经济、政治、文化、社会、法律、军事、历史、地理等许多领域。如果知识面不宽，就会像盲人摸象一样，提出的观点或政策建议有失偏颇，不具有可操作性。因此，智库研究人员不要“画地为牢”，局限于自己的“一亩三分地”。除了自己所学的专业，还要广泛涉猎其他学科知识，尤其是政策科学（本书第三章将就此作专门论述）。从人才队伍建设的角度看待这个问题，要多在有条件的高校设立政策科学专业，开设政策科学相关课程，编写政策科学方面的教材，培养政策科学专业的研究人员。从事政策研究，不管什么学科教育背景，都要了解政策科学的基本理论和思维模式。

其实，学科是人为划分的，而知识是无界的。对于人文社会科学专业的智库研究人员，要多了解一些理工科方面的知识。因为许多公共事务涉及资源、环境等方面的问题，具有一定的专业技术性。要掌握电子政务、数字经济、智慧城市、网络安全等方面的知识，能够运用"互联网+"、大数据等信息化手段解决经济调节、市场监管、社会治理和公共服务等方面的问题。

智库研究成果强调实用性、可操作性。智库研究人员要知行合一，不能闭门造车，做书斋式的学问，自娱自乐。要广泛开展调查研究，积极参加相关各类学术会议、研讨会、博览会等，开阔自己的视野。多参加跨学科交流，与其他学科的研究人员多交流、多合作。除了读万卷书，还要行万里路，多走走，多看看，了解全国各地、世界各国的风土人情，了解政府官员、企业家、老百姓等各个社会群体的想法。

（4）智库专家应掌握相关方法和工具，适应互联网时代。俗话说，"工欲善其事，必先利其器"。对于智库研究人员来说，学会使用研究工具，可以提高研究效率，降低研究成本，提升研究水平，做到事半功倍。

由于传统文化和思维习惯的差异以及文理分科的影响，与欧美国家的智库相比，中国智库对定量分析方法和工具不够重视。国内智库研究人员多是经济学、社会学、公共管理等人文社会科学专业毕业的，习惯于思辨，不善于量化分析和实证研究，计算机、互联网应用能力普遍较弱，对定量分析方法和工具缺乏了解和掌握，导致政策研究逻辑性、科学性、可操作性较差，严重制约了我国新型智库建设。

随着公共事务的复杂化以及"互联网+"、大数据的发展，智库研究人员越来越需要借助互联网、数据库、统计软件、大数据分析软件等工具来开展工作。例如，以前研究人员需要到图书馆去查阅相关文献资料。但许多单位由于经费、储藏空间有限等原因，图书馆里的文献资料往往不全。现在可随时上网检索中国知网等文献资料数据库，下载所需文献资料。目前许多课题需要采用定量分析方法，对问卷调查数据、统计数据等进行统计分析。如果人工手算，不仅慢，占用大量时间和精力，而且容易算错，难以直观表达统计分析结果。现在采用 SPSS 等统计分析软件，就可以快速地对数据进行统计分析，并自动生成非常直观的统计图，使研究报告图文并茂。

在互联网时代，政策科学研究要有互联网思维，运用互联网开展政策研究。例如，在制定政策时，开展网上问卷调查，广泛征求网民意见。政策科学研究人员要学会使用统计分析软件，建立专业数学模型，开展大数据分析，用数据说话；建立案例库，用事实说话。广大智库要通过“互联网＋”创新知识生产方式、经营管理方式和成果传播方式。

第二章　智库研究方法与设计

在政策研究中，面对各种社会现象时，要确定基本的研究态度和思维方式，解决“从何入手”和“如何研究”的问题。例如，在“如何看待和解释社会现象”的问题上，我们需要先在哲学层面上确立这样的观点，即社会现象是发展、变化、相互联系、相互制约的，因此要以辩证的、系统的、科学的立场和方法来说明和解释社会现象。那么应当从何种角度分析社会？如何分析社会现象的因果解释？何种解释方式才称得上是系统的、科学的解释……所有这些，都是政策研究中要解决的方法问题，可以看作到达智库研究彼岸的船和桥。

一、船与桥：智库研究方法体系

什么是方法（Methodology）？简单地说，方法就是达到目的的工具和手段。从西方语境来说，“方法”一词来源于希腊文，含有“沿着”和“道路”的意思，表示人们活动所选择的正确途径或道路。“方法”一词在我国使用也很早，而且与希腊文“方法”一词涵义也相一致。据《中文大辞典》解释：“方法”，“行事之条理也”；“法者，妙事之迹也”。把方法看成是人们巧妙办事，或有效办事应遵循的条理或轨迹、途径、线路或路线，是很确切的。

人类各个领域的研究过程都属于复杂的认识活动，离不开研究方法。研究方法是指在研究中发现新现象、新事物或提出新理论、新观点，揭示事物内在规律的工具和手段。在这种活动中，研究人员将面临一系列的问题，并要求做出抉择。例如，具体的研究问题该如何确定？为了寻求特定的答案，应该采用什么样的研究方式和研究程序？用什么样的方法才能收集到研究所需要的资料？怎样对所收集的资料进行分析和解释？如何将研究的结果清晰准确地告诉他人？在研究的过程中，要解决这些问题，就需要对研究方法的总体框架以及这个框架中的各个具体部分都十分了解和熟悉。

智库发展在很大程度上依赖于研究方法的进步。政策研究可能涉及各种人文、社会科学方面，甚至自然科学领域，但主要是社会研究。所以，本书所探讨的智库研究方法，一般指的是社会科学的经验研究方法，而非理论研究方法。它接近于通常所说的“社会研究方法”（Methods of Social Research），或者“社会科学研究方法”（Research Method in Social Science）。这类研究方法，不仅在社会学这门学科中所使用，同时还在政治学、经济学、管理学、法学等社会科学中广泛使用。在一定意义上，社会科学研究方法是众多研究社会现象的社会科学可以普遍采用的一般性方法。社会研究方法是社会科学区别于哲学、文学等具有思辨色彩的人文学科的重要标志之一。从某种意义说，正是以经验性、实证性为特征的社会研究方法，使社会科学与人文学科相区分。

一般意义上，研究方法是有着不同层次和方面的综合体系。这一体系中包括众多的内容，并且各个部分之间有着紧密的内在联系。研究方法是运用人类智慧进行科学思维的技巧，如文献调查法、观察法、思辨法、行为研究法、历史研究法、概念分析法、比较研究法等。研究方法是人们在从事科学研究过程中不断总结、提炼出来的。

根据研究活动的特征或认识层次，研究方法分为经验和理论研究方法；根据研究对象的规模和性质，研究方法分为战略和战术研究方法；以研究方法的使用频率为依据，研究方法分为常规和非常规研究方法；按方法的普遍程度不同，研究方法分为一般和特殊研究方法；根据研究手段的不同，研究方法分为定性和定量研究方法。

有人认为，智库建设有几个基本的方法论支点，其中包括坚持调查研究。智库工作者应把调查研究当成必修课、基本功，既要吃透“上情”，也要摸准“下情”。[①] 一般社会科学研究中，我们通常将研究方法体系划分为三个不同的层次或部分，即方法论、基本方法、具体技术工具，[②] 这种划分也可以借鉴适用于政策研究。

（一）方法论

方法论所涉及的主要是社会研究过程的逻辑和研究的哲学基础。方法论是人们认识和改造世界的根本方法，即人们用什么样的方式、方法来观察事物和处理问题。如果说世界观主要解决世界“是什么”的问题，那么方法论主要解决“怎么办”的问题。方法论是一种以解决问题为目标的体系，通常涉及对问题阶段、任务、工具、方法和技巧的论述。方法论会对一系列具体的方法进行分析研究、系统总结并最终提出较为一般性的原则。

虽然方法论通常不会明确地写进研究报告中。有时，一些社会研究人员在进行研究时也不一定会意识到方法论方面的问题。但它却始终实实在在地对社会研究的整个过程产生影响。例如，它将形成社会研究人员关于社会现实的性质的种种假设，形成他们收集资料的各种方法，形成他们对于研究所需要的资料的选择，形成他们分析资料和解释结果的方式，等等。

在社会研究中，存在着两种基本的、同时也是相互对立的方法论倾向。一种是实证主义方法论；另一种是人文主义方法论。长期以来，实证主义方法论一直占据着社会研究方法论的主流地位。实证主义方法论认为，社会研究应该向自然科学研究看齐，应该对社会世界中的现象及其相互联系进行类似于自然科学那样的探讨。要通过非常具体、非常客观的观察，通过经验概括得出结论。同时，这种研究过程还应

---

① 参见王满传、赵秋雁：《新型智库建设者的实践与思考》，《光明日报》2015 年 2 月 11 日。

② 参见袁方、王汉生：《社会研究方法教程》，北京大学出版社 1997 年版。

该是可以重复的。在研究方式上，定量研究是实证主义方法论最典型特征。而人文主义的方法论则认为，研究社会现象和人们的社会行为时，需要充分考虑到人的特殊性，考虑到社会现象与自然现象之间的差别，要发挥研究人员在研究过程中的主观性。这种方法似乎最适合于对复杂现象做探索性研究，特别是在这些现象不太为人所知的时候。在研究方式上，定性研究是人文主义方法论的典型特征。

（二）研究方式

社会科学的问题五花八门，因此其方式也非常多样化。这种多样性还由于社会科学过去乃至现在都一直给自己提出一些逻辑特性差异极大的问题，因而导致具体方式上的千差万别。例如，自然科学常用实验法，历史学主要运用文献考据法，法学常用案例研究法。

通常，我们把社会研究的具体方式划分为四种类型，即调查研究、实验研究、实地研究和文献研究。每一种方式都具备某些基本的元素或特定的语言，构成一项具体社会研究区别于其他社会研究的明显特征。通常，每一种方式可以独立地走完一项具体社会研究的全部过程。例如，调查研究的基本要素包括抽样、问卷、统计分析、相关关系等。实地研究包括参与观察、研究人员的角色、投入理解、扎根理论等。文献研究则包括内容分析、编码与解码、二次分析、现有统计分析等。从大的方面看，这四种研究方式反映了两种方法论倾向：以实验研究、调查研究和文献研究为代表的定量研究方式，比较其中体现了实证主义方法论的倾向；而以实地研究为代表的定性研究方式，则集中地体现了人文主义方法论的倾向。类似地，不同的研究方式也分别被用于不同的研究目的：调查研究最经常地被用来描述一个大的总体状况，以及探讨不同变量之间的相互关系；实验研究则主要用来探索和证明两个变量之间的因果关系；实地研究更多的是在理解社会现实，以及在提炼和构建理论方面发挥作用；而文献研究则常常被用于帮助研究人员去探讨那些既不会引起研究对象的任何反应，有时其他方式在时间和空间上无法达到的社会现象和问题。

（三）工具手段

工具原指工作时所需用的器具，后引申为为了达到、完成或促进某一事物的手段。研究工具就是在研究过程中所使用的各种资料收集和资料分析技术手段，如文献资料网络检索平台、统计分析软件等。智库研究工具非常重要。俗话说，“工欲善其事，必先利其器”。没有好的工具，就难以做好工作①。对于智库研究人员来说，拥有好的研究工具，可以事半功倍。

资料收集和资料分析是社会研究过程中的两项重要任务，研究人员可以采用多种不同的资料收集方法和资料分析方法。例如自填问卷的方法、结构访谈与无结构访谈的方法、局外观察与参与观察的方法、随机抽样的方法、概念操作化的方法、问卷资料的编码方法、数据的统计分析方法以及量表制作技术、变量测量技术、实验控制技术、计算机应用技术等。它们处于社会研究方法体系的最具体的层面，具有专门性、技术性和操作性的特点。

随着公共事务的复杂化，随着信息化、互联网、大数据的发展，智库研究人员越来越需要运用互联网、数据库、统计分析软件等工具来开展研究工作。工具的运用，可以提高智库研究效率，降低研究成本，提升研究成果水平。例如，以前查阅文献需要到图书馆去找相应的期刊。有些单位图书馆的文献资料较全，而许多单位由于经费有限、储藏空间有限等原因，图书馆文献资料往往不全，研究人员不得不到少数大型图书馆去查阅资料。现在通过电脑检索知网等期刊数据库或互联网学术论文库，就可以下载所需文献，文献查询效率大大提高，还节省了时间、省去了交通费、差旅费。目前许多政策研究课题需要采用定量分析方法，对实地调查数据、官方统计数据等进行统计分析。如果采用人工手算的方法，会耗费智库研究人员大量精力，而且容易出错，难以直观表达统计分析结果。例如采用 SPSS 等统计分析软件

---

① 参见蓝志勇：《也谈公共管理研究方法》，《中国行政管理》2014 年第 3 期。

工具，就可以快速地对数据进行统计分析，并自动生成直观的统计图，使研究报告图文并茂。统计分析软件工具为智库研究人员采用定量分析方法提供了强有力的支撑。

为了增强研究的权威性和可信度，众多国际权威智库在研究活动中创造性地提出了许多研究方法和工具，例如许多定量分析指标、方法体系、模型和软件等工具，并在不断的实践中对这些方法和工具加以验证和不断改进。这些定量分析工具及其中蕴含的研究思想将为政策研究提供宝贵经验。在研究方法上，注重将理论与实证或实践相结合、定性分析和定量分析方法相结合，重视调查研究、比较分析、历史分析方法等。在经济问题的研究中，他们在掌握各个经济学派的思想基础上，依据自身的信念，针对某个问题会选择自己认为合理的学派观点来分析。例如，Tim Evans 认为，凯恩斯学派、新凯恩斯学派、货币学派都没有对 2008 年全球金融危机给出满意的答案和应对之策，而奥地利学派给出的解释和对策更合理、更有希望将英国带出危机。国际著名智库研究人员注意活学活用，注重创新，对不同的观点以包容的心态和辩论面对。他们在研究时既着眼当前实际，又敢于大胆设想未来，富有远见。

Tim Evans 用拉弗曲线来分析英国人对税收的可承受程度，并进一步延伸到对财政可持续性和社保水平的分析中。他还用反向曲棍球曲线来分析铁路私有化的收益与效用。而对国际货币体系，他回顾了布雷顿森林体系的崩溃、牙买加体系的建立、新布雷顿森林体系的形成，而针对美国滥发货币必将引起全球通胀、其他国家对美债权贬值、新布雷顿森林体系不可持续的问题，他更希望未来建立以人民币和黄金本位的国际货币体系、黄金重新货币化，而且更看好这种可能，并建议中国将更多的美元外汇储备购买黄金，为此体系做准备①。

① 参见戴慧:《英国智库考察报告》,《中国发展观察》2014 年第 1 期。

二、智库研究注重实证性和经验性

实证研究（positive research）指研究人员亲自收集观察资料，为提出理论假设或检验理论假设而展开的研究，具有鲜明的直接经验特征。它以“存在一个客观世界”的世界观为前提，它坚信有一个客观世界存在，可以通过不断研究去接近这个客观的世界。实证主义所推崇的基本原则是科学结论的客观性和普遍性，强调知识必须建立在观察和实验的经验事实上，通过经验观察的数据和实验研究的手段来揭示一般结论，并且要求这种结论在同一条件下具有可证性。根据以上原则，实证性研究方法可以概括为通过对研究对象大量的观察、实验和调查，获取客观材料，从个别到一般，归纳出事物的本质属性和发展规律的一种研究方法。

作为一种研究范式，实证研究倡导将自然科学实证的精神贯彻于社会现象研究之中，主张从经验入手，采用程序化、操作化和定量分析的手段，使社会现象的研究达到精细化和准确化的水平。

实证研究方法有狭义和广义之分。狭义的实证研究方法是指利用数量分析技术，分析和确定有关因素间相互作用方式和数量关系的研究方法。狭义实证研究方法研究的是复杂环境下事物间的相互联系方式，要求研究结论具有一定程度的广泛性。广义的实证研究方法以实践为研究起点，认为经验是科学的基础。广义实证研究方法泛指所有经验型研究方法，如调查研究法、实地研究法、统计分析法等。广义的实证研究方法重视研究中的第一手资料，但并不刻意去研究普遍意义上的结论，在研究方法上是具体问题具体分析，在研究结论上只作为经验的积累。

（一）智库研究讲求实证性

20 世纪 80 年代以来，实证研究在社会科学研究中逐步被中国研究人员所广泛采用，为解决中国社会的相关问题起到了不可低估的作用。实证研究之所以能在社会科学的各个领域得到广泛使用，是由其本身固有的优势所决定。① 在政策研究领域，研究人员围绕对策方略，运用一定的研究技术对研究对象进行大量社会调查，收集相关资料，并进行分析论证。智库研究以实证为主，具有以下几方面的优势：

1. 资料收集的可靠性

实证研究资料来源的可靠性，决定了其研究结果的信度。实证主义强调社会科学应以那些外在的、客观的、不为人的意识所左右的现象作为研究对象。强调人类社会与自然界在客观性上的一致，认为社会科学要揭示的就是社会中那些不依人的意识而独立存在的、类似于自然界规律一样的法则。揭示的普遍规律是适用于所有时间和空间的。实证研究注重研究人员亲自到调查现场，获得第一手资料，研究人员可以直接接近研究对象，直接感知研究对象，所获得的是直接的、具体的、生动的感性认识，形成对问题的真实感觉，能掌握大量的第一手资料，而且有数据做支撑，从而使得研究的信度大大增加。

2. 认识社会的广泛性

实证研究最基本的优势是能突破时空的限制，在广阔的范围内，对众多研究对象进行调查。例如问卷调查法，不仅可以了解当时、当地正在发生的现象，而且可以询问过去和外地曾经发生过的现象；不仅可以调查事实、行为方面的问题，而且可以询问观念、感情方面的问题，在调查内容方面非常广泛。再例如观察法，不仅适合于其他研究方法所适合的研究对象，而且也特别适合于研究无语言文字沟通的调查对象。还有很重要的一点，实证研究特别容易获得总体状况。一个通过科学的概率抽样获取的样本加上一个标准化的问卷可以提供对某群体、某城市甚至某一个国家的总体统计推断。因此，在认识社会的广泛性方面，没有任何一种研究范式能够与之匹敌。

3. 研究结论的客观性

首先，实证主义研究把自然科学的研究方法和研究程序引入社会

---

① 参见周爱民：《实证研究的功效与局限》，《学习时报》2014 年 4 月 14 日。

学，按自然科学的理论模式来构造社会科学的理论，提倡社会科学的研究必须接受那些客观的、可以观察到的经验事实的检验。其次，实证研究特别注重运用数学和统计学形式更精确地显现社会现象的技术，具有一种技术性的特征，能提供在形式上是纯工具性的知识，研究结果不带有任何给定的对社会政策或社会价值的追求暗示，结论是建立在“经验”“实证”的基础之上，能做到就像自然科学一样，保持价值无涉或价值中立。最后，实证研究有一套标准化、规范化的操作程序，可提供科学、精确的解释，有效地描述并解释各种社会事实，而不仅仅是表达主观性的、缺乏证据和可检验的论述，从而有利于人们把握普遍性、客观性的规律。

（二）智库研究方式主要是经验性的

智库研究方式主要是经验性（empirical）的，而非思辨（speculative）的。所谓经验性，指的是社会研究必须依据可感知的资料。也就是说，社会研究只对那些可以看到、听到、接触到的东西感兴趣。“经验性意味着根植于经验的。”“可观察的人的行为，人所创造的东西以及以语言为中介的意见和关于态度、价值判断、意愿等，都属于经验上可感觉的社会事实。”① 例如人们烧香拜佛的行为，人们对天堂和地狱的看法以及现实社会中存在的寺庙、教堂等，就是这种“经验上可感知的社会事实”的例子。

“经验性”是社会研究方法最重要的特征之一。② 我们所收集的大量类似的经验资料，反映了更大规模的社会现象的某些部分，将所有这些部分的资料合起来，就可以“经验性”认识社会现象的整体。例如，我们可以去观察人们烧香拜佛的行为，也可以去询问人们对天堂和地狱的看法。通过以系统的方式去观察这样的行为，去询问这样的

---

① 〔德〕阿特斯兰德著，李路路、林克雷译：《经验性社会研究方法》，中央文献出版社1995年版，第3页。

② 参见〔德〕阿特斯兰德著，李路路、林克雷译：《经验性社会研究方法》，中央文献出版社1995年版，第10页。

看法，并在此基础上对它们之间的关系做出解释，我们就可以回答“人们为什么会信仰宗教”这样的问题。这正是社会科学经验研究的一般模式。

同样的，我们虽然无法直接观察一个社会的社会结构，但通过观察这个社会中许多不同的个体的社会地位，如他们的职业、收入、教育水平等，我们仍然能经验地“看到”这种结构。我们可以直接观察到富裕阶层的别墅，中产阶级的小高层、板楼，低收入群体的廉租房、经济适用房或棚户区等。社会研究正是通过考察富裕阶层、中产阶级和社会底层的住所，而“经验地看到了”社会结构分层现象。

智库研究方式的实证性和经验性要求对结论、对策进行谨慎论证，而不是“空对空”地下判断。就像科学不能回答所有问题一样，社会研究也不能回答一切有关社会现象的问题。相对于建立在价值取向上的“是否应该如此”的问题，政策研究更应探讨某一现象“状况究竟如何”，或者“为什么如此”的问题。例如，智库研究人员提出下列问题是合适的：“哪些人相信有天堂和地狱存在?”“社会中的哪些人笃信宗教?”“他们为什么比其他人更可能成为宗教信徒?”“为什么一种组织类型比另一种组织类型更富有成效（或效率更高)?”“为什么随着现代化的发展家庭规模在逐渐变小?”而另一类问题，例如“是否应该相信有天堂和地狱存在?”“宗教是愚昧的吗?”“效益比道德更有价值吗?”“家庭应该存在吗?”等等，就超出了一般智库研究的范围，我们无法对其做出经验的观察来进行回答。

当然，智库研究的实证性、经验性也会遇到困难。智库研究主要是社会研究，面对现实的人和社会。相对于自然界，人和社会具有特殊性。人是一种有思想、有感情、有动机、对社会研究的活动有反应的研究对象，他们有自我意识，也有主观意志，这决定了导致一种社会行为发生的原因是极其复杂的，涉及许多社会的、心理的、历史的、文化的和其他的因素。社会研究中对各种社会现象、各种社会行为的解释和预测难免受到各种干扰，就常常达不到自然科学中所达到的那样高的准确程度。同时，政策研究有时会受到伦理、政治的因素的限制，在研究过程中难以像自然科学家那样保持一种客观的、超然的态度。

三、智库研究的过程设计

智库研究过程一般包括明确问题、研究设计、资料收集、资料分析和得出结果等阶段。

（一）明确问题

对于智库研究人员来说，明确研究问题并非十分简单的事情。从程序上看，明确研究问题是一项智库研究活动的起点，是整个研究工作的第一步。研究问题一旦确定，整个研究活动的目标和方向也就随之确定。有许多因素决定着和制约着研究问题的选择。这些因素包括研究人员的理论素养、生活阅历、观察角度、研究兴趣，也包括他所处的社会环境、他所具有的客观条件等等。研究问题选择得如何，在一定程度上决定着整个研究工作的成败，决定着研究成果的好坏优劣。因此，应当对选题阶段的工作给予高度的重视。

选题阶段的主要任务包括两个方面，一是选取研究主题，即从现实社会中存在的大量现象、问题和领域种，根据研究人员的兴趣、需要和动机确定一个研究主题。二是形成研究问题，即进一步明确研究的范围，集中研究的焦点，将最初比较含糊、比较笼统、比较宽泛的研究领域或研究现象具体化、精确化，将其转化为既有价值、又有新意，同时还切实可行的研究问题。一般来说，我们首先选取一个研究主题，然后在这一主题领域中，选择和形成一个研究问题。这一过程，既是一种包含着一般到特殊的“过滤”过程，也是一种从模糊到清晰的“聚集”过程。

（二）研究设计

如果说选择研究问题的意义在于明确研究目标和方向，那么研究设计阶段的全部工作就可以理解成为实现研究的目标而进行的道路选择和工具准备。所谓道路选择，是指为达到研究的目标而进行的研究设计工作，它涉及研究的思路、策略、方式、方法以及具体技术工具等各个方面。从研究目的、研究用途、研究方式、分析单位，直到具体的研究方案。就像建筑施工之前必须进行工程设计一样，要保证一项社会研究工作的顺利进行，保证研究目标的完满实现，也必须进行周密的研究设计。所谓工具准备，主要指的是对研究所依赖的测量工具或问卷、量表、实验手段等信息收集工具的准备。当然，这种准备工作还包括对社会研究中各种信息源的选取。

（三）资料收集

这个阶段的任务是具体贯彻研究设计中所确定的思路和策略，按照研究设计中所确定的方式、方法和技术进行资料的收集工作。这个阶段投入的人力最多，遇到的实际问题也最多。因此，需要很好地进行组织和管理。值得注意的是，由于社会现象的复杂性，或者由于现实条件的变化，我们事先所考虑的研究设计往往会在某些方面与现实之间存在一定的距离或偏差，这就需要我们根据实际情况进行修正或弥补，发挥研究人员的灵活性和主动性。

（四）资料分析

资料分析有时也被称为研究阶段。这一阶段的主要任务是，对研究所收集到的原始材料进行系统审核、整理、归类、统计和分析。就像从地里打下的粮食，要经过很多道加工的工序，才能最终成为香甜可口的食品一样，从现实社会中所得到的众多信息和资料，也要经过研究人员的各种“加工”和“处理”，才能最终变成研究的结果的结论。这里既有对原始数据资料的清理、转换和录入计算机等工作，也有对原始文字资料、图片资料、音像资料等等的整理、分类和加工工作。既有对数据资料进行各种的定量分析，也有对定性资料的综合、归纳和解读分析。

（五）得出结果

这一阶段的主要任务是撰写研究报告，评估研究质量，交流研究成果。研究报告是一种以文字和图表将整个研究工作所得到的结果系统地、集中地、规范地反映出来的形式。它是社会研究成果的集中体现。而撰写研究报告也可以说是对整个社会研究工作进行全面的总结。从研究的目的、方式，到资料的收集、分析方法，到研究得出的结论、研究成果的质量，都要在研究报告中进行总结和反映。同时，还要将社会研究的成果以不同的形式应用到社会实践中去，真正发挥社会研究在认识社会现象、探索社会发展规律中的巨大作用。如果研究报告以内参的形式呈现，还要做到内容篇幅的高度精练。

当然，上述研究过程及其阶段的划分只是一种理想模式，并非所有的社会研究都丝毫不差按上述规定进行。在不同的情况下，不同社会研究的具体程序或步骤可能会略有不同。特别是这种过程的划分比较明显地带有定量研究方式的烙印，对于实地研究这样的定性研究来说，不一定完全适合。例如，实地研究中的资料收集和资料分析常常交织在一起，而且要经过多次的循环往复，很难明确划分为两个阶段。但无论如何，上述框架的确是多数具体社会研究的实际过程和设计研究计划的一种参考。

第三章　智库专家应是政策分析师

智库机构主要以公共政策为研究对象，以影响政府决策为研究目标。所以，如果要在现有社会科学中找出一门学科，和智库研究领域相关度最强，选择政策科学应该是很贴切的。掌握政策科学的基本理论和方法，会给智库研究人员带来很多启示。

一、政策过程中的智库力量

什么是公共政策？对于这个看似简单的问题，不同人各有其不同的视角。例如，伍德罗·威尔逊认为公共政策是由政治家即具有立法权者制定的、而由行政人员执行的法律和法规；哈罗德·D. 拉斯韦尔和亚伯拉罕·卡普兰认为政策是一种为某项目标、价值与实践而设计的计划；戴维·伊斯顿认为公共政策是政府对整个社会的价值作权威性的分配；托马斯·R. 戴伊认为公共政策就是政府选择要做的或者不要做的事情；罗伯特·艾斯通认为公共政策是政府机关和它周围环境之间的关系；司图亚特·S. 那格尔认为公共政策是政府为解决各种各样的问题所做出的决定；等等，不一而足。

一般来说，公共政策是公共权力机关，经由政治过程进行选择和制定，为解决公共问题、达成公共目标、以实现公共利益的方案。其作用是规范和指导有关机构、团体或个人的行动，其表达形式包括法律法规、行政规定或命令、国家领导人口头或书面的指示等。

智库是公共政策的推动者。不管如何理解公共政策，对于公共政策的决策者主要是政府官员这一点，一般没有争议。同时，现代民主社会，影响政策制定主体逐渐多元化。除非绝对封闭的制度环境，影响决策的绝不只是政府官员，还会有各种力量或方面对公共政策产生影响，包括智库、专家学者、企业家、人民群众、利益团体等。智库之所以产生、发展并繁荣，其主要动力就在于影响公共政策。在决策之前，包括政策议程的建立、政策方案的拟订等政策环节，都会有智库的影子。

智库是专业化的政策研究机构。智库要对公共政策施加影响，必须建立在对公共政策进行研究的基础之上。因此，智库专家必须是政策分析师。20 世纪 80 年代以前，那些真正从事智库分析的人很少意识到，自己正是政策分析领域的一员，甚至很少乐意对外宣称自己是政策分析专家。大部分从事智库分析的人员以往并且现在依旧认为，自己是经济学家、规划家、项目评估者、预算分析师、操作研究员或者统计学家。

智库研究的主要目的是提出政策建议。同时，从更广泛的意义上讲，智库研究不仅要分析研究政府应该做什么，还要研究政府在做什么，为什么这样做，以及这样做的后果是什么。具体来说，智库研究至少围绕着以下四个方面展开。

1. 政策描述

通过政策分析，我们能够对公共政策进行描述，得知政府在社会福利、国防、教育、科技、公民权利、医疗卫生、环境、税收等领域里正在做的事情（或者不做的事情）。在我国，党中央、国务院每年都会出台一系列政策文件，涉及经济、社会、文化等许多方面。了解国家政策的实际状况和相关信息，是政策分析中不可或缺的一个环节。

2. 政策解释

通过政策分析，我们能够探究公共政策形成的原因和决定性因素。为什么公共政策是这样的？为什么政府做这些事情？为此，我们可以探寻政治制度、政治过程和政治行为对公共政策产生的影响。通过政策分析，我们还能够探求社会、经济、文化因素对于公共政策的形成所产生的影响。例如，经济的不景气对政府支出有什么影响？老龄化社会的到来对社会保障和医疗卫生项目有什么影响？用学术性的语言来说便是，当我们研究公共政策形成的原因时，公共政策就成为因变量，决定公共政策的各种政治、社会、经济及文化因素等则成为自变量。

3. 政策评估

通过政策分析，我们能够追寻公共政策的结果或产生的影响。了解公共政策的结果通常称为政策评估，即了解公共政策给人们的生活带来了什么变化。我们可以分析公共政策对政治制度和政治过程产生的影响。我们还想要检验公共政策给社会带来的变化和影响。例如，市场化是否有助于提供更多公共产品和公共服务？削减福利是否会影响人们的工作热情？增加财政支出是否可以提高教育水平？用学术语言表达就是，当我们分析公共政策的结果时，公共政策就成为自变量，而政策对社会产生的政治、社会、经济和文化影响则是因变量。

4. 政策建议

政策分析不等于政策建议，但包含政策建议。政策建议不仅需要修辞、说服、组织与实践的技巧，还鼓励智库专家运用系统的研究工具来探讨重要的政策问题。政策解释和描述是进行政策建议的先决条件。但解释和说明公共政策的原因和结果，并不等同于建议政策应该如何追求何种政策。了解政府为什么这样做而没有那样做，以及这样做会产生什么哪些影响，并不意味着是要告诉政府应该做什么，如何去做，以及行动上应该做出何种变化。政策建议要切合实际情况，具有可操作性，能够落地，不能凭空想象。

二、政策科学与智库发展相辅相成

智库的兴起，与政策问题涌现息息相关。随着科学技术的迅速发展，人类社会所面临的问题越来越多，越来越复杂，解决这些问题的政策也变得越来越重要，这就要求人类把自身命运与改善政策质量直接联系起来。20 世纪 60 年代以来，世界各国政府出于政府决策、商业竞争、军事防务等需要，纷纷成立以解决国防、外交、战争、暴力、贫困、犯罪、经济计划、环境污染、人口爆炸、种族冲突、空间探索、核威胁等领域具体政策问题为目标的政策研究中心，即智库。这些机构的建立以及卓有成效的工作，探索出了不少有用的社会分析方法，积累了大量正反两方面的政策案例。越来越多的学者在对国内外政策的研究与实践中深感建立跨学科的政策科学的必要性和紧迫性。

（一）政策科学是智库研究的理论基础

政策科学的发展和成熟，为智库机构和智库研究提供了坚实的理论基础。20 世纪 70 年代以来，美国、英国、法国等发达国家智库的兴起，在很大程度上得益于政策科学的发展。

政策科学是一门几乎全新的学科，第二次世界大战之后首先在美国兴起，逐渐扩展到其他西方发达国家，当前已经覆盖各行各业和许多国家和地区。可以说，政策科学是近现代西方社会科学领域里发展最迅速、影响最大、实践性最强、应用领域最广泛、社会效用最明显的学科之一，被誉为西方发展过程中的一次“科学革命”、当代西方科学界的一次“最重大突破”、当代政治学和公共行政学的最重要发展。近年来，政策分析专业开始作为一个逐渐完善的学科呈现在众人面前。尤其在美国等政策科学发达的国家，政策分析师这一职位在政府部门、智库、企业等组织中变得越来越普遍，并且这些职位常常由在政策分析领域受到良好教育的研究人员担任。纵观政策科学的兴起与发展，它不仅走过了一条学科化的道路，还走过了组织化和产业化的道路，推动了智库机构、人才与研究的发展。

众多政策研究机构实质属于智库。随着政策科学的兴起，世界各国官方、半官方和民间的政策研究机构应运而生。在众多的政策研究机构中，研究内容繁多，研究风格各异。20 世纪 70 年代，美国政策研究机构就达 5300 多个，从业人员约 10 万人；英国有政策研究机构

1400多个，从业人员约3.5万人；联邦德国有政策研究机构1200多个，从业人员约1.8万人；法国有政策研究机构1000多个，从业人员约5万人；日本有政策研究机构5000多个。出现了一批世界著名的政策研究机构，政策研究机构有国际性的，也有国家的、地区性的。研究的重点也各有侧重，有专门研究理论问题的，也有专门研究实际问题的。如伍德罗·威尔逊国际学者中心（Woodrow Wilson International Centen for scholars），专门从事与政策有关但又不涉及实定性具体政策的理论研究。而设在维也纳近郊卢森堡宫的国际应用系统分析研究所（International Institute for Applied Systems Andysis），这个由美国、英国、苏联等12个国家参加的国际性组织，则主要研究带有全球性的如环境污染、城市规划、公共卫生、人口增长等社会规划的政策分析工作。日本国策研究会，侧重理论研究。荷兰欧洲公共行政管理研究院，偏重与公共行政的研究相结合。其中，许多智库从属于政府与党派。如美国白宫的政策制定办公室，加拿大总理的专门政策顾问，英国的政策分析与审核署，奥地利的政治研究院和新西兰的科卡斯研究所，还有专门为政府官员提供强化培训基地的德国国家行政学院等。

政策科学培养了一大批智库专家。不少发达国家已经建立起一支以政策分析、政策评估为职业的人才队伍。这支队伍分布在政府内外、各个阶层，渗透在社会各个领域，发挥着分析、评估、咨询、决策的作用。他们或是以各种组织的名义承接包括政府在内的各种委托人的政策分析项目，或是以个人身份受聘于政府部门、国际组织和企业集团。

我国新型智库建设有赖于政策科学的发展和成熟。2013年，党的十八届三中全会提出，要加强中国特色新型智库建设，建立健全决策咨询制度。2015年，中共中央办公厅、国务院办公厅印发了《关于加强中国特色新型智库建设的意见》；党的十八届五中全会强调，要实施哲学社会科学创新工程，建设中国特色新型智库。2016年5月17日，习近平总书记在哲学社会科学工作座谈会上指出，各级党委和政府要发挥哲学社会科学在治国理政中的重要作用。建设具有中国特色的新型智库，必须要大力发展政策科学，培养一大批政策科学专业人才。

（二）智库是政策科学发展的重要载体

智库的成熟是政策科学兴起的一个重要推动力，政策科学的产生和发展离不开智库或思想库的政策分析实践，它是智库专家将政策分析的知识和方法系统化而凝聚成为一个相对独立的学科。政策科学则是智库建设的最直接的和最主要的支撑学科之一，而智库建设是研究政策科学或开展政策分析的最纯粹的组织依托，它为政策科学的具体实践应用提供了广阔的舞台。① 这些组织有的已发展为营利和半营利的机构，它直接促进了政策科学朝着产业化方向发展。政策科学的产业化给社会科学工作者参与政策制定，使社会科学成果通过正确的决策指导社会实践从而转化为生产力开辟了渠道，为理论工作者与实际活动家、政策分析工作者与政治家之间的携手合作架设了桥梁。一方面，这为各国改善政策制定系统提供了工具；另一方面，这也给政策科学自身的发展带来了生机。

在美国，智库的发展推动了政策科学的成熟与完善。兰德公司在20世纪50年代就开始大力宣传将系统分析的方法应用于政策分析中。受其影响，美国国防部的项目计划预算系统在各部门得到广泛推行，使得经济学和运筹学的方法大量用于政策研究领域。正是智库所大力倡导的系统分析理念，促进了运筹学的广泛应用，并掀起了一场“公共政策运动”。

智库的发展，需要大量的公共政策分析人才。从某种意义上说，公共政策硕士（MPP）教育正是出于满足智库人才需要而开设的培训项目。1967—1971年，密歇根大学、哈佛大学肯尼迪政府管理学院、加州大学伯克利分校等相继开展了MPP培训项目②。

① 参见陈振明：《政策科学与智库建设》，《中国行政管理》2014年第5期。

② 参见张康之：《美国智库建设与智库人才培养》，《学习时报》2016年11月24日。

延伸阅读：美国公共政策硕士（MPP）课程

美国MPP课程一般分为三类：第一类是方法类课程，主要包括定量研究方法、定性研究方法、经济学分析方法、统计分析方法、社会研究方法和研究设计方法。第二类是学科基础理论课程，包括经济学、管理学（尤其是战略管理和人力资源管理）、政治学、社会学、组织行为学等。第三类是专业基础课程，包括政策分析、政策过程和政策评估、公共管理、公共行政、公共财政、比较公共行政等①。

三、政策科学发展与基本观点

20世纪40年代，美国政治科学家哈罗德·D. 拉斯韦尔（Harold D. Lasswel）提出了“政策科学”（Policy Science）的概念。1951年，哈罗德·D. 拉斯韦尔和D. 勒纳（Daniel Lemer）合著出版了《政策科学：范围与方法的新近发展》一书，首次阐述了政策科学的研究对象、研究内容、学科性质和发展方向，标志着政策科学的产生。他认为，政策科学是用于解决社会问题，特别是解决那些结构和关系都很复杂的社会问题的工具，具有如下六大特征：

（1）政策科学必须以民主体制作为前提；（2）政策科学的目标是追求政策的合理性，它必须使用数学公式和实证数据建立可检验的经验理论；（3）政策科学是一门对于时空非常敏感的学问，它所选择的政策分析模型必须在时间和空间上有明确的记录；（4）政策科学具有跨学科性，要靠政治学、经济学、社会学、心理学等学科知识来确立自己崭新的学术体系；（5）政策科学是一个需要专家学者和政府官员共同研究的学问，后者的实践经验对于政策科学的发展具有重要的意义；（6）政策科学必须以社会变化为研究对象，必须建立动态模型。

继拉斯韦尔之后，许多专家学者为政策科学的发展作出了贡献。

① 参见张康之：《美国智库建设与智库人才培养》，《学习时报》2016年11月24日。

例如，查尔斯·E. 林德布洛姆（Charles E. Lidblom）首先提出“政策分析”（Policy Analysis）概念，并致力于政策分析模型和政策制定过程的研究，针对理性决策的不足提出了渐进主义理论。托马斯·R. 戴伊（Tomas R. Dye）在《理解公共政策》一书中提出了旨在为解释政治生活、分析公共政策的八个著名决策模型。查尔斯·O. 琼斯（Chales O. Jones）在《公共政策研究导论》一书中详尽地分析了实际的政策制定与执行系统的程序化过程。

到了 20 世纪 60 年代中期，政策科学取得了迅速的发展。政策科学发展成为一门独立的学科，在很大程度上与当时在美国工作的以色列学者叶海尔·德罗尔（Yehezhel Dror）的努力分不开。他撰写了《公共政策制定的再审查》（1968 年）、《政策科学构想》（1971 年）、《政策科学探索》（1971 年），提出了较为系统的政策科学理论。到了 20 世纪 70 年代，政策科学开始成熟。有了相对独立的研究对象或领域，取得了相当规模的理论成就及完善的研究方法，具有较成熟的社会学科建制。

1. 政策科学有了相对独立的研究对象

政策科学以政策及其过程作为研究对象，主要研究政策的性质、原因和效果，研究政策的制定、实施及评价等问题。拉斯韦尔认为政策科学是“以制定政策规划和政策替代方案为焦点，运用新的方法对未来的趋势进行分析的学问”。叶海尔·德罗尔认为，政策研究的核心是把政策制定作为研究和改革的对象，包括政策制定的一般过程以及具体的政策问题和领域，政策研究的范围、内容、任务是理解政策如何演变，在总体上特别是在具体政策上改进政策制定过程。罗勃特·M. 克朗（Robert M. Kl’one）把政策制定系统作为研究的焦点，认为政策科学应注重政策战略、政策分析、政策制定系统改进、政策估价以及政策科学进展的研究。

2. 政策科学取得了相当规模的理论成就

政策科学逐渐形成了一整套为大多数研究人员所认同的包括学科术语、理论、方法、假设、论证方式、体系原则、操作规则等在内的理论框架。政策科学的基本模式是叶海尔·德罗尔的政策科学理论，它包括 12 项基本内容，其要点是政策科学研究政策的制定系统，关心政策体制的改善，处理政策过程中的问题，端正社会发展方向；依靠抽象的理论结构和模型，将理论研究和应用研究密切联系起来；重视价值观的作用，鼓励有组织的创造精神，承认超理性因素——创造力、直觉、魅力等政策过程中的意义；不仅运用一般的研究方法发现知识，而且把个体的经验、社会常识纳入自己的知识体系之中；具有明显的跨学科性质，打破了许多学科之间的传统界限，吸收各学科的有益知识而丰富自身等。

3. 政策科学的学科建设已经相当完备

政策科学是当代社会政治、经济、科学、技术高度发展的产物，它的出现有着深刻的理论背景和实践依据。第二次世界大战后，特别是从 20 世纪五六十年代开始，科技出现了纵向深入分工、横向交叉融合的趋势，系统分析、管理科学、运筹学等新学科应运而生。到了 20 世纪 70 年代，经济学特别是数量经济学、统计学、行为科学、管理科学有了不少新的发展，尤其与政府决策有关的决策心理学、组织理论、大系统模型、应用社会学出现了新的突破。一般系统论、控制论在社会研究领域内得到了不同程度的应用。它们为政策科学的产生和发展提供了方法论依据。政策科学不是作为某一现存的学科的更新而出现的，而是全新的跨学科领域，它需要的知识几乎横跨了人类所创造出来的各个主要知识领域。反过来，政策科学作为一种方法又应用于社会科学的各个领域。

从 20 世纪 70 年代起，许多国家的大学纷纷建立了政策科学、政策分析专业，有关课程相继开设，而且教学规划已相当完善，培养了大批不同层次的政策科学专门人才，逐步形成了以政治学、经济学、法学、行为科学、管理科学等为基础构建起来的政策科学规范体系。政策科学本身也成为高层次的学术内容，成为培训公职人员的主要课程。政策研究联合会、评估研究协会等许多专业性协会先后成立，为政策科学的理论研究提供了舞台。

在美国，有关政策科学的专业学术刊物相继出版发行，如《政策科学》《政策分析》《政策研究》《政策科学年鉴》。政策科学成为许多大学的课程，并出现了不少政策科学学位授予点。政策科学的学术研究不断走出狭隘的专业化天地，逐步向新闻出版界渗透，《国家评论》《华盛顿月刊》等许多著名的报刊都开辟了“政策评论”专栏，长年累月地发表专论文章。

我国政策科学发展在 20 世纪 80 年代才起步，发展非常缓慢。目前，政策科学还没有成为独立的学科和专业。一些大学开设了政策分析等方面的课程，但从事政策科学研究的教师很少，政策科学师资严重不足。许多老师是毕业后留校任教或到其他学校任教的，没有政府工作经历，对政府运行缺乏了解；由于长期生活在校园这个“象牙塔”中，缺乏社会经验，对中国社会也缺乏了解。许多老师埋头于纯学术研究，缺乏对中国经济社会现实问题的关注。政策科学发展滞后，严重制约了我国新型智库建设和发展。

四、政策科学范式特征与局限

作为一门研究如何更好依靠公权力、制定行政措施，来解决现实经济社会发展问题、处理公共事务的应用型社会科学，政策科学具有如下一系列区别于其他学科的范式特征，而这些特征恰恰与智库研究具有较高的契合度。

1. 跨学科、交叉学科、综合性研究的取向

政策科学不是现有的某一学科的更新，而是一门新兴学科。一方面，它是在吸收其他学科知识和方法的基础上形成、发展起来的，尤其是政治学、法学、经济学、社会学、管理学、心理学、哲学、统计学、运筹学、系统分析等学科；另一方面，政策科学并不是这些学科拼凑堆积的大杂烩，而是在新的学术框架中，将各种可应用于政策研究的知识和方法有机地结合起来，形成较为完整的学科体系，使得这些来自于各种学科的知识方法在新框架中获得新的意义。例如，如何

应对突发性公共事件，就涉及政治学、法学、经济学、社会学、管理学等方面的知识。

2. 倡导以问题为中心的知识产生方式

为了解和控制日益复杂的社会问题，各类社会科学产生并发展起来。但近现代社会科学基本上采用“以学科为中心”的知识产生途径，它们彼此划界，严格限定研究范围，在本身的学术框架内活动，并产生关于界定本学科问题研究的知识。而政策科学将知识体系与决策过程密切联系起来，提倡以问题为中心。它主张从各学科不同的角度或侧面，融合各种知识和方法，展开对同一社会问题进行研究并寻找解决办法。这一方面促进了社会科学不同领域学者的交流与合作，拓展或加深对相关社会问题的了解；另一方面，政策科学将社会科学知识在应用解决社会问题时进行融合，大大增强了当代社会科学解决社会问题的能力。

3. 与政策实践相互促进提高

政策科学是一门以行动为取向的学科，体现着理论与实践的统一。政策科学既在实践中产生，又在实践中得到应用和发展。相对于其他社会科学，它对政策系统的改进和政策质量的提高产生应有的影响更加积极、直接。政策科学的研究对象是政策实践及政策过程，它的目的和功能是提供政策相关知识，为政策实践服务。它要为执政党或国家的各项政策的制定、执行和评估的实践服务，它以发现、分析和解决社会的政策问题为导向。而政策实践则为政策科学提出需要解决的问题，提供经验教训，检验政策科学理论并推动其发展。

4. 注重价值分析与价值评价

经验科学注重对事实或问题的实证分析，被认为是价值中立的。政策科学将价值分析与事实分析并列，作为自己的两大方法论基础。政策科学是对（公共）决策研究，而决策是在两种以上的备选方案中做出选择，选择则以价值（观）作为基础。因而政策科学不仅关心事实，而且更关心价值和行动，它重视价值取向和价值评价，它的一个重要目标是创造和批评有关的公共政策价值的知识主张，或推荐应该采取的行动过程。政策选择往往涉及在健康、财富、安全、和平、正义、平等和自由一类的价值中做出取舍。选择哪一种价值，并不仅是一个事实分析的问题，而且需要伦理推导与价值评价①。

政策科学作为社会科学的一个分支，在面对大量的现实政治、价值、权力、利益等问题时，政策分析本身具有局限性。而这些局限，往往在智库研究中也会遇到。

1. 政策分析主观性导致的政策认识分歧问题

对社会问题的认定是政策分析过程的起点，这种分歧在社会问题认定之初就可能发生。如果对于社会问题“是什么”这一点都不能达成共识，那么政策分析就难以提供解决问题的方案。政策分析在处理一些带有主观性的议题时，必须依赖对结果的解释。不同的智库研究人员通常对分析结果有不同的解释。社会科学研究不可能是价值中立的，甚至在研究问题的选择上都受到个人价值观的影响。每个人对社会中哪些问题重要并值得关注，都存在不同的看法和价值判断。

2. 政府权力局限性导致的政策有效性问题

在系统性的政策分析中，一些问题是与社会科学研究所具有的内在局限性相关的。政策是否有效，我们往往难以通过可控性试验进行实际验证。例如，研究人员不可能下令把孩子送到条件极差的学校，而仅仅为了观察这种学校是否会对他们的学习成绩产生负面影响。而且，不管出于何种目的，政府政策的重要性很容易被夸大。我们往往不能确切地得知，政府政策是否能够治愈全部或者大部分社会弊病。政府政策是否有效会受到多种社会因素的影响限制，而政府很难管理这些社会力量。即使政府有整合这些社会力量的意愿，也很难实施有效的控制。就政府而言，有些社会问题很难解决。

3. 利益取向复杂性导致的决策结果政治化问题

我们可以从公共利益最大化的角度来看待公共政策。公共利益是

① 参见陈振明：《政策科学与智库建设》，《中国行政管理》2014 年第 5 期。

公共政策的价值取向和逻辑起点，是公共政策的本质与归属、出发点和最终目的。公共政策作为对社会利益的权威性分配，集中反映了社会利益，从而决定了公共政策必须反映大多数人的利益才能使其具有合法性。然而，政策议题都是由政治行为主体（包括政府官员、利益集团、有时是民众、媒体、舆论等）决定的。社会科学研究在政治领域里通常并不顺利，它经常被演绎、被误解、被忽视，甚至被当作政治斗争的工具来使用。政策分析的结果有时会出乎意料，甚至会造成政治窘境。公共政策并不总是按照人们的意愿来运作。政治利益主体为了实现自身的目的，可能会有选择地接受、抵制或利用这些政策分析的结果。如果对公共政策应该持有何种价值观、公共利益如何定位这一问题不能达成共识，那么政策分析对于政策制定就没有什么作用。它最多只能加以如何达到特定的结果，但无法确定什么对社会才是有价值的。

4. 现实问题复杂性导致的专家能力的局限性

我们出于现实考虑往往对政策分析持保留态度，因为现实问题是如此复杂，智库专家难以对他们的政策建议所产生的后果做出准确预测。尤其当智库专家对个体和群体行为不够了解时，使得他们更加无法为决策提出可靠建议。有时候，决策者向智库专家咨询解决问题的“方法”，而智库专家却束手无策。绝大多数社会问题都是由许多社会变量导致的，因此一种简单的解释或者一套解决方案是不可能奏效的。社会科学家经常提出很多相互矛盾的建议，也表明他们缺乏可靠的有关社会问题方面的科学知识。尽管有些学者认为，不提出建议要比给出矛盾的或不准确的建议更好，但是决策者不这样看。他们认为，不管怎样，决策总是要做的。根据社会科学所提供的知识（即使是很少的知识）来做出判断，总比在无知情况下做出决策要好。就算社会科学家不能够预测未来政策的影响和结果，但他们至少能够评估以往的公共政策的影响。并把这些知识提供给决策者参考。

五、政策研究的特点和价值取向

(一) 政策研究既是技术又是艺术

政策研究是门“技术”。就像一位成功的肖像画家能用审美的眼光来应用绘画技巧一样，成功的智库专家也必须立足现实，扮演好其社会角色中，应用好自己的专业技能。为了有效开展政策研究，几个方面的准备是必要的。

第一，资料收集。开展政策研究之前，为了了解有关情况，必须先做好资料收集工作。资料包括图书、文章、研究报告、数据等。资料来源渠道很多，如购买图书、查阅期刊、浏览网站、下载数据等。掌握的相关资料越全、越新，越有助于开展政策研究工作。资料包括一手资料和二手资料。除了收集现存的二手资料，还要通过调查研究获取一手资料。智库专家必须知道，如何在研究任务截至日期临近，而且有关研究对象受到限制的情况下，仍能完成收集、组织、沟通信息的任务。他们必须能够制定策略，能够迅速地了解智库问题的本质，以及可能解决方法的大致内容。他们也要能够评估，至少定性地评估出备选方案可能的成本与收益，并把这些评估意见传达给决策者。

第二，社会认知。智库专家需要把智库问题放到其社会背景中进行观察和认识。政府何时应该介入市场，这个问题的标准答案通常是以市场失灵理论为基础的。在市场失灵的情况下，追求个人利益不能使社会资源得到最有效的使用，或者不能使社会物品得到公平的配置。其他得到广泛认同的社会目标，例如经济和政治资源分配的公平公正性，是政府介入的唯一必要条件。政府介入的充分条件，是干预方式不会导致社会成本高于社会收益。了解集体行动可能失灵的方式，有助于评估政策干预成本。智库专家要考虑到，除了市场失灵，还存在政府失灵。智库专家必须了解政治制度、政府组织架构和权力运行模式，从而能够预测并在可能时影响政策的采用和成功实施的因素。同样地，了解决策者的价值倾向，能够使得智库专家更有效地整理证据和观点。

第三，专业背景。说政策研究是一个技术活，是因为开展政策研究需要掌握经济学、政治学、管理学、社会学、法学、历史学、心理学、统计学等学科的知识。智库专家需要专门技能，以便能更好地对未来进行预测，更令人信服地对备选方案进行评估。经济学和统计学专业背景是这些技能的主要来源。智库研究人员最好去学习一下宏观经济学、微观经济学、公共经济学和统计学等方面的知识，学会应用成本—收益分析方法、大数据分析等相关技术的应用。

政策研究也是一门艺术。这么说是因为在社会问题确认、智库问题描述、对策方案设计和政策效果评估时，需要有洞察力、创造力和想象力。政策研究实际上就是要综合运用所有这些传统学科的知识——后面我们会专门讨论到智库研究中的政策分析模型。但在政策分析时往往不会只有单一的模型选择，即存在某种特定模型或方法，总是优于其他所有的模型或方法，它能永久成为解决公共问题的最佳方案。

美国政治学家艾伦·威尔达夫斯基（Aaron Wildavsky）认为，解决重大公共政策问题的方案是不可求的："政策分析是这样一种运动，它没有既定的程序或模型。政策分析与创造力是同义的，它是通过理论来激发、通过实践来磨炼，它是只可意会不可言传的。在很大程度上，必须承认，知识是具有否定性的。它告诉我们不能够做什么事情，不能够去什么地方，我们在哪里犯了错误。但是，这些对于我们改正错误是不够的。毕竟，如果我们现在的努力完全令人满意，那就不再需要政策分析了，更不需要政策分析人员了。"①

（二）政策研究要有价值立场

智库专家应该有价值和道德框架，应明确考虑到与决策者的关系。

① Aaron Wildavsky, *Speaking Truth to Power* (New York: John Wiley, 1979), p. 3.

当决策者的个人偏好和利益与他们自己对公共利益的理解产生实质性分歧时，智库专家可能会遇到进退两难的窘境。如果智库专家面对的决策者是柏拉图所谓的“哲学王”，绝对英明、正义，这是智库专家的幸运。这时候，在促进公共利益的职业理想和受托研究的实际需要之间，不必担心产生冲突。但现实总不尽如人意。智库专家必须有思想准备，决策者既非“哲学王”，也不是是非分明的学者，而是身处复杂的政治考量之中的“政治家”。决策者不仅对什么是良政有着自己的理解，而且必须要充分考虑政策之间的个人、地方或部门利益得失。因此，智库专家在进行政策分析时，不能完全罔顾政治现实。忽略政策建议对象利益的分析，政策建议本身就会受到忽略；而忽略多元复杂利益现实，政策建议很难被采纳，或不能得到成功实施。从价值层面上看，智库专家不仅要关心能够影响具体政策，还要关心如何改善政策环境。

为了更好地理解智库专家的角色，我们划分了三种类型的价值取向。

1. 研究人员导向

这种价值取向主要强调研究分析的完整性。他们把政策分析技能视为自身正当性的来源。在他们看来，智库专家的恰当角色是提出客观的政策建议。在按照公认的学科标准运用分析技能时，客观的研究人员感觉最为舒适。因此，他们通常倾向于采用经济学、统计学和运筹学等学科中的工具，这些学科都具备完善的方法。他们承认，自己必须在严格的时间和数据限制下工作。他们也愿意相信，客观研究具有合理性，会得到学科同行的认同。在这种情况下，客观研究人员将决策者视为必要的“恶”。决策者或委托者提供研究资源，允许智库专家对感兴趣的社会问题进行探索。作为回报，决策者获得了最确切的政策预测。决策者或委托者自身的政治命运和利益被排在分析完整性之后，居于次要地位。智库专家试图与决策者的个人利益保持距离，以避免客观研究受到干扰或干涉。客观的研究人员认为，政策建议应该体现出相关的价值取向。然而，如果要考虑所有相关价值，则没有一种政策是最优的。因此，相互竞争或冲突的价值权衡应该交给决策者，而不是由智库专家任意嵌入其中。从长远看来，智库专家应有助于建立良政，因为他们不断地提供客观公正的政策建议。

2. 决策者导向

这种价值取向主要强调对决策者负责。他们认为，智库专家作为政策制定的参与者，其正当性源于决策者的委托。决策者掌控着政策执行的行政机构，代表着部门利益。作为对提供研究资源或机会的回报，决策者应该得到包括承诺和保密在内的职业服务。智库专家就像医生一样无害于他们的病人，像律师一样大力促进委托客户的利益。一旦向决策者做出研究承诺，决策者导向的智库专家就必须将他们自己的政策偏好降到次要位置。因此，智库专家对接受委托研究的选择关系重大。当智库专家和委托者享有相似的价值观时，智库专家所提出的政策方案与其良政价值不符的情形就不大会出现。一旦发现客户持有非常不同的世界观，智库专家如果相信，通过长期联系能使决策者的观点更接近自己的想法，就可能继续维持这种委托合作关系。实际上，许多坚持价值观的研究人员认为，他们负有改变决策者观念的责任。

3. 问题导向

这种价值取向主要强调如何解决问题。他们认为，政策分析应该成为迈向他们构想的良好社会的一种工具。他们关注政策结果的内在价值，而不是和实际分析行为有关的价值，例如分析的完整性和对委托者负责。他们把自己当作政策过程中完全正当的一方影响力量。同样地，他们还可能把自己当作某些社会团体或社会利益的捍卫者，如贫穷者或误入歧途的青少年等，他们认为政策过程中这些人的利益没有被充分代表。问题导向者会有意识地选择政策建议对象。那些不能或不愿支持智库专家政策建议的决策者被放弃，而能够且愿意支持政策建议的决策者成为重点突破对象。就像决策者导向一样，问题导向者认为可以利用政策分析的不确定性。当分析结果不支持智库专家本人的政策偏好时，问题导向者就会质疑那些处理复杂问题时不可避免的简化假设，或挑战备选方案的评估标准。虽然问题导向者渴望得到其他智库专家的尊敬，尤其当这种尊敬有助于提升政策分析效果时更是如此，但他们可能愿意为获得政策结果而不惜放弃这种尊敬。

值得指出的是，智库专家不需要非要选择三种基本价值中的一种而牺牲另外两种，而是可以同时考虑三种标准。这样，当价值取向问题发生冲突时，可以认真衡量每一种价值应该牺牲多少。现实中常见的是，在一些情况下，由于决策者或智库研究委托者有一定的政策偏好、价值取向或利益，他们可能会拒绝接受智库专家的真实报告；在一些情况下，决策者或决策部门可能向智库专家施压，去"编造"不同的结论或建议；在另一些情况下，决策者或委托部门甚至会篡改智库专家的分析结果，提供给决策过程中的其他参与者。这些情况下，智库专家将面临更加复杂的价值取向和底线职责的挑战。

六、"政策窗口"理论与智库建议时机

航天领域有火箭、航天飞机、卫星等航天器的"发射窗口"，要等时机到了才发射。类似航天领域，公共政策领域也有"政策窗口"，智库专家提出政策建议要注意把握时机。在众多的公共问题中，只有一部分在特定时机下才能引起政府官员的注意。这就像存在一扇窗户，只有这扇窗户开启时，公共问题才有通过它进入房间，列入决策者的政策议程。

美国学者约翰·W. 金登（John W. Kingdon）把公共问题引起决策者注意并进入政策议程的机会称为"政策窗口"。[1] 相对于最终决策，"政策窗口"是一个容易被忽视的问题，但它却是公共政策过程的一个核心环节。智库研究成果能否影响公共政策，首先在于该成果能否摆到决策者的桌面上，进入政策议程。因此，"政策窗口"理论值得智库研究人员关注和重视。

---

① 参见〔美〕约翰·W. 金登著，丁煌、方兴译：《议程、备选方案与公共政策》，中国人民大学出版社2004年版。

“政策窗口”理论并不是脱离现实的模型，而是基于现实归纳的分析框架。金登通过对美国联邦政府中负责交通和公共卫生政策的高级官员进行长达四年的跟踪访谈，并结合各种政府文件、政党纲领、新闻报道、舆论调查等资料，研究了在政策过程中政策议题设立的机制，形成了“政策窗口”理论。

“政策窗口”开启，就意味着从设定政策议题到最终决策为止的过程所必需的诸多条件已经成熟。换句话说，当“政策窗口”开启时，就意味着从社会广泛关注的社会问题变成了政府官员切实关注的政策问题了。虽然成为政策问题并不代表最终的决策结果一定让人满意，但确实要比仅停留在社会关注上更值得期待。

智库专家总是准备好自己所偏好的政策方案，并等待他们所关心的政策问题表面化，或能够形成有利于他们的政策环境。有时候，“政策窗口”的开启有可预测的日程。有时候则相反，“政策窗口”常常因为一些不可预测的政治或社会时间才能开启。这时候，智库专家只能对政策问题的有关内容不断进行准备，等待“政策窗口”开启的时机。如果智库专家没有充分地利用已经打开的“政策窗口”，就必须等待“政策窗口”的再次打开。

那么，“政策窗口”打开或关闭的原因是什么？因政治原因而开启“政策窗口”的情况最多。例如，当权力更替时、政治结构变动时、社会不满迸发时、政治价值转向时，会使得处于决策核心的人士注意到新的社会问题而打开“政策窗口”。其中，权力更替的作用突出，是最具影响力的政治主线变化。

有时候，“政策窗口”因偶然事件而打开。偶然事件更加深了政策问题的严重性，从而给智库专家提供他们所准备的方案能够提出来的机会。例如，如果石油危机能够引起政府的注意，那么与此问题有关的各种利益集团（如公共交通、铁路交通、新能源等）会把自己的政策方案以能够解决问题的最好方案包装并提出来。还有，大型飞机事故也会为有关利益集团提供同样的机会。

当出现下列几种情况时，“政策窗口”可能关闭：

第一，如果参与者没能诱导出政府的任何行动，“政策窗口”就会关闭。因为一旦失败一次，那么智库专家在遇到下一次机会以前就不愿投入时间、精力、政治资源以及其他资源，政府高级官员的注意力也很自然地转移到其他问题上去了。

第二，如果导致“政策窗口”开启的突发事件逐渐从公共视野中淡漠，“政策窗口”就会关闭。任何危机或突发事件的寿命都是有限的，人们对事件保持兴趣的时间很短，因而打开“政策窗口”的环境条件持续的时间也很短。

第三，有些人事变动可以成为打开“政策窗口”的契机，而另外一些人事变动也可以成为关闭“政策窗口”的原因。在负责特定政策问题的高级官员同有关方面进行协商需要一段时间的情况下，如果这一段时间发生人事变动，那么这一“政策窗口”常常自然地关闭。

第四，如果不能及时形成政策方案，“政策窗口”容易关闭。一般来说，在“政策窗口”突然打开的时候，决策者们往往缺乏对政策问题的深刻认识，或者没能对方案进行充分的讨论和分析的情况下就参与了政策过程。这时候，如果没能在短期内完成政策方案所需要的准备，“政策窗口”就会因缺乏政策方案而关闭。

可见，“政策窗口”只打开很短时间，要最终形成政策必须趁热打铁。当时机出现时，智库专家要迅速行动。华盛顿的一位记者通过常年的观察，把美国政界的经验总结为“有些政策要么会很快就被接纳，要么什么事情都不会发生”。

对于“政策窗口”是否打开进行判断并不容易。有时候权力更替、经济形势转折等情势可以给智库专家或利益集团以明显的信号，但大部分情况下“政策窗口”的开或关取决于政策参与者的判断能力。“政策窗口”复杂而不透明，出现判断上的重大失误并不鲜见。除了明显的判断失误外，即使在成熟的政治家和卓越的专家之间，对于“政策窗口”是否已经开启的问题也常常发生分歧。

老练的政治家经常强调选择时机的重要性，在政策过程中最为重要的是政策方案是否在适当的时候提出来。在政策方案已有准备而

“政策窗口”已经开启的时候，要全力以赴把它变成政策议题。但在很多情况下，没有认识到已经打开的“政策窗口”，那么就要等待数年甚至10多年之后再打开。所以，对“政策窗口”的判断是一件很重要的事。

一般来说，在政策过程具有三条主线：问题主线、政治主线和政策主线，都有各自的作用、寿命和运行规律。任何一条主线都可能成为开启“政策窗口”的原因，然而在大多数情况下，任何一条主线都不能完全决定政策过程，而是要看各主线的情况变化和这些主线如何结合。

政策主线是对围绕不同的政策方案进行选择。从“政策窗口”被打开到关闭，政策主线都起着重要的作用。在一些情况下，即使社会问题很严重，政治压力一直存在，如果政策主线上不能开发或提出适当的方案，那么政策问题也会从政策议程中剔除。

但能够提出解决方案并不能保证打开“政策窗口”。在政策过程中，有时要先提出问题，然后再考虑具体的解决方案。然而，很多时候是政策方案寻找适合它的政策问题，伺机等待着能够促使采用政策方案的政治事件和其他社会条件。一些改革方案在政策主线上已经停留了很久，对方案的讨论和研究材料非常丰富。但这些方案往往是在组建新一届政府和民众情绪变化时才能打开“政策窗口”。

因此，只有政策主线同问题主线、政治主线适当地实现结合的时候，“政策窗口”才能被打开。也就说，政策方案需要与之相适宜的政策问题，并产生政治紧迫性或政治必要性，才能推动政策议程。智库专家需要努力把自己的方案与同时期被认为最重要的社会问题结合起来，并等待着对他们最有利的政治条件成熟起来。正因如此，我们会发现某个政策方案常常以不同的面孔重新出现，试图推动某个社会问题的解决。

在大部分情况下，“政策窗口”因问题主线和政治主线而打开。如果决策者因某种问题的严重性而寻找政策方案，那么就会采用以问题为中心而认为最为有效的政策方案。如果决策者寻找适合政府口味、或有助于巩固政绩、重新当选的政策方案，那么就会考虑最能符合这种政治目标的方案。

但问题主线与政治主线总是联系在一起的。即使由于问题的严重性而选择最有效的政策方案，如果不能取得政绩也不会采用。同样，如果在政治上被采纳的可能性很高，如果在解决问题的能力方面具有明显不足，那么最终被采纳为政策方案的可能性也会降低。

如果一个议题的“政策窗口”被打开，就会促使另外相似议题的“政策窗口”也跟着开启，这种现象称为政策的“溢出”，政策空间的拓展出现“蚕食式”的效应。

之所以出现这种政策溢出效应，主要在于：首先，新的政策空间一旦在某一政策领域得以拓展，就会“轰动一时”，就会变成其倡议者的政治资本，其他人为了赢得相同的政治资本，便纷纷在其他领域采取类似的行动以争取政绩；其次，溢出效应一旦在某一领域内发生，便会得到某种政治合法性，改变在该领域内的势力结构，守旧联盟被抑制、打击，改革联盟则可能会被调动起来以开拓新的领域；第三，某一政策空间内的论辩也有助于“外溢”。

因此，第一次“政策窗口”的开启对于全面的政策变革至关重要。成功了一次的智库专家和改革者会以肯定而积极的态度挑战下一个政策议题，而且还可以动员已经形成的联盟力量，并可以很方便地引用第一次成功中所使用的思想逻辑和战略战术。先例往往成为站稳脚跟的理论支撑点。

在智库研究中，如何把握好进行政策建议的时机，政策之窗理论为我们提供了一个很好的思维方法。

第四章　智库研究中的分析视角

研究视角（perspective）是指智库研究中的思维切入方式及分析问题的基本哲学观点，是智库研究方法的一个重要组成部分。它是照射研究对象的一个光源。如果没有研究的视角，研究对象就会一团漆黑。“夜间观牛，其色皆黑”。研究对象正是通过研究视角而被看见、被理解。无论是理论研究还是实证研究，都需要有研究视角。出色的研究往往显示或隐含了独特的研究视角。研究视角能够帮助智库专家在丰富材料中看到一些难以发现的规律和问题、对策，帮助我们预见和理解事实。

一、系统分析

20 世纪，系统论、控制论、信息论等横向科学的迅猛发展，为发展综合思维方式提供了有力的手段，使科学研究方法不断地完善。而以系统论、控制论和信息论为代表的系统科学方法，又为人类的科学认识提供了强有力的主观手段。它不仅突破了传统方法的局限性，而且深刻地改变了科学方法论的体系。这些新的方法，既可以作为经验方法，作为获得感性材料的方法来使用；也可以作为理论方法，作为分析感性材料上升到理性认识的方法来使用。

（一）系统分析的发展历程

系统分析最早是由美国兰德公司在二战结束前后提出并加以使用

的。从20世纪40年代末到70年代的30年中，系统分析沿着两条明显不同的路线得到迅速发展。一条路线是运用数学工具和经济学原理分析和研究新型防御武器系统。20世纪60年代初期，美国国防部长麦克纳马拉把这套方法应用于整个军事领域，并很快在各政府部门推广，形成了著名的“计划—规划—预算系统”（PPBS）方法。在军事和政府部门的带动下，美国民间企业也开始应用系统分析方法来改善交通、通信、计算机、公共卫生设施的效率和效能；在消防、医疗、电网、导航等领域，系统分析方法也得到了广泛的应用。另一条路线体现在与大学相联系的研究和教学的活动之中。沿着这一路线，存在着一种把众多的学科加以系统理论化的倾向。开始是在生物学和自动控制研究领域；其后，扩展到工程学、通讯理论、一般系统论、政治结构、国际关系、管理系统、生态系统、心理和精神分析以及教育系统等研究领域。到了20世纪70年代中期，系统分析从作为分析经济合理性的应用和作为研究对象的理论体系这种相互分离状态，逐步走向相互结合、相互补充，发展成为一种有效的方法体系。

目前，作为一种一般的科学方法论，系统分析已经被各国智库所采用，运用于广泛的政策研究领域之中，特别是在解决有风险和不确定性的经济社会政策的制定，以及公共决策系统的改进上。随着应用数学以及运筹学的发展，计算机、互联网的出现，系统分析方法应用范围不断扩展，成为政策研究以及政策分析的主导型或基础性的方法。

政策科学本身就是在系统分析和运筹学的基础上形成和发展起来的。系统分析构成了政策研究方法论基础。按照美国政策科学家R. M. 克朗的说法，系统分析可以被视为由定性、定量或两者相结合的方法组成的一个集合，其方法论源于科学方法论、系统论以及为数众多的涉及选择现象的科学分支。应用系统分析的目的，在于改进公共的和私营的人类组织系统。系统分析既是一种解释性的，又是一种规定性的方法论。

系统就是指由若干相互联系、相互作用的诸要素组成的复杂有序的整体。整体性是系统最基本的特征。在一个系统中，系统整体不等于各孤立要素的部分之和。系统整体可获得的新的特性、新的功能是各组成要素在孤立状态时所没有的。这种系统的特性和功能，只有当它们作为整体存在时才显现出来。不仅每个对象都自成系统，而对象与对象之间又互成系统。当研究范围扩大时，原来的系统在另一个大系统中又变成了子系统。这样，小到微观粒子，大到整个宇宙，便由要素、结构层次、系统而联结成有机统一的整体。系统是普遍存在的。因此，对任何事物都要采取系统分析的方法。

系统理论不但要求对问题的研究要系统化，而且要求方法本身也要系统化，即形成方法系统。方法系统是对对象作系统研究的方法论保证，对对象的各个方面的研究才能在统一的系统方法下进行。系统方法就是按照客观事物本身的系统性，把对象放在系统的形式中加以考察的一种方法。从系统的观点出发，从整体与要素之间、整体与外部环境的相互联系、相互制约、相互作用的关系中综合地、精确地考察对象，揭示系统性质和运动规律，从而达到最佳处理问题的一种方法。①

系统分析法是在系统理论高度发展和成熟的基础上产生的一种专门的科学研究方法。美国兰德公司的奈德认为，系统分析是一种研究方略，它能在不确定的情况下，通过对问题的充分调查，找出其目标和各种可行方案，并通过直觉和判断，对这些方案的结果进行比较，帮助决策者在复杂问题中做出最佳决策。系统分析是咨询研究的最基本的方法，我们可以把一个复杂的咨询项目看成为系统工程，通过系统目标分析、系统要素分析、系统环境分析、系统资源分析和系统管理分析，可以准确地诊断问题，深刻地揭示问题起因，有效地提出解决方案和满足客户的需求。

系统分析方法来源于系统科学。系统科学是 20 世纪 40 年代以后迅速发展起来的一个横跨各个学科的新的科学部门，它从系统的着眼点或角度去考察和研究整个客观世界，为人类认识和改造世界提供了科学的理论和方法。它的产生和发展标志着人类的科学思维由主要以

① 参见欧阳光明等：《遨游系统的海洋——系统方法谈》，上海交通大学出版社 2006 年版。

“实物为中心”逐渐过渡到以“系统为中心”，是科学思维的一个划时代突破。

延伸阅读：系统科学领域中的“老三论”和“新三论”

系统科学领域中的“老三论”是指系统论、控制论和信息论，这是20世纪40年代先后创立并获得迅猛发展的三门系统理论的分支学科。系统论由美籍奥地利生物学家贝塔朗菲创立。系统论要求把事物当作一个整体或系统来研究，并用数学模型去描述和确定系统的结构和行为。控制论由美国数学家维纳（Wiener N）创立。控制论研究系统的状态、功能、行为方式及变动趋势，控制系统的稳定，揭示不同系统的共同的控制规律，使系统按预定目标运行。信息论由美国数学家香农创立，用概率论和数理统计方法，从量的方面来研究系统的信息如何获取、加工、处理、传输和控制。

系统科学领域中的“新三论”是指耗散结构论、协同论、突变论，这是20世纪70年代以来陆续确立并获得极快进展的三门系统理论的分支学科。耗散结构理论是比利时物理学家普利高津（Illya Prigogine）在1969年提出来的，认为系统只有在远离平衡的条件下，才有可能向着有秩序、有组织、多功能的方向进化。协同论是20世纪70年代联邦德国著名理论物理学家赫尔曼·哈肯（Hermann Haken）在1973年提出来的，认为各种自然系统和社会系统从无序到有序的演化，都是组成系统的各元素之间相互影响又协调一致的结果。突变理论是法国科学家托姆（René Thom）在1972年提出来的。突变理论通过探讨客观世界中不同层次上各类系统普遍存在着的突变式质变过程，揭示出系统突变式质变的一般方式，说明了突变在系统自组织演化过程中的普遍意义。

（二）系统分析领域

现代调查研究中的系统分析，就是按照系统理论和方法的基本原则与要求，对调查对象的整体进行系统分析，找出它的结构和层次，分析它的组成要素，掌握各部分的功能，研究怎样实现整个系统的最优化。从整体上看，调查研究的各个系统，每个系统的各个方面，都处于一定的层次，具有不同的功能，根据整体大于部分之和的系统整体效应的原理，在分析调查研究对象时，都要把它作为一个从周围环境中划分出来的系统来认识，同时还要把系统内部的各个环节、各个部分，看作是相互联系、相互影响、相互制约的。在应用系统分析方法时，要根据客观事物所具有的系统特征，从事物的整体出发，着眼于整体与部分、结构与层次、结构与功能、系统与环境等相互联系和相互作用，求得优化的整体目标。

系统分析包括整体分析、结构分析、层次分析、相关分析和环境分析等方面①。

1. 整体分析

系统的性质、功能与运行规律不同于它的各个组成部分在独立状态时的性质、功能和运动规律，它们只有在整体意义上才能显示出来。政策研究要从全局出发，从系统、子系统、单元、要素之间以及它们与周围环境之间的相互关系和相互作用中，探求系统整体的本质和规律，提高整体效应，追求整体目标的优化。面对一些复杂的、较大的系统时，要求我们把系统分解为一组相关联的子系统，在整体的指导下，协调各个系统的目标，从而达到系统所要求的总目标，即通过求局部最优化得到的局部解，经过协调而达到整体的最优解。

2. 结构分析

所谓系统的结构，是指系统内部诸要素的排列组合方式。结构分析是寻求系统合理结构的途径和方法，其目标是找出系统构成上的整体性、环境适应性、相关性和层次性等特征，使系统的组成要素及其相互关系在分布上达到最优结合和最优输出。

3. 层次分析

系统论认为，任何复杂的系统都具有一定的结构层次。20 世纪 70

① 参见陈振明编著：《公共政策分析》，中国人民大学出版社 2002 年版，第 158—163 页。

年代，运筹学家萨蒂提出了层次分析法，其基本思路是：明确问题中所包含的因子及其相互关系，将各因子划分为不同的层次，从而形成多层次结构；通过对各层次因子划分为不同层次，从而形成多层次结构；通过对各层次因子的比较分析，建立判断矩阵，并通过判断矩阵的计算将不同政策方案按重要性或适用性大小排列，为最优方案的选择提供依据。层次分析首先要解决系统分层及其规模的合理性问题，层次的划分要考虑到系统传递物质、能量和信息的效率、质量和费用等因素；其次要使各个功能单元的层次归属合理。

4. 相关分析

构成系统的各个子系统、单元和要素之间以及它们与环境之间是相互联系和相互作用的，这一特征叫作系统的相关性。在政策研究过程，尤其是问题界定、目标选择和方案规划中，充分注意到各种问题及问题的各个方面之间、各个目标之间、各个方案之间、子目标与总目标之间的相互关系，注意政策目标和方案与社会、经济和政治环境之间的相互联系和相互作用，考虑各种因素对政策执行的效果可能产生的影响，从而设计出较优的政策方案。

5. 环境分析

环境是指系统之外的所有其他事物或存在，即系统发生、发展及运行的生态条件或背景。要确定系统及其问题的边界和约束条件，必须对环境进行分析。在系统分析中，要对环境加以因时、因地、因人的分析，找出相关的环境因素，确定其影响的范围和程度，以便在方案的制定和执行中予以考虑。

（三）系统分析方法

系统分析方法包括线性规划法、非线性规划法、排队论、层次分析法和网络分析法等大量具体的分析技术。

1. 线性规划法

线性规划（Linear Programming，LP）是研究线性约束条件下线性目标函数的极值问题的数学理论和方法，是运筹学中研究较早、发展较快、应用广泛、方法较成熟的一个重要分支。随着计算机技术的发展和普及，线性规划的应用越来越广泛。目前，线性规划已成为人们为合理利用有限资源制订最佳决策的有力工具，广泛应用于军事作战、经济分析、经营管理和工程技术等方面，为合理地利用有限的人力、物力、财力等资源做出的最优决策，提供科学的依据。

2. 非线性规划法

非线性规划是具有非线性约束条件或目标函数的数学规划，是运筹学的一个重要分支。非线性规划在工程、管理、经济、科研、军事等方面都有广泛的应用，为最优设计提供了有力的工具。20 世纪 80 年代以来，随着计算机技术的快速发展，非线性规划方法取得了长足进步，在信赖域法、稀疏拟牛顿法、并行计算、内点法和有限存储法等领域取得了丰硕的成果。

3. 排队论

排队论是通过对服务对象到来及服务时间的统计研究，得出这些数量指标（等待时间、排队长度、忙期长短等）的统计规律，然后根据这些规律来改进服务系统的结构或重新组织被服务对象，使得服务系统既能满足服务对象的需要，又能使机构的费用最经济或某些指标最优。排队论广泛应用于计算机网络、生产、运输、库存等各项资源共享的随机服务系统。

4. 层次分析法

所谓层次分析法（Analytic Hierarchy Process，AHP），是指将一个复杂的多目标决策问题作为一个系统，将目标分解为多个目标或准则，进而分解为多指标（或准则、约束）的若干层次，通过定性指标模糊量化方法算出层次单排序（权数）和总排序，以作为目标（多指标）、多方案优化决策的系统方法。

层次分析法是将决策问题按总目标、各层子目标、评价准则直至具体的备投方案的顺序分解为不同的层次结构，然后得用求解判断矩阵特征向量的办法，求得每一层次的各元素对上一层次某元素的优先权重，最后再加权和的方法递阶归并各备择方案对总目标的最终权重，此最终权重最大者即为最优方案。这里所谓“优先权重”是一种相对的量度，它表明各备择方案在某一特点的评价准则或子目标，标下优越程度的相对量度，以及各子目标对上一层目标而言重要程度的相对量度。层次分析法比较适合于具有分层交错评价指标的目标系统，而且目标值又难于定量描述的决策问题。其用法是构造判断矩阵，求出其最大特征值。及其所对应的特征向量 W，归一化后，即为某一层次指标对于上一层次某相关指标的相对重要性权值。

5. 网络分析法

1996 年，托马斯·塞蒂（T. L. Saaty）教授在层次分析法的基础上引入超矩阵的概念，提出了“网络分析法”（Analysis Network Process Method，ANP）。他认为，所有网络结构中的元素均能够对结论产生影响，最终结果不仅被备选方案的权重影响，也被备选方案所属元素集影响，可以通过反馈更好地反映现实生活。

网络分析法的网络结构中的连接没有固定方向，它既包括元素集之间的循环连接，也包括元素集对自身的反馈连接，这种网络结构往往能够较好地反映现实社会的问题，并且采用这种将问题细化结构、简单计算的方法远比采用简单划分结构、复杂计算过程的方法得到结果更令人满意。

网络分析法模型将系统分为控制层和网络层两个部分，控制层包括决策问题的目标和决策准则，至少应存在一个目标，但决策的准则可以没有，网络层由元素组组成，这些元素组受到控制层的支配，元素组间以及内部元素之间相互依存、相互影响，形成了网络结构。

美国学者霍恩（C. E. Van Horn）和 D. 米特（D. S. Meter）认为，在政策决定与政策效果这一转变过程之间存在许多影响二者的变量，既有系统本身，也有系统环境的因素。政策执行要重视如下五个变量：（1）政策的价值诉求，即政策目标与标准；（2）政策资源，即系统本身实现价值的条件，包括人力资源、财物资源、信息资源、权威资源等；（3）执行者属性，包括执行人员的价值取向、行为能力、精神面貌，以及执行机关的特征及其整合程度；（4）执行方式，指的是执行者之间、执行者与目标群体之间采取的互动方式，主要包括沟通、协调与强制；（5）系统环境，主要包括政治环境、经济环境、文化环境、社会条件等。

政府是一个系统。一个政府部门，往往有上级部门、下级部门和平级的兄弟单位。许多公共事务都是跨部门、跨地区和跨层级的，需要各级相关部门通力合作，共同应对。因此，在政策研究过程中，智库研究人员可以用系统分析法来分析政府系统。例如，梳理涉及某项公共事务的相关政府部门，分析他们的结构关系、层次关系、权责边界等。用线性规划法、非线性规划法、排队论等来合理配置公共产品和公共资源，包括人力、物力和财力，如执法人员、技术装备、财政资金等。用层次分析法和网络分析法开展政策方案遴选、政府绩效评估等工作。

二、功能分析

任何事物和现象都是由两个或两个以上的部分、方面、因素所组成的，这些部分、方面和因素之间形成一种相对稳定的联系，这种相对稳定的联系称之为结构。相互联系的各个部分、方面和因素之间总是相互依存、相互作用的，这种事物或现象内部各个部分、方面和因素之间的相互作用和影响以及该事物或现象对于外部其他事物或现象的影响和作用，我们称之为功能。

作为一种分析方法，功能分析由英国人类学家 B. 马林诺夫斯基（B. Malinowski）和 A. R. 布朗（A. R. Brown）首先加以系统地运用。他们认为社会是一个整体，其特征是不同的组成部分具有独特的构造，须从整体上分析才能了解每个特殊的成分。马林诺夫斯基的功能分析是“基于如下原则，即在各类文明中，每个习俗、每件物体、每种思想和每种信仰都要完成一个不可或缺的功能，都拥有一项必须完成的使命，它们是有机整体的必要组成部分”。美国社会学家 R. 默顿（R. Merton）在 1949 年曾在《外显功能与潜功能》一书中对功能分析作了重要说明，认为功能分析可以成立，是“因为一个因素可以具有几个功能，正如一个功能可以由几种相互变换的因素来承担”。美国社会学家 T. 帕森斯等人在总结前人功能分析的基础上，于 1953 年提出 AGIL 分析模式，被广泛运用于社会学、政治学、政治经济学等规范价值研究领域。

作为社会科学用来分析社会现象的一种方法，功能分析法已经成为社会调查常用的分析方法之一。它通过说明社会现象怎样满足一个社会系统的需要（即具有怎样的功能）来解释社会现象。它的具体体现在三个方面。第一，功能分析法是通过从形式上分析现象的内部结构关系，可以弄清现象内部各组要素在形式上的排列和比例。第二，功能分析法通过从内容上分析现象内部各个组成要素之间相互影响和作用（内部功能），可以搞清楚各组要素之间有无相互作用和影响，怎样相互作用和影响。在什么样的条件下，各组要素间的相互影响和作用才能建立和存在。各组要素间相互影响和作用的手段和方法。第三，功能分析法通过从现象的总体上分析它对社会的影响和作用（外部功能），可以分清它对社会的哪些方面发生影响和作用。这些影响和作用，哪些是积极的，哪些是消极的，哪些是明显的，哪些是潜在的。

功能分析法可以按下列步骤进行。首先，明确分析对象，明确结构和功能的承载物。其次，分析内部结构，考察各组成要素间在形式上的排列和比例。最后，分析内部功能和外部功能。

内部功能分析是指考察各组成要素间的相互影响和相互作用，主要包括三项内容：一是确定功能关系的性质，即分析一下有没有相互影响和作用；如果有，是一方影响和作用于一方，还是双方相互影响和作用。二是挖掘功能存在和建立的必要条件，即分析在满足什么样的条件时要素间的相互影响和作用下才能存在和建立起来。三是找出满足功能的机制。即分析促使各个要素之间相互影响和作用的手段和方法。

外部功能分析是指考察现象整体对社会的影响和作用，也就是把研究对象和现象放在社会之中，考察它对社会各方面的影响和作用。

外部功能分析主要包括两项内容：一是分析功能服务单位，即对社会的哪些方面发生影响和作用。二是分析功能的性质，即对社会的影响和作用哪些是积极的，哪些是消极的，哪些是明显的，哪些是潜在的。第五，通过理论分析做出结论。

我国在国土空间开发利用过程中，就采用了功能分析法来编制全国主体功能区规划。根据不同区域的资源环境承载能力、现有开发密度和发展潜力，统筹谋划未来人口分布、经济布局、国土利用和城镇化格局，将国土空间划分为优化开发、重点开发、限制开发和禁止开发四大类，确定主体功能定位，明确开发方向，控制开发强度，规范开发秩序，完善开发政策，逐步形成人口、经济、资源环境相协调的空间开发格局。一个城市具有不同的功能，涉及政治、经济、文化、社会等方方面面。在编制城市规划时，就可以采用功能分析法，综合考虑城市不同的功能，合理安排不同功能的空间布局。例如，在居住功能区，要适当安排绿地、公园等休憩场所以及体育场馆、户外运动和健身场所。居住功能区和产业园区、大型商场等经济功能区之间要适当安排地铁、轻轨、BRT、高架路等快速交通道路和交通工具，方便人们在居住地和工作地往返。

三、因果分析

因果关系是客观事物之间极为普遍的一种关系。任何事物的发展变化都有其内部和外部的一定原因，而任何事物的发展变化都会产生一定的结果。因果分析法是一种分析因果关系的方法。使用因果分析法要做好如下三项工作：

第一，找出构成因果关系的事物。无论是一因多果，一果多因还是多因多果的关系，凡是因果关系都必须具备两个或两个以上的事物。

第二，确定因果关系的性质。判定是否真的存在因果关系，指出哪个为因，哪个为果。考察因果关系的类型，是“一因多果”还是“一果多因”?

第三，对因果关系的程度做出解释。因果关系的程度是统计分析给定的，通常用相关系数或净相关系数来表示，理论分析的任务是做出解释。

因果预测分析是整个预测分析的基础。也就是说，要按事物之间的因果关系，知因测果或倒果查因。在研究某项政府工作的对策措施时，就需要采用因果分析法。例如，近年来，我国食品安全问题频发。要想研究并提出政府部门保障食品安全切实可行的对策措施，就要分析产生食品安全问题的原因。导致食品安全问题的原因很多，如一些食品生产经营者没有道德底线，食品生产经营违法成本低，食品安全监管部门没有合理配置执法力量，食品安全监管存在漏洞等。通过对大量食品安全事件进行统计分析，就可以发现食品安全问题发生发展规律，进而采取有针对性的对策措施。

因果图是体现因果分析法的常用手段。因果图又称特性要因图、鱼骨图或石川图，它是1953年在日本川崎制铁公司，由质量管理专家石川馨最早使用的，是为了寻找产生某种质量问题的原因，发动大家谈看法，做分析，将大家的意见反映在一张图上，就是因果图。用此图分析产生问题的原因，便于集思广益。因为这种图反映的因果关系直观、醒目、条理分明，用起来比较方便，效果好，所以得到了许多分析者的重视。问题的特性总是受到一些因素的影响，我们通过头脑风暴找出这些因素，并将它们与特性值一起，按相互关联性整理而成的层次分明、条理清楚，并标出重要因素的图形就叫特性要因图。因其形状如鱼骨，所以又叫鱼骨图，它是一种透过现象看本质的分析方法。鱼骨图分析法是咨询人员进行因果分析时经常采用的一种方法，其特点是简捷实用，比较直观。

因果图在使用上要遵循一定的步骤。具体包括：先查找要解决的问题；把问题写在鱼骨的头上；召集同事共同讨论问题出现的可能原因，尽可能多地找出问题；把相同的问题分组，在鱼骨上标出；根据不同问题征求大家的意见，总结出正确的原因；拿出任何一个问题，研究为什么会产生这样的问题？针对问题的答案再问为什么？这样至少深入五个层次（连续问五个问题）；当深入到第五个层次后，认为无法继续进行时，列出这些问题的原因，而后列出至少20个解决方法。

四、矛盾分析

矛盾是指事物内部对立的诸方面之间的互相依赖又互相排斥的关系。矛盾无所不在，无时不在，它存在事物发展的一切过程之中，又贯穿于一切过程的始终，是一切事物变化和发展的根本原因。

矛盾分析法是指运用马克思主义关于矛盾学说的原理、法则去具体分析事物内部矛盾运动的状况和外部事物的关系，达到认识客观事物的方法，即具体问题具体分析。矛盾分析法是定性分析的一种方法，它建立在对客观事物最一般的、最根本的、符合辩证规律的哲学认识基础之上，通过客观地、历史地了解事物发展的进程，具体地分析、认识事物。可以说，认识事物，就是认识事物的矛盾。矛盾组成世界，不做矛盾分析，人们就无从认识世界。在实际的调查研究过程中，运用矛盾分析法去获得对客观事物现状的正确认识，科学地预测它的未来发展，有着其他方法不能代替的重要作用。矛盾分析法是一种高层次的分析方法，需要有较深厚扎实的哲学理论功底，较强的思想演绎能力和对所研究事物的历史过程有较深刻的了解。

矛盾分析法作为唯物辩证法认识事物和分析问题的根本方法，在我国的政策分析和政策实践中得到广泛的应用，其要点主要体现在三个方面①：

第一，矛盾的普遍性和特殊性的辩证关系，要求我们在普遍性原理的指导下，具体到分析矛盾的特殊性。分析政策问题、制定和执行政策，必须坚持具体问题具体分析，反对不同具体情况的“一刀切”，反对把马克思主义当作教条的错误思想和做法；必须遵循从特殊到普遍，再由普遍到特殊的认识规律；同时要学会“一般号召和个别指导

① 参见宁骚主编：《公共政策学》，高等教育出版社2003年版，第74—75页。

相结合”“从群众中来，到群众中去”“解剖麻雀”等科学的工作方法。

第二，主要矛盾和次要矛盾的辩证关系，要求我们在分析政策问题、制定和执行政策时首先要善于抓住重点，抓住关键，集中主要力量去解决主要矛盾，同时又要学会统筹兼顾，恰当地处理次要矛盾，学会“弹钢琴”。既要防止不分主次，“眉毛胡子一把抓”；又要防止只抓中心，不顾其他，“单打一”。

第三，矛盾的主、次方面的辩证关系，要求我们在分析政策问题、制定和执行政策时要善于抓住重点，分清事物的主流和支流，坚持两点论和重点论的统一。

许多公共事务都是矛盾体。由于公共资源是稀缺的，一些社会群体多获得公共资源，另外一些社会群体往往就要少获得公共资源。因此，要采用矛盾分析法，顾及不同社会群体的利益诉求，科学、合理地分配有限的公共资源。

延伸阅读：

事物的矛盾法则，即对立统一的法则，是唯物辩证法的最根本的法则……矛盾的普遍性和矛盾的特殊性的关系，就是矛盾的共性和个性的关系。其共性是矛盾存在于一切过程中，并贯串于一切过程的始终，矛盾即是运动，即是事物，即是过程，也即是思想。否认事物的矛盾就否认了一切。这是共通的道理，古今中外，概莫能外。所以它是共性，是绝对性。然而这种共性，即包含于一切个性之中，无个性即无共性。假如除去一切个性，还有什么共性呢？因为矛盾的各各特殊，所以造成了个性。一切个性都是有条件地暂时地存在的，所以是相对的。这一共性个性、绝对相对的道理，是关于事物矛盾的问题的精髓，不懂得它，就等于抛弃了辩证法。

——引自 1937 年 8 月毛泽东同志所著的《矛盾论》

我国正处于经济、社会转型时期，不同社会群体的诉求不一样，各种社会矛盾错综复杂。虽然都是人民内部矛盾，但在推进国家治理体系和治理能力现代化过程中，要善于抓住主要矛盾，及时回应社会关切。例如，对于农民来说，政府部门要重点解决好他们的子女上学贵以及他们自己看病难、看病贵等问题，为农民减轻负担。对于市民来说，政府部门要重点解决好他们的住房、就业等问题，让他们安居乐业。政府在安排财政预算和公共支出时，就要考虑不同社会群体的利益诉求。

五、比较分析

比较分析法是指通过事物异同点的比较，区别事物，达到对各个事物深入的了解认识，从而把握各个事物。当需要通过比较两个或者两个以上事物或者对象的异同来达到某个事物的认识时，一般采用比较分析方法。

进行比较分析时，要横向比较与纵向比较相结合，比较事物的相同点与相异点。横向比较是将同一时期的相关的事物进行比较。这种比较既可在同类事物内部的不同部分之间进行。通过横向比较可以发现两类事物或同类事物不同部分之间在某一方面的差异，进而分析造成这种差异的原因。横向比较的优点是现实性强，容易理解，便于掌握，它侧重从质与量上对认识对象加以区分；缺点是一种静态比较法，难以揭示事物的本质规律及发展趋势。纵向比较是对同一对象在不同时期的具体特点进行比较。纵向比较可以揭示认识对象在不同时期不同阶段上的特点及其变化发展的趋势。纵向比较的优点是能够揭示事物之间的有机联系，认识事物之间的发展趋势；但它往往对事物之间横向联系注意不够。

要对可比的事物作比较，不要在不可比的事物之间作比较。比较事物或对象的相同之处和不同之处是比较分析的两项内容。比较可以在异类对象之间进行，也可以在同类对象之间进行，还可以在同一对象的不同部分之间进行。要重视同类对象和同一对象的不同方面、不同部分之间的比较。只有选择合理的比较标准，才能达到对事物的深入了解和认识。社会指标和经济指标的比较常常应当弄清指标的可比口径问题，弄清指标概念的含义和指标数值的计算方法。具有相同含义和相同计算口径的统计指标，都是可比，反之是不可比的。定量比较的计量单位应选择精确统一的标准。定性比较的标准应具有相对稳定性。

在政策研究过程中，智库研究人员常采用比较分析法来比较国内和国外的情况、不同省市的情况、不同部门的情况。用比较分析法，还可以比较不同政策法案的优劣。

1. 过程对比法

过程对比法是指评估者在政策执行过程中对不同阶段的政策效果进行对比检测的一种方法。评估采用前后对比的方法，是一种将政策执行前后的有关情况进行对比分析，从而判定政策价值，提出政策建议的一种分析思路。该方法主要包括“始—终”“始—中”对比以及“有—无”对比。

2. 始—终对比分析

始—终对比分析是指政策评估者为了考察某项政策的效果，对政策执行前和执行后的各种情况对比，以此来确定某项政策效果的方法。始—终对比包括“前—后”对比、“投射—实施后”对比和“控制对象—实验对象”对比。

3. “前—后”对比分析

“前—后”对比分析是指将政策对象在政策实施前可以衡量出的状态与它接受政策作用后可以衡量出的新状态之间进行对比，从中测出政策效果，进而据此对政策的价值做出判断。这是一种定量分析法，它通过大量的参数对比，使人们对政策执行前后情况的变化一目了然。这种方法的不足之处是它无法将被评估政策的“纯效果”与该项政策以外的因素所产生的效果分离出来。

4. “投射—实施”对比分析

“投射—实施”对比分析是指将政策执行前的趋向线投射到政策执

行后某一点上，并将所得到的投影与政策执行后的实际情况进行对比，以确定政策的效果。这种方法考虑了被评估政策以外的因素的影响，并通过投影将其滤除，结果就更加精确。实际效果与预测效果之间的差就是滤除其他因素产生的效果之后剩下的被评估政策的“纯效果”。

5. “控制对象—实验对象”对比分析

“控制对象—实验对象”对比分析是社会实验法在政策评估中的具体运用。这种方法要求评估者将政策执行前同一评估对象分为实验组和控制组两组，对前者实施政策而对后者暂不实施政策，然后比较这两组的情况，以确定政策的效果。

6. 始—中对比分析

始—中对比分析指的是在政策执行中的某一时间点上将政策执行的情况与执行前情况进行比较的一种方法。始—中对比分析中要特别注意政策运动规律中政策效力规律的影响。政策效力是指一项政策付诸实施后所产生的对现实生活的实际效力，它又可分为政策正效力和政策负效力。

7. “有—无政策”对比分析

“有—无政策”对比分析是在政策执行前和执行后这两个时间点上，分别就采取某一政策和无政策两种情况进行前后对比，然后再对两次对比结果进行比较，以确定被评估的那项政策的效果。这种方法的优点是能够比较有效地将被评估政策的“纯效果”从政策执行后产生的总效果中分离出来。

六、历史分析

历史分析法是指通过对有关研究对象对历史资料进行科学的分析，说明它在历史上是怎样发生的，又是怎样发展到现在状况的。历史分析的目的是为了弄清楚事物在发生和发展过程中的“来龙去脉”，从中发现问题，启发思考，以便认识现状和推断未来。

历史分析法的一般步骤是：检验文献本身的可靠性，检验文献记录的真实性，分析事物演变过程和阶段的历史性。

任何一个政策问题都不是孤立的，而是一个复杂的系统和矛盾群体，是不断发展变化的。每一项政策也都是一个过程，有其产生、发展和消亡的历史。因此，研究公共政策必须坚持历史的观点，不能仅限于对当前情况的分析。

研究一项公共政策的历史过程，首先，必须研究该政策产生的历史条件。随着政策的发展，还要研究政策实施的历史条件以及政策变动乃至终结的历史条件。其次，要研究前后政策之间的联系，也就是说要对现行政策与过去的同类政策进行历史的比较，从中找出一些经验性的东西，为更好地贯彻落实现行政策服务。最后，要深入研究该项政策或该政策的某个阶段的具体脉络，更多地以描述性的语言来记录政策的历史。

例如就政策问题，运用历史分析法就是对政策问题进行细致的纵向分析。这是一种带着明确的目的性，从档案、报表、报刊和其他有关历史文献中搜集资料，用于分析研究政策问题的方法。它注重用科学的方法搜集、检验、分析历史资料，探求其背景及因果关系，判断社会问题发展的脉络和规律，进而了解历史与现实社会问题的关系。

历史分析法的优点主要有：可以研究不能直接调查的对象；资料数量往往比一次性调查丰富，可以采取大样本来提高可信度；资料来源于历史事实，受干扰小，具有客观性；有些文献中的基础数据和资料是经过整理归纳的现成资料；较之其他社会调查方法的花费要少。但历史分析法也不是万能的，它的缺点主要有：虽然资料来源比较广泛，但缺乏足够的深入性、全面性和系统性；限于书面语言，难以见到具体环境下的行为和思想；定量化困难等。

在政策研究过程中，智库研究人员常采用历史分析法来分析行政体制的沿革和变迁，分析公共事务的发展脉络。行政管理有一定的路径依赖性。行政体制改革不是一蹴而就的，而是一个逐步改革的过程。公共事务有其发生、发展发规律。深入分析公共事务的来龙去脉，分析公共事务的过去和现在，有利于深化对公共事务的认识，提出切实可行的对策建议。

七、利益分析

利益分析方法认为，对利益尤其是物质利益的追求，是一切社会矛盾运动和发展的最终动因。人类社会矛盾的根源就是一个利益的无限性和资源的有限性之间的矛盾。人的需要经过社会关系的过滤和渗透，就表现为人的利益。需求产生利益，利益引发动机，动机支配行为，行为导向利益目标。当行为主体的某个特定利益目标实现以后，则会产生新的需要，派生新的利益要求，引发新的动机并支配新的行为，导向新的利益目标，如此循环往复，这就是人的思想行为源于利益而又指向利益的规律。

利益分析法是研究人类社会现象的根本方法。它把物质利益原则转化成考察社会现象的方法论，从利益着手，追溯各个利益主体为了实现自身利益最大化而最有可能采取的行动，找到时间与利益等要素的交叉点、重叠点、平衡点，对于难点和模糊点找到简单的替代因素，而后再推导出趋势。因此，利益分析法是化繁为简、化难为易的分析系统，它之所以能够推导出基本符合实际发展趋势的结论，也根源于此。利益分析法是跨学科、交叉学科的分析系统，有别于目前局限于个别领域的单一的周期研究，因为，任何一种趋势都不是孤立运行的。利益分析法才更符合实际规律，也更实用，从微观到宏观，都可以推导。利益分析法尤其适用于分析和解决主体相对明确的具体的矛盾纠纷以及社会中利益矛盾的具体问题。例如，当前构建社会主义和谐社会的根本措施就是要构建有效协调各方利益的利益协调机制。

使用利益分析法的前提是主体分析。利益是人们通过一定的社会关系表现出来的需要。只有找到利益主体，才能明确各方的利益需求，从而找到满足不同主体的合理利益需求的途径，最终解决社会矛盾。利益分析方法是从利益的角度去分析人们结成的经济关系、阶级关系、政治关系以及各种社会关系。每一个社会的经济关系首先是作为利益表现出来①。研究当前中国的公共政策，就要弄清中国目前利益关系的具体状况。要明确当前中国存在哪些利益关系（包括利益差别和利益冲突），在新的历史条件下这些利益关系表现出哪些新特点，其中有哪些关系是不合理的、需要调整的，不合理之处及其原因是什么，如何进行针对性的调控，等等。

任何政策法规，都会牵涉到某些社会群体、单位和个人的利益。在编制规划、制定政策时，一定要用利益相关者分析法。要广泛听取利益相关者对规划方案、政策方案的意见和建议。例如，在编制电子政务发展规划时，就用到利益相关者分析法。电子政务规划的利益相关者包括政府官员、IT厂商、企事业单位和社会公众用户。由于这些利益相关团体所代表的利益不同，他们的期望必然有所不同。这就需要规划编制者了解和分析不同利益相关团体的期望，并综合考虑他们的意见和建议。

在我国，许多短命的、被广大人民所诟病的政策，就是因为有关部门在起草的时候，没有广泛征求利益相关者的意见和建议，闭门造车。智库研究人员在帮助政府部门制定政策时，要运用利益相关者分析法，使政策文件接地气。对于利益矛盾的化解，重点要把握三个原则。沟通机制：沟通主体、沟通方式、沟通内容、沟通目的。妥协机制：化解矛盾的关键是平衡利益需要，利益相关方各退一步，而不是全部满足。落实机制：要通过加强管理和监督落实妥协方案。

八、价值分析

公共政策的价值分析是考察公共政策过程中某种目的是否值得为之争取，采取的手段是否能被接受，以及改进系统的结果是否“良好”。其力求回答的问题是：喜欢什么？因为什么？为了什么目的？多大风险？应当优先考虑什么？等等。价值分析法一般可以从如下几个

---

① 参见《马克思恩格斯选集》第2卷，人民出版社1972年版，第537页。

方面展开：

第一，对作为价值观念对在表象的行为方式和需要结构进行研究，调查不同阶层的人对公共政策所持的态度与可能的行动。

第二，对价值观念的各个方面，如人生态度、道德风尚、审美标准、生活方式等进行全面的调查和研究、识别社会公众、公务人员和社会团体等不同层面的价值观的含义、范围和变化趋势。

第三，对规范性的价值体系即价值规范，如社会意识形态、道德伦理规范、精神文明规范，以及社会经济、科学技术、生态环境等诸方面的规范进行分析，寻求价值规范所蕴涵的价值观念。

可以通过各种形式的社会调查，对上述几个方面进行研究与分析。可以运用决策分析对不同价值准则的敏感度进行分析。此外，还可以通过对经济活动中的预算分析、劳动报酬关系以及资源分配优先顺序等方面的分析透视价值观念及其变化。

智库主要从事政策研究，属于社会科学研究范畴。社会科学与自然科学的很大差异之一，就在于社会科学是有价值取向的，而自然科学是没有价值取向的。例如，国家制定扶贫政策，是为了帮助贫困人口脱贫致富，使中国走上共同富裕的道路。制定教育政策的目的，是为了提高教学质量和教学水平，提高学生的综合素质和专业能力。运用价值分析法，智库研究人员可以分析某项政策能够为哪些社会群体、单位或个人带来哪些好处。

九、成本—收益分析

成本—收益分析（Cost-Benefit Analysis）是通过比较项目的全部成本和收益来评估项目价值的一种方法。它的基本原理是：针对某项支出目标，提出若干实现该目标的方案，运用一定的技术方法，计算出每种方案的成本和收益，通过比较方法，并依据一定的原则，选择出最优的决策方案。也就是说，成本—收益分析作为一种经济决策方法，将成本费用分析法运用于政府部门的计划决策之中，以寻求在投资决策上如何以最小的成本获得最大的收益。成本—收益分析法常用于评估需要量化社会收益的公共事业项目的价值，非公共行业的管理者也可采用这种方法对某一大型项目的无形收益（Soft Benefits）进行分析。在该方法中，某一项目或决策的所有成本和收益都将被一一列出，并进行量化。

成本—收益分析的核心内容是收益分析。即从政策方案所能达到的收益出发，进行“回溯式分析”，以寻求实现这些收益的最佳途径。当然，这里的收益指的是社会效益，而不是个人、部门利益。相对于政策成本，政策收益往往难以计算。成本—收益分析是一种有组织的活动，它的主要手段是充分调动政策主体在政策研究、制定、执行、监督等各个环节上的积极性与主动性，尽可能地提高政策方案的价值和功能。

成本—收益分析包括选择对象、收益分析、改进方案的制定与实施三个步骤。一般说来，无论是政策方案的评估选优，还是实施后政策效果的评定，需要评估的政策对象都是既定的政策方案，无需进一步择定。但当涉及到对政策方案中某一内容的评估时，就需要确定对象了。收益分析的核心要素就是确定以政策的社会效益为中心的研究方法。收益分析的实质在于，当人们从政策方案的内部找不到答案时，便从它与外部的联系，即政策的社会效益来寻找。收益评价是对收益价值进行测定和评判。针对收益评价的结果拟出具体改进方案，对改进方案进行评价，选出最优方案。

政策方案的收益常常体现为政策功能。一项政策方案或它的某环节常常具有几种功能，如基本功能和辅助功能、必要功能和自扩功能。基本功能是指一个政策方案作用的重点，是它能够独立于其他政策的根本所在。辅助功能是指为实现基本功能而附加上去的功能。必要功能是政策系统的维持和运行所要求必备的功能，是政策方案得以存在的必要条件。自扩功能是指政治结构的自我扩张所赋予的功能。在进行功能分类的基础上，须对诸功能进行整理，找到它们之间的上下关系和并列关系，以便于找到目的性功能和工具性功能。

同时，政策的实施是需要成本的，也就是通常所说的行政成本。政策的制定要考虑预期效益，包括经济效益和社会效益等。成本—收益分析法既可以用来评价不同政策法案的优劣，又可以评价政策实施效果。针对某个公共事务，一般来说，要选择成本低、收益高的政策法案，力求“花小钱、办大事”。一个政策实施后，要进行绩效评估。政策绩效评估主要就是看该政策的行政成本和取得的效益。行政成本越低，取得的经济效益和社会效益越好，该政策绩效评估得分越高，说明该政策越合理、有效。

第五章 智库研究中的政策模型

智库研究中往往面对的是复杂的现实政策问题，经常需要借助理论模型来分析。没有哪一种模型是专门为智库研究而建立的，我们在智库研究中讨论到的每一种概念模型，大都可以在政治学、经济学、心理学等学科中找到。然而，每个模型又都提供了思考公共政策的独特视角，甚至还能解释公共政策的一般原因和结果。例如，在研究某项经济政策时，需要使用经济学专业分析模型。在研究某项社会政策时，需要使用社会学专业分析模型；在研究某项法律法规时，需要使用法学专业分析模型。

一、政策模型及其作用

运用专业分析模型，有助于智库专家政策研究水平。模型是对现实世界某个方面进行简化的表现形式。这种模型可能是一种真实的物质表现形式，例如，飞机模型或者置于桌面的建筑模型是设计者或建筑师用来展示这些物体建成之后的实际效果的。模型有可能是一个图表，例如，一副城市道路交通流量图或者用来揭示一项议案是如何变成法律的流程图。同时，通过模型对事物进行简化，对于理解复杂事物是非常必要的。归结起来，在智库研究中，政策模型的作用主要体现在如下几个方面：

第一，政策模型可以简化并澄清对政策问题的思考。分析模型的有用性在于它对政治生活进行简化与排序的能力，以便使我们能够更清楚地思考政治生活，并理解现实世界中的各种关系。当然，过分简化会导致我们不能准确地理解现实。如果一个概念太狭隘，或者只界定了表面现象，我们可能无法运用它去解释政策问题。反之，如果一个概念太宽泛，而且包含了过于复杂的关系，它就会变得过于繁杂而不可驾驭，也不利于理解政策问题。换句话说，有些政治理论有可能太复杂而不能给予帮助，而另外一些又过于简单而难以应用。

第二，政策模型可以让智库专家更好地理解现实问题，鉴别重要与不重要的方面。政策模型应该明确公共政策的重要方面。这样的模型应该避开不相关的变量或现象，而只关注政策问题的真正原因和重要结果。当然，至于什么是真正的、相关的、重要的，在某种程度上还取决于个人的价值判断。但我们认为，一个概念的有用性，与其“确认什么是政治中的重要内容”的能力相关。

通常情况下，政策模型是应该与现实相符的。它应该具有经验性的指涉对象。如果某一概念所描述的过程并没有真正发生，或者它所描述的现象在现实世界中并不存在，那么我们理解这样的概念就存在很大的困难。然而，如果这些概念能够引导我们关注其不切实际的具体原因，我们就不能轻率地舍弃这些不切实际的概念。例如，没有人会同意政府的决策是完全理性的。政府官员在决策时并不一定是为了使社会利益最大化和社会成本最小化。但是，理性决策的概念即使是不现实的，也会使我们意识到非理性的政府决策是什么样的，并且促使我们去探寻原因，这也说明理性决策的概念仍然是有用的。

第三，政策模型可以传递有意义的信息，指导调查和研究工作。如果太多的人否定某个概念的含义，那么它在沟通中的有用性就会大大降低。例如，如果没有人一致认定成为精英的条件，那么精英的概念对于每个人也就意味着不同的内容。有人把精英定义为通过民主选举的、代表全体公众的公务人员，还有人把精英定义为不具有代表性的、以自身利益为基础做出社会决策的社会少数人。如此一来，二者在运用精英这一概念时就表达了不同的意思。

政策模型应该对公共政策的调查和研究提供指导。概念应该是具有可操作性的，即它应该指向现实世界中能够观察、测量与证实的现象。一个概念或者一系列相互联系的概念（即概念模型），应该揭示出现实世界中一些能够被检验和证实的关系。如果无法证实或证伪某一概念提出的观点，那么这一个概念对智库研究就没有什么帮助。

第四，政策模型可以解释政策并预测结果。政策模型还应该能够对公共政策做出解释。它应该提出关于公共政策原因和结果的假设——这些假设能够为现实世界中的数据所检验。如果一个概念只能描述公共政策，那就不如那些能够解释公共政策，或者至少能够为公共政策提供可能性解释的概念有用。

这些模型并不是竞争性的。人们不能断定哪个“最好”。每个模型对政治生活都有各自的关注焦点。每个模型都能帮助我们理解公共政策的不同方面。虽然有些政策粗看上去好像只能用一种特定的模型来解释，但大多数政策都是理性主义、渐进主义、利益集团主义、精英偏好、博弈冲突、公共选择、政治过程和制度影响等多种因素共同作用的产物。我们可以单独运用这些模型来分析公共政策，也可以综合运用这些模型来分析公共政策。可以说，每个模型，都代表了一种描述、解释或建议公共政策的视角。而社会问题是极度复杂的，逻辑上允许我们从不同的视角或运用不同的模型来进行政策分析。

政策模型分为政治分析模型和理性分析模型。政治分析模型的主要观点认为，公共政策是政治系统的产出，政策过程本质上是一个政治过程。政治分析模型一般包括制度分析模型、精英分析模型、集团分析模型。理论模型优劣判定，在道理上与对测量工具优劣的判定相同。它涉及信度与效度两个指标。理论模型的信度标准要看其是否具有相对的稳定性、普遍性和必要的抽象性，其效度标准则需要看相关的机制是否真实可靠，是否满足“要件现实性”要求。理论如能提供逻辑上具有一致性的预言或推测，通常表明它是有信度的。而其“要件现实性”要求如能达到各要件“与现实对应”，则它通常就是有一定效度的[①]。

二、制度分析模型

公共政策是政府机构的产物，不同的政治制度必然导致不同的公共政策。因此，社会主义制度的政策必然和资本主义制度的政策不同。社会主义制度以公有制为基础，在制定政策时必然以维护公有制为目标。而资本主义以私有制为基础，所制订的政策主要是为维护私有制的存在和发展。

政治制度一直是政治学关系的核心问题。传统上讲，政治学被界定为是对政治制度的研究。政治活动通常是以特定的政治制度为中心，如立法机关、国家元首、司法机关、行政机关、地方政府等。公共政策的制定、执行和贯彻，都要依赖这些机构。

公共政策与政治制度之间的关系非常密切。严格来说，一项政策只有被政治制度体系内的机构采纳、实施和执行之后，才能成为公共政策。政治制度赋予公共政策三个显著的特征：

第一，公共政策的合法性。政府的政策通常被认为是法律义务，公民必须服从。人们可能会认为，公共、宗教团体、行业组织、公民团体等社会中其他团体或组织的政策非常重要，甚至具有约束力。但唯有政府的政策涉及法定义务。

第二，公共政策的普遍性。只有政府的政策才能影响到社会中的所有人，而其他团体或组织的政策仅仅涉及社会中的一部分人。

第三，公共政策的强制性。政府垄断着社会的强制力。只有政府能够合法地监禁违反政策的人，其他组织或团体运用这种制裁手段时受到诸多的限制。正是政府具有号召全体公民效忠地去爱的这种能力，使得政府能够制定政策，统治社会，加之其对暴力的合法垄断权，因而促使社会的个体与团体努力把自己的偏好转变为政策。

---

① 参见王水雄：《模型加个案方法推动社科研究》，《中国社会科学报》2016年4月20日。

制度主义分析模型的理论基础是政治学意义上的新制度主义。新制度主义弥补了行为主义的不足，把制度因素重新置于政策研究的中心位置。公共政策的形成不再被简单看成是无数选民偏好的聚集，而是通过一定规则制定出来的。

新制度主义分为历史制度主义、理性选择制度主义及社会学制度主义等不同角度，都为公共政策研究提供了新的思路和新的范式。其中，历史制度主义者倾向于对公共政策个案进行精细的研究，这不是单纯的描述，而是把目标放在分析影响公共政策的多元因素上，注重从历史和比较的角度对不同制度在相同政策领域的作用进行考察。理性选择制度主义者通过对公用资源或公共池塘资源的研究，为集体行动问题提供了一个可能的答案，即在相对较窄的范围内用制度来解释结构对选择的影响①。社会学制度主义者从更为宽泛的角度把文化和价值引入制度分析，对政治生活中大量的无效率的制度的存在进行解释。

作为新制度主义政治学的一个重要流派，历史制度主义不但提供解释公共政策和政治行为的制度分析框架，而且还据此提出了相应的制度生成理论。历史制度主义首先批判了新制度经济学制度生成理论的目的主义和平等主义假设，其次还批判了理性设计理论的功能主义假设。在此基础上，历史制度主义在比较历史分析的视角之下提出了自己的冲突加设计的制度生成理论及三个具体的制度生成模式。历史制度主义强调政治制度对公共政策和政治行为的塑造作用。

历史制度主义认为，制度起源于既存制度偏见所引发的潜在冲突。重大制度的生成，主要源于外部压力、内部冲突和观念引入，而行动者之间发生冲突的主要原因是利益不一致。换句话说，旧制度在新环境下所面临的危机，从而引发出原有制度之下的政治主体产生改变现存权力的企图。制度的生成和变迁包括环境、冲突、观念和利益等变

① 参见〔美〕埃莉诺·奥斯特洛姆著，余逊达、陈旭东译：《公共事物的治理之道》，上海三联书店 2000 年版。

量。这些变量出场的顺序、作用的大小，影响制度的生成和变迁。

制度生成包括三种模式。第一种模式是当旧制度面临新的外在压力时，在旧制度内部可能引发出新的冲突。在这种情况下，新制度的形成取决于旧制度之下的冲突结果。第二种模式是某些行动者可能为了在将来的政治博弈中获益而有意挑起冲突，并利用在冲突中的优势而创造出新的制度。在这种情况下，旧制度本身可能在激励着某种冲突的产生。第三种模式是新观念的输入可能会使旧制度下的某些集团去重新思考它们的利益，并引起政治力量的重新组合，改变原有制度。

在对政治转型的研究中，历史制度主义的关键节点理论对于思考当代中国的制度转型尤其具有重要意义。当前中国正处于一个新旧制度交接关键节点时期。所谓关键节点，是指历史发展中的某一重要转折点，在这一节点上，政治冲突中的主导一方或制度设计者们的某一重要决策直接决定了下一阶段政治发展的方向和道路。关键节点不但是一种制度变迁的断裂期，而且是新的历史发展道路上的重要转折点。各国的历史发展的道路之所以会呈现出多样的色彩，其重要原因就在于在其制度变迁的关键节点时期内各种政治变量呈现出了不同的组合，导致各国在关键节点时期形成了差异性的制度结构，这些制度结构在路径依赖机制的作用下，促使各国走上了不同的发展道路[①]。例如，运用历史制度主义分析法，分析我国食品安全监管体制变迁历史以及背后的深层次原因，有利于我们更好地理解现行的食品安全监管体制。

三、理性、有限理性和渐进决策模型

理性分析模型的主要观点认为，公共政策的制定应当以社会收益最大化为目标，政府应当选择给社会带来的收益最大限度超过所付成本的政策。理性分析模型一般包括完全理性决策模型、有限理性决策

---

① 参见何俊志：《结构，历史与行为——历史制度主义对政治科学的重构》，复旦大学出版社2004年版。

模型和渐进决策模型。

（一）完全理性决策模型

一项理性的政策是获得“社会效益最大化”的政策；即政府应该选择那些使得社会效益最大程度地超过社会成本的政策，同时避免采纳那些成本高于效益的政策。需要注意的是，在社会效益最大化的界定上有两个重要原则：第一，任何成本超过收益的政策，都不应该被采纳。第二，在所有可供选择的政策中，决策者应该选择那个收益超过成本最多的政策方案。换句话说，只有当一项政策获得的收益和其成本之差为正值，并且大于实施替代政策方案的收益与成本之差时，才可以说所选择的政策是理性的。

我们不应该从狭隘的金钱视角来审视理性主义，因为只用金钱来衡量，一些基本的社会价值就会为了省钱而丧失。理性主义包括对实施一项公共政策带来的所有社会、政治、经济价值损益的计算，而不仅仅是可以用金钱来衡量的那部分。

为选择一个合乎理性的政策，决策者必须做到：（1）了解所有的社会价值偏好及其相对权重；（2）了解可以获得的所有备选方案；（3）知道每一备选方案的所有结果；（4）计算每一备选方案的收益与成本之比；（5）选择其中最有效的政策方案。基于这种理性主义的假设，作为整体的社会价值偏好是可以获知并衡量的。仅了解和衡量一些团体的价值，而没有了解与衡量其他社会团体的价值偏好，这对做出理性决策是不够的。因此，必须对社会价值偏好有一个全面的、系统的了解。理性的政策制定还要求了解备选方案的基本信息，具备准确预见备选方案结果的能力，以及正确计算成本收益之比的能力。最后，理性的政策制定还需要有一个有助于形成理性决策的决策系统。

因此，理性模型有较高的假定条件。它假定目标完全一致，对备选方案完全了解，并且有能力对政策的收益与成本进行估算，选出收益成本最大、成本最小的政策。完全理性的决策模型根据数字和事实，用合理的科学方法与精细的计算，分析解决问题的各种政策方案的优步，从而求得最佳的政策或问题的解决办法。按照完全理性决策理论，决策者具有绝对的理性，能够对各种备选方案进行比较分析，通过排序选择出最优方案。理性决策反映在经济社会就是追求利益的最大化。理性决策模型以充分的信息和精准的计算为基础，适用于分析完全实行市场经济的国家所出台的政策，尤其是经济政策。

理性模型对于政策分析还是很重要的。它有助于确认达到完全理性需要克服的障碍，有助于提出问题，如为什么政策制定不是一个更加理性的过程?

（二）有限理性决策模型

理性模型是一种理想模型。在现实中，决策者往往难以完全理性，理性决策存在许多障碍：

——社会利益通常不能达成一致，只有特定的团体和个人的利益才能一致，而在团体或个人的很多利益之间却存在冲突。

——很多相互冲突的成本和收益是不可能比较和衡量的。例如，我们无法在个人尊严与税收增长之间进行比较或衡量。

——决策者的决策动机并不是以实现社会目标为基础，而是力图使他们自己在权力、地位、连任、金钱等方面的收益最大化。

——决策者的动机也并不是处于社会净收益最大化，而是仅仅满足于政绩的需要。他们并不是寻求最佳方案，而是在发现一个能够实施的方案时，就会停止对最佳方案的追求。

——在现行项目和政策上的大量投资（沉淀成本），会阻碍决策者重新考虑在以往的决策中被排除的备选方案。

——为了了解所有可能的备选方案及其结果，需要收集全面的相关信息，但存在无数的限制性因素，如收集信息的成本、信息本身的可获得性、收集信息的时间限制等。

——不管社会学、行为学，还是物理学、生物学，其预测能力都还没有发展到这种程度，及能够使决策者完全知晓每一个可供选择的备选方案的收益或成本。

——决策者即使具有最先进的计算机分析技术，在面对大量的多元化且利害攸关的政治、社会、经济、文化价值时，也没有足够的智能来精确计算其成本和收益。

——备选方案结果的不确定性，迫使决策者尽可能地遵循以前的政策，目的是降低出现混乱与非预期后果的可能性。

——在一些大型的官僚机构中，政策的制定需要多个部门的参与，部门分割的特性，使得决策协调变得困难，导致各方面专家的建议很难在决策时被充分考虑。

有限理性决策模型预先设定最低限度规定的标准，在备选方案中寻求符合要求或满意的方案，从而基本解决政策方案所指向的问题。实际上，决策者并不具有完全理性，往往受到多方面因素的制约，包括主观因素和客观因素，只能寻求满意的方案或次优的方案。有限理性决策模型以追求满意解为主要目标，适用于分析有关政府规划、政府支出及安全环保等相关政策。

（三）渐进决策模型

渐进决策模型把公共政策制定过程看作是对以往政策行为的不断修正的过程，在试错的过程中寻求解决问题的办法。按照渐进决策理论，政策过程是一个对以往政策行为的不断补充和修正的过程。渐进决策模型以政策逐渐调整为主要方式，要求政策有继承性，不断调适渐进，适用于分析政府实行改良的相关政策。中国在改革开放初期提出“摸着石头过河”的政策，可以说是一种典型的渐进决策①。

渐进主义是把公共政策视作政府过去行为活动的延续，其中伴随着渐进的调整与修正。政治学家查尔斯·E. 林德布洛姆，在批判完全理性的决策模型时，首次提出了渐进主义模型。根据林德布洛姆的说法，政策制定者不需要每年都做如下的事情：检查所有现行的政策和

① 参见陈佳云：《试论公共政策的主要分析模型与超理性分析》，《广东行政学院学报》2011 年第 4 期。

提出的政策建议；确定社会目标；研究其他可供选择的政策方案的收益和成本；根据净收益的最大化程度，排列所有备选方案的优先次序；在考虑所有相关信息的基础上做出政策选择。相反，由于时间、信息和成本的限制，决策者无法逐个确认所有备选的政策方案及其后果。政治本身的局限性也妨碍了清晰准确的社会目标的确立，以及对成本和收益的精确计算。渐进主义模型指出“完全理性”的政策制定模型是不切实际的，因此描述了一个更加保守的政策制定过程。

渐进主义政策制定是保守的，因为它以现行的项目、政策和支出为基础，只是把注意力集中于新的项目和政策对现行项目与政策的增加、减少或修正。决策者通常都会接受现行项目的合法性，并默许继续执行原来的政策。

政府之所以愿意采用渐进主义的做法，有如下几个方面的原因：

第一，政府没有足够的时间、信息和金钱来调查能够替代现行政策的政策方案。收集这些信息，成本是巨大的。即使在计算机时代，决策者也没有充分的预测能力，无法预测所有替代方案的结果如何。他们也不能够计算替代方案的成本——收益比，尤其是政治、社会、经济和文化价值无法确定的时候。因此，完全“理性”政策，如果其所需要的时间和成本过多，就可能变成“无效的”政策。

第二，决策者承认以往政策的合法性，因为全新的或完全不同的政策的结果存在着不确定性。当新政策的后果不可预测的时候，坚持以往的政策更加安全。在不确定的状态下，决策者都会继续原来的政策，而不管这些政策是否有效。

第三，在现行政策项目上可能有巨大的投入，也就是沉淀成本。这也阻碍着任何彻底的改革。这些投资可能是以资金、建筑或者其他硬性项目形式存在的，也可能在于心理倾向、行政实践或组织机构方面的准备。因此，如下做法被认为是明智的：坚持原来的政策而不管它们是否很有效，继续维持那些难以改变的常规程序，个人也会在延续组织的基础上发展自己的事业。所有这些行为都使得彻底的变革极为困难。所以，并不是所有可供选择的方案都会被给予严肃认真的考虑，而只有那些在形式、资金、组织和行动上有微小改动的政策才会被认真考虑。

第四，渐进主义也是政治上的权宜之计。在政策制定的过程中，当分歧与争论仅仅围绕着预算的增加或减少，以及对现行政策是否进行微调时，才更容易达成一致。一旦决策涉及重大的政策转变，牵涉巨大的收益或损失，以及面临全得或全失、或是或非的决策时，冲突就会加剧。因为每年通过新的规划或政策，所引起的政治上的紧张与冲突太大了，所以如果没有发生实定性的政治重组，过去的政策一般会在未来延续下去。从这个意义上讲，渐进主义对于减少冲突、维护稳定、保持政治体系自身秩序都是特别重要的。

决策者自身的特点，也对渐进主义模型有所影响。人们很少为了实现价值最大化而行事，更多的是为满足特定的需要。人们讲求实用，很少去探寻“一种最好的方式”，而是只要找到“一种有效的方式”，就会结束探寻“一种有效的方式”，就会结束探寻。这种探寻通常是从熟悉的政策开始，即从与现行政策最为接近的备选政策方案开始。只有当这些政策方案看上去无法令人满意，决策者才会冒险去尝试更激进的政策变革。在大多数情况下，对现行政策的微调是能够满足某些特定需要的，从而使那些需求价值最大化的政策变革被忽视。

最后，在对社会目标或价值没有达成共识的情况下，处于多元社会中的政府更容易延续现行的政策，而不是为了实现特定的社会目标而彻底变革现行政策。

四、集团分析模型

集团分析模型则认为，公共政策是不同集团之间利益平衡和均衡的产物，是集团斗争中相互妥协的结果。公共政策一般偏向具有较大影响力的利益集团，公共政策随着利益集团影响力的变化而变化。

集团之间的互动是政治的基本事实。具有共同利益的个体，会以正式或非正式的形式联合起来，向政府提出他们的要求。根据政治学家大卫·杜鲁门（David Truman）的说法，利益集团就是“社会中具有共同态度、向其他集团提出特定要求的集团”；“如果这一集团通过或向政府机构提出一定的主张和要求”，这时，该集团就变成了政治性的集团。个体在政治中的重要性，只有当他作为集团的一分子或者代表集团利益做出行为选择时，才能够显示出来。这种集团成为个人与政府之间必不可少的桥梁。政治的确是不同集团力求影响公共政策而展开的斗争。政治体系的任务是通过如下方式协调集团间的冲突：（1）确立集团斗争的游戏规则；（2）制定折中策略，平衡各方利益；（3）以公共政策的形式出台妥协办法；（4）推动政策实施。

根据集团理论，任一特定时间的公共政策，都是集团竞争达成平衡的结果。这种平衡是由利益集团的相对影响力决定的。任何利益集团所具有的相对影响力的变化，都有可能导致公共政策发生变化；政策会朝着影响力增强的集团所期望的方向发展，而背离影响力减弱的集团的愿望。政治学家厄尔·莱塞姆（Earl Latham）从集团理论的视角出发，对公共政策做了如下描述：所谓公共政策，实际上就是集团竞争在既定时间达到均衡的结果，它代表的是相互竞争的派别或集团坚持不懈地努力为维护自身利益而达到平衡……立法机关裁决集团之间的斗争，认可取得胜利的集团，并用法令或条例把放弃、妥协和征服等记录在案。①

集团理论主张用集团斗争来描述一切有意义的政治活动。决策者需要持续不断地回应集团的压力——在各种有影响力的集团提出的竞争性要求之间进行讨价还价、谈判协商、达成妥协。政治家试图形成一个多数集团的联盟，在此过程中，他们有权决定哪些集团可以进入这个联盟。政客的选区越大，支持者越多，他选择集团组成联盟的自由度就越大，涵盖的各种利益数量也就越多。因此，众议员没有参议院那么大的自由度，因为参议员有数量更大、种类更多的支持集团；

① 参见 Earl Latham，“The Group Basis of Politics”，in *Political Behavior*，ed. Heinz Eulau，Samuel J. Eldersveld，and Morris Janowitz（New York：Free Press，1956），p. 239.

总统比国会议员和参议员具有更大的灵活性。同理，也可以从选区角度来解释行政机构在建立联盟时的自由度。

在西方国家，政党被视为集团的联盟。自从罗斯福时代以来，美国民主党联盟都是由劳工、城市中心的居民、种族集团、天主教徒、穷人、自由知识分子、非洲裔美国人和南方人组成的。今天，民主党的困境在很大程度上可以追溯到这个集团联盟本身的缺陷——南方人的不满，以及白人劳工、种族集团和非洲裔美国人之间的集团冲突，而共和党联盟则是由农村和小城镇的居民、中产阶级、白人、新教徒、白领人士和郊区居民组成。

整个利益集团系统（政治系统本身）由几种力量维持着均衡。第一种力量是美国社会中存在的一个巨大的、几乎全民性的潜在集团，它维护着整个宪政体制和占主导地位的游戏规则。这个集团并总是显现的，一旦有任何集团破坏游戏规则，威胁集团间的平衡，这个潜在的集团就会被激活，以维持系统的平衡。

第二种力量是集团之间成员资格的相互重叠，这将使任何孤立的集团都不会偏离社会的基础价值观，从而维持整个系统的平衡。某些成员既属于这个集团，同时又属于其他集团，这种力量可以缓和不同集团之间的冲突，从而避免冒犯其集团中的那些与其他集团也有联系的成员。

第三种力量是集团竞争形成的制约，它也有助于维持这个体系的均衡。任何一个集团都不会构成美国社会的压倒性多数。每一个集团的权力都受到竞争集团的制约。“相互制衡”的元权力能够制约任何单一集团的影响，并保护个体权利不受剥夺。

五、精英分析模型

精英理论认为，公共政策可以被视为统治精英的价值偏好。社会公众对公共政策是麻木的，而且缺乏了解。精英集团通常能够在政策问题上塑造大众舆论，而不是大众舆论塑造了精英对政策的看法和观点。因此，公共政策就是精英集团的价值偏好。政府官员和行政人员仅是执行由政治精英决定的政策。政策是从精英流向大众的，它们从来不会来源于大众的需求。

精英理论的核心观点如下。

(1) 社会被分成掌握权力的少数人和没有权力的多数人。少数人掌握社会价值的分配权；大众不能参与公共政策的制定。

(2) 居于统治地位的精英并不是出于被统治地位的大众的代表。精英主要来自社会经济地位较高的阶层，而非按阶层比例进行抽取。

(3) 从被统治的非精英阶层上升到处于统治地位的精英阶层的过程是缓慢的、持续的，从而确保社会稳定并避免革命的发生。在非精英阶层中，只有那些接受精英阶层共同价值观的人才能被允许进入统治精英的行列。

(4) 精英阶层对社会制度的基本价值观，以及如何维护这一社会制度的发展会达成共识。在美国，精英阶层在保护私有财产、有限政府以及个人自由等方面的看法具有一致性。

(5) 公共政策并不反映大众的需求，而只反映精英的主导价值观。公共政策的变化是渐进性的，而不是革命性的。

(6) 精英对待政策的态度是积极的，而大众则是冷漠和麻木的。精英对大众的影响要远远超过大众对精英的影响。

精英理论对于政策分析有什么重要意义呢？

第一，精英理论告诉我们，公共政策并不反映公众的需求，而是反映精英们的利益、价值和偏好。因此，公共政策的变革和创新，最终只不过是精英对其价值的重新界定。由于精英集团普遍存在保守主义的情节，致力于维持现行的政治和社会体系，因此公共政策的变革是渐进性的，而非革命性的。公共政策经常被修正，但很少会被新的政策替代。当发生了威胁到政治体系的事件时，精英们就会在既得利益的基础上进行机构改革，维持这个体系以及他们在体系中的地位，政治体系的性质就会发生一定的改变。精英的价值观也许是公众取向的，一种“贵族行为理应高尚”的使命感也渗透于精英价值观中，大众福利也可能会成为精英制定政策的一个重要因素。因此，精英理论并不必然意味着公共政策与大众福利是敌对的，只不过是把承担大众福利的责任赋予了精英而非大众。

第二，精英理论在很大程度上把大众视作被动的、态度冷漠的、消息闭塞的，因此，大众的情感更多地受到精英的操控，而精英的价值观却很少受到大众情感的影响；就绝大多数情况而言，精英与大众之间的交流是自上而下的。因此，普选和党派竞选并不意味着公众的民主参与。公共政策的决定极少会通过大众选举政党提出方案或大众决定的形式进行。在很大程度上，这些民主的制度——选举或政党制度——的价值主要体现在其象征意义上。这些制度，通过在大选的日子里让大众扮演投票者的角色，有利于把大众与政治体系联系起来，也使政党得到大众的认同。精英理论认为，大众最多只能对精英的决策行为产生一种间接的影响。

精英主义者还坚称，精英们在社会系统的根本规范方面具有共识，认同基本的游戏规则，以及社会系统本身的延续。社会系统的稳定性，甚至延续，依赖于精英对社会系统的基本价值达成共识。只有符合这些共识的政策方案才会得到人们严肃认真的考虑。当然，精英理论并不意味着精英集团的成员在追求卓越上从未有过不一致的意见或相互竞争。精英之间没有竞争只集中在较少数的问题上，而且他们之间的共识要远远大于分歧。

六、公共选择模型

公共选择理论是用经济学的方法研究非市场决策，尤其是把经济分析方法应用于公共政策制定。传统上，经济学研究市场行为并假定个人追求个人利益；而政治学则是研究公共领域的行为，并假定个人是为了实现公共利益。因此，对于人类动机，在经济学和政治学中有着不同的解释："经济人"理论假设自利的个体追求个人利益的最大化，而"政治人"理论则假设具有公益精神的个体追求社会福利的最大化。

然而，公共选择理论对个体在政治和市场中具有不同行为的观点进行了挑战。这个理论假定所有的政治行为主体——选民、纳税人、候选人、立法者、官员、利益集团、政党、官僚体系和政府——都像在市场中那样寻求个人利益的最大化。诺贝尔经济学奖获得者、公共选择理论之父詹姆斯·布坎南认为，个人在政治生活中联合在一起是为了实现他们各自的利益，就如同他们在市场中结合在一起一样；在政治中通过协议（契约）来增进他们自己的福利，就如同在市场中通过交易增加他们各自的利益一样。简而言之，不论是在政治中还是在市场中，人们都是追求自我利益的，即使都出于自利的动机，他们也能够通过集体决策来实现共同利益。

政府源于个体之间的社会契约，为了彼此的利益，人们遵守法律并支持政府，以换取政府对他们的生命、自由和财产的保护。因此，公共选择理论家声称他们是英国政治哲学家约翰·洛克（John Locke）思想的继承者，也是托马斯·杰斐逊（Thomas Jefferson）思想的继承者，后者把这种社会契约理念融入到美国《独立宣言》中。在自我利益引导下，个人达成宪政契约，并建立政府来保护其生命、自由和财产。

公共选择理论认为，政府必须履行特定的职能，处理市场不能解决的问题，也即是说，政府必须弥补“市场失灵”。第一，政府必须提供公共物品——也就是一旦向某个人提供，就必须像其他所有人提供的物品或服务。市场不能提供公共物品，因为对于单个的购买者而言，这种物品的成本超过了它的收益，而且单个购买者也不能阻止其他购买者享用这种物品。国防就是典型的例子：抵制外国的侵略，对于个人来说，这种服务的成本是极其高昂的、无法购买；但是，一旦提供了这种服务，任何人都无法被排除在服务之外。因此，人们必须采取公共行动，通过政府来提供这种公共的国防。第二，外部性是另一种市场失灵，需要由政府来干预。当个人、企业或地方政府的行为给其他主体带来损失而并不承担或无法承担成本时，外部性就发生了。最常见的关于外部性的例子，是空气和水污染问题：空气和水污染物的排放，就把成本强加给了其他人。政府回应的方式是，要么管制那些产生外部性的行为，要么对这些行为给予处罚（交纳罚金），以此补偿对社会造成的损失。

公共选择理论有助于解释，为什么政党及其候选人在竞选活动中通常不能够提出明晰的政策方案。政党及其候选人对提出方针政策不感兴趣，而只对赢得大选感兴趣。他们为赢得选举而阐述政策立场，而赢得选举并不是为了形成公共政策。每个政党和候选人都在寻求能够吸引更多选民的政策立场。假设在某一政策问题上的观点是单峰分布的，政党和候选人将会向中间运动，以实现得票数的最大化。只有“空想理论家”（失去理性的、怀有意识形态动机的人们）才会忽视这种能够赢得最高得票数的中间派策略。

七、博弈论模型

博弈论（Game Theory）是对特定情境中理性选择的研究。即两个或两个以上的理性参与者进行选择，而且自己选择的结果还取决于其他人所做出的选择。目前，博弈论已经应用于经济、社会、外交、军事等领域的政策制定。从某种程度上说，经济政策是政府和企业之间的博弈结果，社会是政府和公众之间的博弈结果，外交是国家和国家之间的博弈结果。

博弈论认为，理性的决策者处于相互依赖的选择当中。在特定情境中，人们不可能做出相对独立的“最佳”选择——这种“最佳”结果要依赖于其他人所做出的选择。“博弈者”必须调整其行为，不仅要考虑自己的愿望和能力，而且还要预料其他人的行为。“博弈者”可以是个人、集团，也可以是一个国家的政府，抑或是具有明确目标的、能够做出理性行为的任何人。

以“胆小鬼游戏”为例。两个青年人驾驶汽车迎面高速而行，每个汽车一侧的轮子都行驶在高速公路的中心线上。如果两个青年都不调整方向，两辆汽车就会相撞。谁改变行驶方向，谁就会被看作“胆小鬼”。虽然两个驾驶者都不想一撞而亡，但又都不想成为“胆小鬼”而失去尊严。最终结果取决于两个青年究竟如何选择，每个青年还必须预测对方如何行动。这种“边缘政策”的形式在国际关系中很常见。

博弈论的一个重要因素是威慑。威慑就是通过警告对方，如果做出某种行为就会产生可怕的结果，从而努力阻止对方做出这种行为。当博弈者用报复性的行为威胁对方，并断言这种行为给对方造成的成本负担远远大于对方获得的收益时，这位博弈者便使用了威慑。威慑实际上是在做一种心理上的防御，就是通过让对方对报复性行为产生巨大的恐惧，而试图阻止对方采取特定的行为。

威慑策略是否成功，取决于报复性威胁的可信性以及对方的理性判断。对方必须确实相信他的行为会遭到报复，并且给自己、国民、国家带来无法承受的代价。但那些不相信报复性攻击的对手是不会被威胁吓倒的。而且，对手同样是理性的——他肯定会权衡自己所采取行为的成本和收益，然后选择一种所付出的大家不会超过收益的行为路线。但那些不理性的对手——他们不考虑自己的行为给自己、国民、国家带来的损失——就不会被威胁吓倒。

美国公共政策学者 E. 巴德克（E. Bardach）把政策执行看作一种“游戏”或竞赛（Game）。玩家（Player）是政策执行者与受影响者。利害关系是开展竞赛的原因。竞赛资源包括策略与技术等软资源与财经、权威等硬资源。竞赛规则是取胜的标准或条件。公平竞赛是最基本的规则。竞争者之间可以进行信息沟通。竞赛结果具有不确定性、不稳定性。

八、政策互适模型

政策执行是指执行主体通过特定的组织形式，采取相应的手段和措施实现政策目标的过程。美国学者艾利森认为，在实现政策目标的过程中，方案确定的功能只占 10%，而其余 90%取决于有效的执行[1]。

政策执行是实现政策目标的基本途径。制定公共政策的目的不是为了研究问题，而是为了解决问题。政策文件不是用来看的，而是用来做的。政策执行是直接地、实际地、具体地解决政策问题的基本途径。正确的政策方案要转变成现实，在很大程度上依赖于政策执行。如果没有政策执行，再好的政策方案也只是一纸空文，不具有任何实际价值和意义。

政策执行决定了政策方案的具体实现程度和范围。一项政策执行得好，政策方案中所规定的任务就可以圆满地完成，甚至还可以由执行者创造性地执行活动弥补政策规划的不足，提高政策的效益。政策执行得不好，则可能会使政策问题恶化，或者与政策目标背道而驰。所以，政策执行系统的各个要素，如政策执行者的素质，政策执行的资源、方法和策略的选择与确定，在很大程度上决定了政策方案能否实现以及具体的实现程度和范围。

政策执行决定了政策执行以后政策过程的基本运动方向。政策方案确定后，只是为政策过程的良性发展奠定了重要的基础，但它并不能决定这个过程的实际运动方向，这个任务需要政策执行环节来完成。一项政策一旦完成执行过程，其效果不论好坏，都会在社会上造成不可逆转的后果。因此，从发展过程看，它决定了政策评估的实际结果，决定了政策监控和反馈的具体内容，以及最终决定了是否延续、改进或终止政策发展方向。也就是说，政策执行决定了以后政策过程的基本运动方向，并进而决定了公共政策的最终性质和质量的优劣。

美国学者 M. 麦克拉夫林（M. Mclanghin）在其《互相调适的政策实施》一书中指出，政策执行主要是政策执行者与被执行者（受影响者）之间的互动过程。政策执行有效与否，取决于政策执行者与受影响者之间行为调适的程度。

---

① 转引自丁煌：《政策执行》，《中国行政管理》1991 年第 1 期。

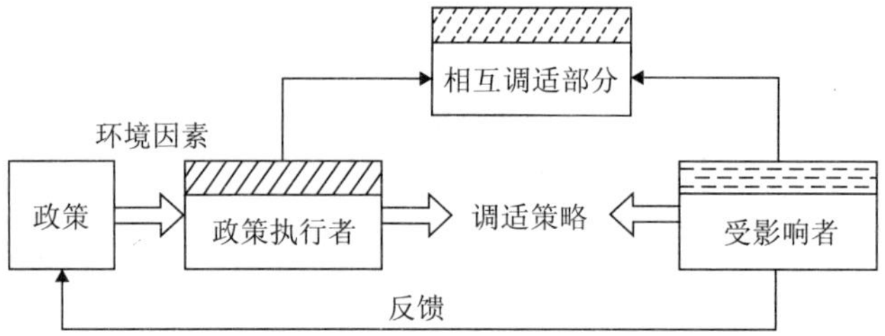

图 5—1　政策执行互适过程

政策互适理论认为，政策执行者与受影响者之间的需求和观点并不完全一致，基于双方在政策上的共同利益，彼此须经过说明、协商、妥协等确定一个双方都可以接受的政策执行方式。相互调适的过程是处于平等地位的双方彼此进行双向交流的过程，而不是传统的“上令下行”这种单向流程。政策执行者的目标和手段可随着环境因素、受影响者的需求和观点的改变而改变。受影响者的利益和价值取向将反馈到政策上，从而影响政策执行者的利益和价值取向。

九、战略分析模型

战略分析工具模型包括 SWOT 分析模型、PEST 分析模型、平衡计分卡、波士顿矩阵等。

（一）SWOT 分析模型

SWOT 分析法是由旧金山大学的管理学教授韦里克于 20 世纪 80 年代初提出来的。所谓 SWOT 分析，就是将与研究对象密切相关的各种主要内部优势（Strength）、劣势（Weakness）、机会（Opportunity）和威胁（Threat）等，通过调查列举出来，并依照矩阵形式排列，然后用系统分析的思想，把各种因素相互匹配起来加以分析，从中得出一系列相应的结论，而结论通常带有一定的决策性。运用这种方法，可以对研究对象所处的情景进行全面、系统、准确的研究，从而根据研究结果制定相应的发展战略、计划以及对策等。因此，SWOT 分析模型常用于智库为政府部门制定发展战略、编制发展规划。

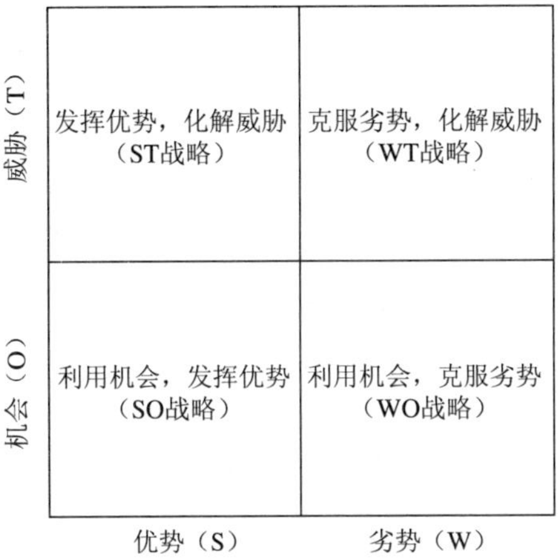

图 5—2　SWOT 矩阵

SWOT 分析主要包括分析环境因素、构造 SWOT 矩阵、制定行动计划三个步骤。首先运用各种调查研究方法，分析本地区或本部门所处的各种环境因素，包括外部环境因素和内部环境因素。外部环境因素分为机会因素和威胁因素，它们是外部环境对本地区或本部门的发展有直接影响的有利和不利因素，属于客观因素。内部环境因素包括优势因素和劣势因素，它们是本地区或本部门在其发展中自身存在的积极和消极因素，属主观因素。

然后将调查研究得出的各种环境因素根据轻重缓急或影响程度进行排序，构造 SWOT 矩阵。一般将那些对本地区或本部门发展有直接的、重要的、巨大的、深远的影响因素优先排列出来，而将那些间接的、次要的、少许的、短暂的影响因素排列在后面。

在完成环境因素分析和 SWOT 矩阵的构造后，就可以制定出相应的行动计划。制订行动计划的基本思路是：发挥优势因素，克服劣势因素，利用机会因素，化解威胁因素；考虑过去，立足当前，着眼未来。运用系统分析的综合分析方法，将排列与考虑的各种环境因素相互匹配起来加以组合，得出一系列本地区或本部门未来发展的可选择对策。

（二）PEST 分析模型

PEST 分析模型是指通过分析政治（Politics）环境、经济（Economic）环境、社会（Society）环境和技术（Technology）环境，确定战略目标、战略任务和战略措施。PEST 分析模型是智库为政府部门制定发展战略、编制发展规划过程中进行外部环境分析的基本工具。

P 即 Politics，政治要素，是指对组织活动具有实际与潜在影响的政治力量和有关的法律、法规等因素。当政治制度与体制、政府对组织活动的态度发生变化时，当政府发布了对组织活动具有约束力的法律、法规时，组织战略必须随之做出调整。法律环境主要包括政府制定的对组织活动具有约束力的法律、法规，如与企业经营活动相关的反不正当竞争法、税法、环境保护法以及外贸法规等，政治、法律环境实际上是和经济环境密不可分的一组因素。处于竞争中的企业必须仔细研究一个政府和商业有关的政策和思路，如研究国家的税法、反垄断法以及取消某些管制的趋势，同时了解与企业相关的一些国际贸易规则、知识产权法规、劳动保护和社会保障等。这些相关的法律和政策能够影响到各个行业的运作和利润。

E 即 Economic，经济要素，是指一个国家的经济制度、经济结构、产业布局、资源状况、经济发展水平以及未来的经济走势等。构成经济环境的关键要素包括 GDP 的变化发展趋势、利率水平、通货膨胀程度及趋势、失业率、居民可支配收入水平、汇率水平、能源供给成本、市场机制的完善程度、市场需求状况，等等。每个组织都是处于宏观大环境中的微观个体，经济环境决定和影响其自身战略的制定，经济全球化还带来了国家之间经济上的相互依赖性，组织在各种战略的决策过程中还需要关注、搜索、监测、预测和评估本国以外其他国家的经济状况。

S 即 Society，社会要素。是指组织所在社会中成员的民族特征、文化传统、价值观念、宗教信仰、教育水平以及风俗习惯等因素。构成社会环境的要素包括人口规模、年龄结构、种族结构、收入分布、消费结构和水平、人口流动性等。其中人口规模和年龄结构是衡量政策能否顺利推行的关键因素。

每一个社会都有其核心价值观，它们常常具有高度的持续性，这些价值观和文化传统是历史的沉淀，通过家庭繁衍和社会教育而传播延续的，因此具有相当的稳定性。而一些次价值观是比较容易改变的。每一种文化都是由许多亚文化组成的，它们由共同语言、共同价值观念体系及共同生活经验或生活环境的群体所构成，不同的群体有不同的社会态度、爱好和行为，从而表现出不同的政策需求和不同的政策行为。

T 即 Technology，技术要素。技术要素不仅仅包括那些引起革命性变化的发明，还包括有关的新技术的出现和发展趋势以及应用前景。在过去的半个世纪里，最迅速的变化就发生在技术领域，高新技术崛起改变着世界和人类的生活方式。同样，能够有效利用新技术的政府机构将有更多的政策选择。

第六章　智库研究中的社会调查

在智库研究中，经常需要通过社会调查，搜集有关研究对象的社会现实状况。社会调查的主要目的在于收集充分的一手数据以解决研究的问题。社会调查方法综合运用历史研究法、观察研究法等方法，以及谈话、问卷、个案研究、测验或实验等科学方式，对有关社会现象进行有计划的、周密的、系统的了解，并对调查搜集到的大量资料进行分析、综合、比较、归纳，借以发现存在的社会问题，探索有关规律。本章就社会调查的基本问题和概念进行介绍。

一、社会调查的现代趋势

近代的社会调查，产生于西欧，发展于 19 世纪末、20 世纪初的美国。第二次世界大战后，社会调查范围越来越广，方法越来越科学，手段越来越先进。

在现代社会，由于社会信息急剧增长和千变万化，及时掌握社会信息已成为做好各类工作的必要条件，因而社会调查主体已逐渐扩散到各种组织机构，包括政府部门、学术研究机构、智库机构、公司企业等。现代社会的每一个领域，以及人们生活中的每一个方面，都已成为社会调查的重要内容。现代社会调查，特别是抽样调查，往往在整个地区（县、市、省）、整个部门的范围内进行，有时还做跨区、跨部门调查。至于人口普查、工业普查、第三产业普查等，更往往在全国范围内进行。

社会调查方法日益程序化、规范化、数量化和精确化。在这方面社会学家做出了比较突出的贡献。例如，法国社会学家杜尔凯姆（E. Durkheim）创立的从研究假设——经验检验——理论结论的实证程序，美国社会学家斯托福（S. A. Stouffer）和拉斯菲尔德（P. F. Lazarsfield）关于社会统计中定量方法的研究，都对调查方法科学化起了巨大的推动作用。此外，社会调查还从其他学科移植，吸收了一些科学的方法或技术。如从统计学中吸收了统计方法，从心理学中吸收了社会心理测量法，从民族学中吸收了参与观察法，从新闻学中吸收了访谈法，从数学、计算机科学中吸收了数据处理的方法和技术等。所有这些方法和技术，都使社会调查方法变得越来越丰富，越来越科学。

近代以来的社会调查，基本上是采用手工方式进行。每次调查，都由调查者本人或以一个主持人为中心带一批助手，亲自到调查现场进行观察或访问，并用手工记录资料，用手工整理、汇总材料，用手工统计、分析资料。随着近代科学技术的发展，在社会调查中逐渐使用了新式的音像视频工具，如照相机、录音机、绘图仪、电话、计算器、摄录机等。20 世纪 50 年代后，由于电子计算机的推广和应用，社会调查进入了一个新的发展阶段，从此大规模的抽样调查和普查，以及各种复杂的统计分析，都可以评价电脑的高速运算及时得到准确的结果，整个社会调查的工作程序、组织方式、标准化和规范化程度，以及问卷设计、调查方式、统计分析等，都随之发生了深刻的变化，社会调查的应用范围和科学性、准确性也都达到了一个新的高度。

社会调查越来越专业化，这是社会调查广泛化、科学化和现代化的客观要求和必然结果。它主要表现在两个方面：一是各调查机构和人员日益专业化；二是独立的调查机构不断涌现和日益壮大。美国的民意调查机构有很多，如盖洛普（Gallup）。从 1935 年起，盖洛普就开展美国民意测验，是世界上第一家民意测验机构。1958 年，盖洛普改组所有旗下的小机组建盖洛普公司。现在，盖洛普公司已是一个拥有3000多名员工的大型调查机构了，在美国有12个地区办公室，它的40个分支机构分布在全球20多个国家，是目前美国以至世界上影响力最大、最权威的民意调查机构。

你对于某个问题没有调查，就停止你对于某个问题的发言权……你对于那个问题不能解决吗？那末，你就去调查那个问题的现状和它的历史吧！你完完全全调查明白了，你对那个问题就有解决的办法了……调查就像“十月怀胎”，解决问题就像“一朝分娩”。调查就是解决问题。

——1930年5月毛泽东同志所著的《反对本本主义》

二、社会指标和社会测量

社会指标是指反映社会现象的数量、质量、类别、状态、等级、程度等特性的项目。例如，国民生产总值、人口自然增长率、人均地方财政收入、每百户拥有汽车数量、工业废水处理率、每万人口犯罪人数、职业满意度、社会安全感等，都是社会调查中经常使用的社会指标。社会指标具有以下一些基本特点：

1. 具体性

社会指标不能是抽象的、一般的概念，而必须是具体的和可直接被感知的项目。例如，人口、产值、人均收入、每万人犯罪率等反映客观社会现象的指标，都是非常具体的项目。职业满意度、社会安全感等反映主观社会现象的指标，虽不十分具体，但却是可直接被感知的。社会经济发展状况、小康生活水平等概念就不同了，他们既不具体，又无法直接被感知，因而他们就不能成为社会指标，而只能用一组社会指标来说明。

2. 可测性

社会指标不能是数量不清、界限不明的概念，而必须是可以计量的可用数字、符号进行量度的项目。例如，人口，产值、人均收入等指标，就是可以直接计量的项目。职业满意度则可以用 a 满意、b 基本满意、c 无所谓、d 不满意、很不满意等数字或符号来量度。

3. 代表性

社会指标不能是次要的、说明不了问题的概念，而必须是对反映社会现象具有关键意义的或具有代表性的项目。例如，对于反映人口素质的状况来说，平均预期寿命、人均教育经费、每万人口中大学文化程度人口比重、每万人口中科技人员比重、每万人口中医生比重等项目，就具有关键意义或代表性，而人口数量的多少，人口密度的大小，以及身高、体重等则是次要的、不足以说明人口素质的项目。

4. 时效性

社会指标不能是没有时间界限的概念，而必须是有明确时间规定的项目。例如，人口总数这个指标，就必须明确是年初数字、年中数字还是年末数字，因为这三个时间点的人数是不一样的。又如，国民生产总值这个指标，就应明确是哪一个年度或哪一个时期的国民生产总值。至于职业满意度、社会安全感等反映社会现象的指标，一般都应明确规定是调查时的情况，因为这些社会现象是随着时间的推移而不断变化发展的。没有明确的事件规定，调查就会失真，甚至完全无法进行。

社会指标可分为不同类型，如直接指标和间接指标、客观指标和主观指标、描述性指标和评价性指标、投入指标和产出指标。

直接指标和间接指标的区别在于指标的来源或获取方式，前者是进行实地调查获得的，后者则是从已有的文献资料上摘取的。

客观指标是指反映客观社会现象的指标，例如人口总数、人均居住面积、义务教育普及率等。主观指标也称感觉指标，它是指反映人们对客观社会现象的主观感受、愿望、态度、评价等心理状态的指标，如对生活质量的满意程度、对住房制度改革的期望、对经济体制改革的评价等。简言之，客观指标主要反映民情，主管指标主要反映民意。在一般社会调查中，客观指标往往多于主观指标。这是因为，民情决定民意，而且对民情的调查往往比对民意的调查要稳定、准确、可靠一些。但是，这绝不是说主观指标可有可无。因为人是社会的主体。

描述性指标是指反映社会现象实际情况的指标。评价性指标，也称分析性指标或诊断性指标，它是指反映社会发展、社会效果在某些方面利弊得失的指标。描述性指标一般是独立存在的，一个指标反映一种情况，它们是对社会现象的客观描述，单凭一个描述性指标很难做出好坏得失的评价。评价性指标不同，它通常是以某种理论为指导，为说明某种社会问题而将两种或两种以上社会现象做比较或进行计算而得出的美国。评价性指标对社会现象的反映，已不仅仅是简单的客观描述，而具有分析、诊断、评论的性质。

投入指标是指反映投向某一社会过程的人力、财力、物力等资源的指标，例如投向教育过程的教育经费、教师人数、教学仪器和设备，头像公关活动的活动经费、工作人员、车辆、器材等。产出指标是指反映社会过程的结果的指标，例如义务教育普及率、产品销量等。

社会指标具有反映、检测、比较、评价、预测、计划等多种社会功能。

1. 反映功能

与一般社会意识对社会存在的反映不同，社会指标对社会现象的反映总是以一定研究假设为指导的，而且具有较强的选择性和浓缩性，即选择那些最重要、最具有代表性的侧面来反映社会现象，力求把复杂的社会现象浓缩在有限的几个社会指标之内。

2. 检测功能

检测功能分为两类，一是社会本身运行情况的检测，二是社会政策、社会计划执行情况的检测，如普及义务教育政策的执行情况。前者对社会“自然状态”的检测，后者则是对有组织、有目的社会目标的检测。

3. 比较功能

当社会指标被用来衡量两个或两个以上认识对象的时候，它就具有了比较功能。比较功能也可分为两类，一是横向比较，即在同一时间序列上对不同认识对象进行比较，如同一时间个人与个人的比较，家庭与家庭的比较，单位与单位的比较，地区与地区的比较，国家与国家的比较等等。二是纵向比较，即对同一认识对象的不同时期发展状况的比较。如对居民生活状况做改革开放前后的比较，对工业企业做实行股份制改革前后的比较等等。横向比较有利于认识自己的特点和位置，明确自己的长处和短处。纵向比较有利于认识自己的状况和发展趋势，明确自己是在前进、后退或停滞，它们都有利于对社会现象做出正确的判断。

4. 评价功能

反映、检测和比较本身并不能说明社会现象，只有对反映、检测、比较的结果做出评价，即对它们的客观状况做出评价，对它们的前因后果做出解释，对它们的利弊得失进行判断，才算是对社会现象做出了说明。可见，反映功能、检测功能、比较功能，只是社会指标的基础性功能，只有评价功能才是社会指标的核心功能。离开了评价功能，反映、检测和比较功能就失去了意义。

5. 预测功能

预测是指对社会现象未来发展趋势的预先测算。预测功能包括两个方面，一是社会发展预测，即对推动社会发展的社会现象的预测。例如，在对本年度经济发展状况做出评价的基础上，预测下一年度经济发展的速度和状况，等等。二是社会问题预测，即对阻碍社会发挥在哪的社会现象的预测。例如，在对本时期环境状况和环保工作做出评价的基础上，预测下一时期环境污染的发展趋势，等等。

6. 计划功能

它是预测功能的延伸。预测为计划提供依据，计划是根据预测结果对实际工作所做的安排或采取的对策。计划功能也可分为两种类型。一是促进社会发展的计划，如经济改革计划、教育发展计划、资源开发计划。二是防止或克服社会问题的计划，如治理环境污染的计划、加强法制建设的计划、改进思想教育工作的计划，等等。可以说，任何计划的内容都离不开社会指标，计划功能是社会指标反作用于社会现象的关键功能。

社会指标不是一个一个孤立存在着的，它总是作为一个体系建立起来并发挥作用的。社会指标体系具有目的性、合理性、科学性、代表性、系统性等特点。

1. 目的性

任何社会指标的设计，都是为一定目的、一定社会需要服务的。没有明确目的，就无法设计社会指标体系。例如，“全国小康社会指标体系”就是为实现小康社会确定具体奋斗目标服务的。

2. 合理性

任何社会指标体系的设计，都是以一定理论观点做指导的。例如，有人仅用国民生产总值这个指标来说明社会发展水平，有的人用一组社会经济指标（如总产值、劳动生产率、人均纯收入等）来反映社会发展程度，有的人则用30多个指标组成的社会经济指标体系来评估社会发展状况。它们之间的区别，首先并不是设计的具体指标上的不同，而是设计的理论观点和指导思想上的差异。前者的指导思想是以国民生产总值或以经济为中心，后者则是“要反映以人为中心的全面发展和体现经济和社会协调发展”。这说明，理论观点不同，设计指导思想不一样，设计出来的指标体系就会有很大的差异。任何社会指标体系的设计，不是有无理论指导的问题，而是理论指导科学不科学、自觉不自觉、明确不明确的问题。没有科学的、自觉的、明确的理论指导，是不可能设计出好的社会指标体系的。

3. 科学性

社会指标体系的设计，应该符合客观实际、符合已经被实践证明了的科学理论。例如“农村工业产值占农村社会产值的比例”和“乡村两级企业每人创造的纯利润”这两个指标，就是根据中国农村改革开放后的实际情况设计的，如果是在美国或在改革开放前的中国，这种设计就不符合客观实际了。又如，“食品支出占生活消费品支出的比重”这个指标，是根据恩格尔系数这一被实践证明了的科学理论设计的，如果把这个指标改成为“食品支出占总支出的比重”或“粮食支出占生活消费品支出的比重”，就缺乏科学理论的依据了。不符合客观实际、不符合科学理论的设计，都不能算是科学的社会指标体系。

4. 代表性

社会指标体系的设计，应该选择那些反对反映调查对象实际情况最具有代表性的重要指标来组成指标体系。例如，一个关于县市的主要经济社会指标体系，对于反映县域经济社会发展状况来说具有比较强的代表性。因为，它既有社会要素指标，又有社会结构指标；既有人口素质指标，又有生活质量指标；既有生产、交换、分配、消费等经济方面的指标，又有文化体育方面的指标，还有社会治安等方面的指标，而且每个指标在其所反映的方面又颇具代表性，因而构成了一个比较科学的社会指标体系。只有选择具有代表性的指标，整个指标体系才能既反映实际情况、有利于说明问题，又简明扼要、便于检查。

5. 系统性

社会指标体系的设计，应该使选用的所有社会指标形成一个具有层次性和内在联系的指标系统。有些大的研究课题，社会指标可能分为更多的层次。但不管层次多少，各社会指标之间和各层社会指标组之间，都应具有内在联系，共同形成一个有机的系统。任何科学的社会指标体系，都应具有很强的系统性，而没有任何游离于系统之外的孤立的社会指标。

社会测量是指运用一定测量工具，按照一定测量规则对各种社会现象的特征进行鉴定、测算或量度并赋予一定数值的过程。这就是说，社会测量有四个构成要素：社会测量工具，如调查问卷、各种量表和卡片等；社会测量的规则，即鉴别、测量或量度社会现象的规矩和准则；社会测量的对象，主要是各种社会现象的属性或特征；社会测量的数值，即表示社会测量结果数字或符号。

社会测量的主要功能，是使对社会现象的研究，特别是对非物化社会现象的研究，逐渐从定性研究走向定性和定量相结合的研究，从而达到更真实、更准确地反映被调查对象客观情况的目的。同时，它有利于把统计学、现代数学的知识和电子计算机、互联网、大数据等现代工具引进社会研究领域，从而大大促进社会调查工作的精确性和现代化。

社会测量按照其对测量对象数量化程度由低到高的顺序，可以分为四个测量层次，即定类测量、定序测量、定距测量和定比测量。其中定类测量是对测量对象的性质或类型的鉴别。定序测量是对测量对象的等级或顺序的鉴别。定距测量是对测量对象之间的数量差别或间隔距离的测量。定比测量是对测量对象之间比例或比率关系的测量。这四个测量层次的反映功能和运算功能是叠加的，即前一种测量没有后一种测量的反映和运算功能，后一种测量都包含着前一种测量的反映功能和运算功能。

对主观社会指标的测量，是社会测量中的一个难点和重点。主观社会指标包括以感性认识为主的主观社会指标和以理性认识为主的主观社会指标。按其反映心理状态的层次看，主观社会指标大致可以分为六种类型：

第一，关于情绪或感情方面的指标，如是否感到满意等，它是人们对现实生活状况的心境或喜怒哀乐等心理状态的直接反映。

第二，关于意向或期望方面的指标，如是否希望成为一个企业家等，它是人们对未来的向往、意愿或预期，是对现状满意与否的另一种反映。

第三，关于行为倾向方面的指标，如是否对某种事物支持，是对可能出现的事物或现象做出行为反应的意向。

第四，关于评价或判断方面的指标，如是否同意缺乏感情基础的婚姻要离婚，它是人们对客观社会现象或方针政策、理论观点、主观看法等所做的带有理性色彩的评论。

第五，关于态度或决断方面的指标，如是否赞成对国有企业进行股份制改造等，是人们在评价或判断基础上对某些政策、措施和社会现象做出选择或决定的反映。

第六，关于价值观念的指标，例如人生理想、处事原则等，这些问题往往具有高度的抽象性、系统性和综合性，很难测量，一般通过测量具体指标来间接研究人们的价值观念。

三、社会调查中的信度与效度

一个科学的社会调查，其结果应该是信度与效度的同一。影响信度和效度的因素很多，其中调查指标和调查方案的设计起着关键的作用。因此，在设计阶段就应充分考虑有关信度和效度的各种问题。

信度是调查结果反映调查对象实际情况的可靠程度，采取同样方法对同一事物进行重复测量所得测量结果的一致性、稳定性。信度一般用信度系数来表示。按照获得信度系数方法的不同，信度可以分为三种。一是再查信度，即设计一种调查工具，对同一调查对象先后进行两次调查，然后比较两次调查结果，并求出信度系数。二是复本信度，即设计两种内容、难度、篇幅等相类似的调查工具，对同一调查对象进行调查，然后比较两种调查结果，并求出信度系数。三是折半信度，即设计一种调查问题按单双编号的调查工具，其中单号问题与双号问题在内容、难度等方面具有相等的性质，在对调查对象进行调查后，把单双号题目的答案进行比较，并求出信度系数。在社会调查中，信度都是相对的。一般来说，信度系数在 0.8 以上，就可以认为调查是基本可靠的。

效度又称测量的有效度、准确度，是指测量工具或测量手段能够测出所需测量变量的准确程度。对于效度的评价，常用三种方法。一是经验评价，即请专家和有经验的人来评价调查结果的有效性和正确性。二是逻辑检验，即对调查结果进行逻辑分析，凡没有逻辑错误的就可以认为效度是较高的。三是效标比较，即选择某些权威性的基准或资料作为效度的标准，然后将调查结果与之相比较，并做出有效程度和正确程度的结论。

可以看出，信度和效度相互区别，又相互联系。信度是对调查对象而言的，它主要回答调查结果的一致性、稳定性和可靠性问题。效度是对调查索要说明的问题而言的，主要回答调查问题的有效性和正确性问题。具体而言，信度和效度间的关系有三种。可信、有效，即调查结果真实，也能说明调查问题；可信、但无效，即调查结果真实，但不能说明调查问题；不可信、无效，即调查结果不真实，当然也不能说明调查问题。可以看出，信度是效度的前提，没有信度，就没有效度可言。对问题的有效说明，必须首先建立在数据资料真实可信基础之上。信度低，效度也低。信度高，效度未必高。效度低，信度可能高。效度高，信度必然高。总之，信度是效度的基础，效度是信度的目的和归属，尽量做到信度、效度的统一。

四、普查、典型调查与抽样调查

广义上，社会调查可以分为“走马观花”和“下马观花”两种类型。所谓走马观花，就是到基层走走、看看、听听、问问、议议。例如领导干部到下属单位视察工作，兄弟单位之间相互访问学习，社会科学研究人员到基层参观，大学生利用节假日到基层访问等。这种调查方式简便易行，却可以了解许多具体情况，增加许多感性认识，有时还可以发现问题、提出问题。这种调查方法，在调查对象众多、不需要或不可能做深入调查的情况下非常适用，适合于较高层次的领导者和工作繁忙的调查者。但走马观花所了解的多是一些表面现象，而且很难避免偶然性和片面性，甚至会看到一些虚假情况。因此，不能根据走马观花的印象就轻易下结论。下马观花就是有计划有目的地进行的系统周密的调查研究。一般来说，调查前要做周密的筹划；调查时，要采用科学的方法；调查资料搜集起来后，要进行认真鉴别、整理和分析研究，并形成正式报告。狭义的社会调查，只包括下马观花式的调查。

按照调查时间，可分为一次性调查、经常性调查和追踪调查。其中经常性调查包括周期性调查、阶段性调查和不定期调查。周期性调查，是指若干年、每年、每月定期进行的调查。阶段性调查，是指不以时间长度为转移，而以事物发展阶段为依据的连续调查，如根据蔬菜上市的淡季和旺季进行市场调查。不定期的经常调查，是指根据实际需要而组织的连续调查。追踪调查，是指在不同时期对同一调查对象进行的定点调查。追踪调查，可分为周期性追踪调查和不定期追踪调查。

按照调查对象的范围，可以分为全面调查和非全面调查。全面调查就是对调查对象全体单位进行的调查，例如普查。非全面调查就是对调查对象总体中一部分单位进行调查，如典型调查、重点调查、个别调查、抽样调查等。

普查有利有弊。普查的最大特点是调查资料的全面性和准确性。这是因为，普查是对全部调查对象逐个进行调查，与其他类型调查相比，它所搜集的资料最全面，误差最小，精确度最高，是了解国情民情社情的重要方法。但普查也有明显的局限性。一是工作量大，花费大，组织工作异常复杂，而且时效性差。二是调查内容有限，只能调查一些最基本、最一般的社会现象，而很难对社会问题进行深入细致的研究。正因为如此，普查的应用范围比较狭窄，适应性小，只适用于有关全局性的基本情况进行调查。例如，我国开展了六次全国人口普查，三次全国经济普查。

典型调查，就是从调查对象中选择具有代表性的单位作为典型，并通过对典型的调查来认识同类社会现象的本质及其规律的方法。在典型调查中要正确选择典型，这是保证调查结论具有科学性的关键。必须坚持实事求是的态度，要保证典型的客观性和真实性，不能拍脑袋确定典型，更不能人为树立典型。要坚持发展的观点，根据不断变化的情况选择新的典型，不能搞典型终身制。不应把典型理想化、绝对化，更不应搞无所不包、无所不能的万能式典型。对于复杂事物，应多层次、多类型地选择典型。实践证明，典型调查的最大误差，是选点的误差。如果选择的典型没有代表性，那么无论调查工作如何好，都不能正确说明问题。要把调查和研究结合起来，不能满足于一般性地搜集材料，必须在整个调查过程中，把调查和研究紧密结合起来，把认识问题和探索解决问题的方法结合起来。要慎重对待调查结论，严格区分哪些是代表同类事物的具有普遍意义的东西，哪些是由典型本身的特殊条件、特殊环境所决定的特殊意义。

抽样调查，就是从调查对象的总体中抽取一部分单位作为样本，并以对样本进行调查的结果来推断总体的方法。抽样调查是随着近代数学发展而形成的一种调查方法，它是普遍调查和典型调查的逻辑补充。在现代社会，抽样调查的应用越来越普遍。

抽样有几个相关的术语。元素，指构成研究对象全体的个体。抽样单位，指一次直接的抽样所使用的基本单位。总体，是由许多共同性质的元素所构成的集合。样本，是指按一定方式从总体中抽取的一部分元素的集合。抽样框，指一次抽样时总体中所有抽样单位的名单。参数值，描述总体特征的综合指标。统计值，指样本指标，是可以通过调查研究计算获得的。

抽样遵循以下基本程序：首先界定总体。然后编制抽样框，根据研究目的和内容确定抽样总体的范围与单位，抽样框来自抽样总体，也就是采用一定的方法把总体中的每一个单位组成一组可供选择的形式。接着进行样本设计，包括样本规模和选择抽样的具体方式，样本数越大，其代表性越高，相应的成本也高。最后评估样本质量。

抽样方式有以下几种基本类型：

第一，简单随机抽样。对总体单位不进行任何组合，仅按随机原则直接抽取样本。具体方法有直接抽选法、抽签法和随机数表法。直接抽选法，就是从调查总体各单位中直接随机抽取样本进行调查。例如从课堂学生中，直接随机选择若干学生作为样本，对他们进行访问等。抽签法，就是将总体各单位编上序号，将号码写在纸片上混合，再从中抽选。随机数表法，就是先把总体中所有单位加以编号，根据编号的最大数确定使用随机数表总体若干列或行的数字，然后从任意列或任意行的第一个数字起，可以向任何方向数去，碰上属于总体单位编号范围内的数字号码就定下来作为样本。如果采用不重复抽样方法，在碰上重复的数字时就跳过去，这样一直数下去直到抽够样本数为止。

第二，等距随机抽样。先将总体各单位按一定标志顺序编上序号，然后用总体单位数除以样本单位数求得抽样间隔，并在第一个抽样间隔内随机抽取一个单位作为第一个样本单位。最后，按抽样间隔做等距抽样，直到抽取最后一个样本单位为止。

第三，类型随机抽样。先将总体各单位按一定标准分成各种类型（或层），然后根据各类型单位数与总体单位数的比例，确定从各类型中抽取样本单位的数量；最后，按照随机原则从各类型中抽取样本。

第四，整群随机抽样。先将总体各单位按一定标准抽出若干群或集体作为样本，最后对作为样本的若干群或集体中的每个单位实施逐个调查。

第五，多段随机抽样。把从调查总体中抽取样本的过程，分为两个及以上阶段进行的抽样方法。先将调查总体各单位按一定标志分成若干集体，作为抽样的第一级单位。然后，将第一级单位又分成若干小的集体，作为抽样的第二级单位。依次类推，还可以分为第三、第四级。按照随机原则，先在第一级单位中抽出若干单位作为第一级样本，然后再在第一级样本中抽出第二级样本。以此类推，还可以抽出第三级、第四级样本。例如，对某县做家庭收入调查，先由县抽乡镇，再由乡镇抽自然村，最后在自然村抽具体农户。

在调查对象总体的内涵和外延无法具体确定或不需要准确推断总体的情况下，也可以按照非随机原则抽取样本。非随机抽样也称立意抽样，就是调查人员根据自己的主观选择抽取样本，具体包括如下三种方式：

第一，任意抽样，也称方便抽样、便利抽样、偶遇抽样，就是按照调查者的方便随意抽选样本，如在街头、路口、商城、剧院、车站等公共场所，随便选择某些行人、顾客、旅客等作为抽样对象进行访问调查。它的优点是方便和节省，缺点是样本的代表性差，有很大偶然性。

第二，判断抽样。就是依据调查者的主观判断来选择样本。它分为印象判断抽样和经验判断抽样。印象判断抽样，就是纯粹凭调查者的主观印象抽取样本。经验判断抽样，就是调查者根据以往经验和对调查对象的了解来选择样本。判断抽样的准确性和代表性，主要取决于调查者的判断能力，同时取决于调查者对调查对象的了解程度。

第三，配额抽样，也称定额抽样，就是根据统计报表等已知情况，按照一定标准和比例分配样本数额，然后由调查者在额度内任意抽取样本。配额抽样抽取的样本比前两种方法抽取的样本，代表性要大一些，客观性也要强一些，但工作量也要大一些。

抽样调查的优点十分明显。一是抽取样本比较客观，一般按照随机原则抽取，排除了调查者主观因素的干扰，这是调查结果具有较大真实性和可靠性的基础。二是推断总体上比较准确。抽样调查的数学基础是概率论和大数定律，抽样误差不仅可以准确计算，而且可以适当控制。抽样调查便于对调查总体做定量研究，它的调查结论是运用数学方法计算得出的，因而对总体的推断比较准确。三是调查花费比较节省。抽样调查仅仅是对总体中少数样本单位进行调查，因此与普查相比在人力、物力、财力、时间等方面都比较节省，组织工作也比普查简单得多。四是应用范围广泛。抽样调查在现代得到迅速发展，当前已经非常成熟，应用范围不断扩大。在世界各地，无论经济调查，还是舆论调查；无论农村调查，还是城镇调查，都广泛应用抽样调查方法。

五、探索性、描述性和解释性研究

探索性研究是社会调查的一个研究方式，重在对所研究的对象或问题进行初步了解，以获得初步的印象和感性认识，为今后更周密、更深入研究提供基础和方向的研究类型。用于该现象或问题本身比较特殊，尚无涉及；或本人对该研究的目标不够熟悉和了解。可以形成关于所研究现象或问题的初始命题或假设，发展和尝试可用于更深入的研究方法，探讨进行更系统、更周密的研究的可能性。探索性研究法是高层次的科研活动。它是用已知的信息，探索、创造新知识，产生出新颖而独特的成果或产品。其特点是主观定性研究，设计简单，形式自由，调查对象往往是小样本。

探索性研究的基本目的是提供一些资料以帮助调研者认识和理解所面对的问题。常常用于在一种更正式的调研之前帮助调研者将问题定义得更准确些、帮助确定相关的行动路线或获取更多的有关资料。这一阶段所需的信息是不精确定义的，研究过程很有灵活性，没有什么结构。例如，向行业专家咨询就是一种探索性的研究。样本量一般较小，也没有什么代表性。原始数据一般是定性的。探索性调研的结果一般只是试验性的、暂时性的，或作为进一步研究的开始。

一般而言，探索性研究的方式可以区分为次级资料研究、专家访问、相似案例分析、深度访谈四种。例如，深度访谈（depth interview）或是开放式访谈（open-end interview），就是对人们的经验、意见、感受和知识直接进行引述。

描述性研究是一种对研究的总体或某种现象在某些特征上的分布状况进行描述的研究类型。其关注的焦点通常不是为什么存在这样的分布，而是在于回答这种分布是怎样的。描述性研究法是一种简单的研究方法，它把已有的现象、规律和理论通过自己的理解和验证，给予叙述并解释出来。它能定向地提出问题，揭示弊端，描述现象，介绍经验。

描述性调研假定调研者事先已对问题有许多相关的知识，事实上，探索性与描述性调研的主要区别在于后者事先构置了具体的假设。因此，所需的信息是很清楚地定义了的。典型的描述性调研都是以有代表性的大样本（一般在600人以上）为基础的。正式的调研方案的设计规定选择信息来源的方法，以及从这些来源收集数据的方法。

解释性研究，其目的是要获取有关起因和结果之间联系的证据。因果关系研究的目的包括下述内容：了解哪些变量是起因（独立变量或自变量），哪些变量是结果（因变量或响应）；确定起因变量与要预测的结果变量间的相互关系的性质。

和描述性研究一样，解释性研究也需要有方案和结构的设计。描述性研究虽然也可以确定变量间联系的紧密程度，但是并不能确定因果关系。要考察因果关系必须将有些可能影响结果的变量控制起来，这样，起因变量对因变量的影响才能测量出来。研究因果关系的主要方法是实验法。当然还有些高级的统计方法可以用于检验因果关系的模型。解释性研究的方法与其他研究方法不太相同，但也不应将其孤立起来看。事实上，在许多调研中，探索性的研究、描述性研究和解释性研究的设计都是相互补充的。

三种类型的研究设计并不是绝对互相独立进行的。有些调研项目需要涉及一种以上研究类型的方案设计。如何将不同类型的方案相结合，完全取决于调研问题的性质。选择方案设计的一般原则有如下几点：

第一，如果对调研问题的情况几乎一无所知，那么调查研究就要从探索性研究开始。下述的几种情况就需要首先进行探索性研究：如果要对调研问题作更准确的定义；如果要确定备选的行动路线；如果要制定调查问答或理论假设；如果要将关键的变量分类成自变量或因变量。

第二，在整个研究方案设计的框架中，探索性研究是最初的步骤。在大多数情况下，还应继续进行描述性研究或因果关系研究。例如，通过探索性研究得到的假设，应当利用描述性研究或因果关系研究的方法进行统计检验。

第三，并不是每一个方案设计都要从探索性研究开始。是否要用探索性研究取决于调研问题定义的准确程度，以及调研者对处理问题途径的把握程度。例如，每年都要搞的消费者满意度调查就不再需要由探索性研究开始。

第四，一般探索性研究都是作为起始步骤的，但有时这类研究也需要跟随在描述性研究或因果关系研究之后进行。例如，当描述性研究或解释性研究的研究结果让管理决策者很难理解时，利用探索性研究将可能提供更深入的认识从而可以帮助理解调研的结果。

第七章　智库研究中的资料收集

智库研究中的资料收集方法很多，如文献调查法、实地调查法、访问调查法、集体访谈法、问卷调查法和实验调查法等。智库研究一般从文献资料收集开始，然后进行实地调研。调查方法服从和服务于具体研究需要，针对不同的研究问题，采取不同的调查方法。不同的调查方法可以取长补短，相互补充，使收集的资料更全面、更真实、更生动。

一、文献调查

文献是指把人类知识用文字、图形、符号、音频和视频等手段记录下来的所有资料，既包括图书、报刊、期刊、学位论文、研究报告等书面印刷品，也包括文物、影片、录音、录像、幻灯片等实物形态的各种材料，还包括磁盘、光盘等机读资料。

根据文献资料的加工程度，文献资料分为零级、一级、二级、三级文献。零级文献指未经发表和修饰的最原始文献，如未经发表的书信、手稿、讨论稿、草案和原始记载等。一级文献一般指记录事件、研究成果、新知识或技术的专著、论文和调查报告等。二级文献是指对一次文献加工整理，摘录内容要点，并按一定方法编排成系统的文献，如书目、题录、文摘、索引等出版物。三级文献是在二级文献的基础上，对一级文献进行系统的整理并概括论述的文献。

文献调查是指收集、鉴别、整理文献，并通过对文献的研究形成对事实的科学认识，从而了解教育事实，探索教育现象的研究方法。文献调查法不与研究对象直接打交道，而是间接地通过查阅各种文献资料获得相关信息。

在文献调查过程中，可以不断扩展信息收集的范围。具体途径包括文献引出文献、文献引出人物、人物引出人物、人物引出文献。虽然文献综述会花些功夫，但一旦进入相关文献，最初的文献、参考书和目录将很快引出其他文献（即文献引出文献）。最初的文献查询过程可能暗示作为潜在被采访者的特殊人物，或者至少暗示了潜在被采访者的类型和角色（即文献引出人物）。最初的文献评论的目标是给予你进行聪明采访的充分背景，这个建议的要点能够归结为一种简单的启发：在你与别人谈话之前要对事情有所了解。

1. 文献调查法主要优点

第一，有助于研究人员选定课题，使研究建立在科学的基础上。研究工作以从假说所期待的或所预料的相互关系开始，这些预期的关系，由观念和概念转换为收集资料的程序来检验，然后再以这些资料为依据的研究结果和发现转变为新的概念，从而使它们得到解释和扩展。但是，如何得到原始的观念和概念？如何在它们之间形成假设建立联系？这些工作都离不开文献的收集。在众多的研究变量中，研究人员要选择一个自己感兴趣而且有意义、能够得以扩展的课题，并不是很容易的。查阅文献可以帮助自己发现已经证明重要和不重要的变量，避免重复。

第二，研究范围不受时空限制。每个人的亲身实践和经验总是受到时间和空间的限制，我们无法亲历前人的生活，也不可能直接观察、访问前人的思想和活动。即使是同时代人，因经费、时间等因素的限制，研究人员也无法对难以接近的研究对象进行研究。例如，在研究孔子的教育思想时，必须借助记载其生平和思想的文献——《论语》，否则这项研究就无法进行。

第三，研究过程的真实性强。一般文献并不是为了研究目的而留下的，它多是在事件发生的当时，真实自然地记录下来的，它的信息真实度很高，而且研究人员在收集资料的过程中，一般不会使被收集的资料本身发生变化，也不会受到文献资料编写者的直接言行的影响，从而避免了对象反应性的干扰。而这种干扰在访谈、实验等方法中很难避免，这样就会影响研究结果的准确性。

第四，研究简便易行、费用较低。与实地调查法、访谈调查法等直接接触法相比，文献调查法具有方便、自由、费用低等优点。只要查到文献，随时随地都能进行研究，不受研究对象、研究场所和研究情景等因素的限制。

第五，便于对调查对象做纵向分析。文献调查法适合于对研究对象在一段时期的发展变化开展研究。研究角度往往是探寻一种趋势，或弄清一个演变过程。例如，要研究改革开放以来我国师范教育和师资培养的发展，不可能在时间上倒退回 1997 年去调查师范院校的情况，或用调查法来请当事人回忆当时情况，因为这种回忆也会由于主观误差太大而失去意义，这时，就可以依靠这些年积累的与师范教育有关的各种各样的文献资料来研究。

2. 文献调查法主要缺点

第一，文献的代表性较差。文献资料大多以文字的形式记载。这就决定了文献资料能否创造出来直接与文献撰写人的教育程度有关，程度越高，文献创造出来的可能性越大。所以，某一历史阶段保留下来的文献可能具有一定的阶级局限性，反映某一社会阶级的情况，不具有代表性。

第二，文献的真实性较差。文献资料的编写常常带有原作者的主观偏见，有一些个人文献由于私人利益或声誉原因常常出现某些夸大、偏袒甚至捏造。同时，许多文献的内容与客观事实之间总是有一定的差距，历史局限性、时代特征和阶级烙印都会不可避免地反映在文献中。这些都会对文献的信度产生影响，而文献研究人员往往无法控制这些因素的出现。

第三，文献收集的难度较大。许多研究领域几乎没有文献可利用，而且，保留下来的文献常常由于主观原因进行了一定的选择。此外，还有一些政府机关的文献和档案由于保密的原则而不外借，一些未公开发表的文献如果没有当事人的许可也不能使用。这就加大了文献的收集难度，造成了文献的不足。

第四，文献分析的信度和精确度不高。对文献资料的分析的信度，一方面基于原始文献的真实情况，另一方面还取决于研究人员的推理能力和分析能力。研究人员通常根据自己背景经验对文献的信度进行判断，由于缺乏统一的标准，判断的可信度和精确度无法保证。

第五，文献研究对于新问题、新现象的解释力不强。与那些更具体、更地方性、更策略性、本质更不重要的政策问题相比，那些在范围上更大、更具有全局性、更具战略性和本质上更重要的政策问题的文献更容易认定，也更有用。因此，广义地说，问题越大，潜在有用的文献也就越多。遗憾的是，那些重要但新显现的问题往往没有文献可供参考。

文献分析方法包括定性分析法和定量分析法，有时也采用定性和定量相结合的方法。一般而言，文献是对有关事物性质、功能和特征等方面的描述，定性研究较少涉及主题内的变量关系，而研究人员往往倾向于应用逻辑推理探索事物之间的逻辑关系，而不是数量关系。因此，定性分析是文献研究人员最为常用的方法。

在没有比较对象，难于或没有必要对文献内容信息进行量化时，主要运用逻辑思维直接对这些信息做出分析。所谓逻辑分析，就是指运用概念、判断、推理、论证等思维方式，遵循形式逻辑规则，直接对文献所包含的信息进行分析，以澄清事实真相，发现历史发展线索，达到逻辑与历史的统一。

文献定量分析是对明显的文献内容进行客观而又系统的量化并加以描述的一种研究方法。定量分析的实质是将言语表示的文献转换成用数量表示的资料。随着计算机的普及，定量研究的应用越来越广泛。文献定量分析一般包括如下四个步骤：

1. 抽样

抽样分为内容抽样、来源抽样、日期抽样和单元抽样等类型。内容抽样就是获取内容分析的样本。进行内容抽样时首先要决定总体，在确定样本时，要注意抽取的样本要包含所有的有关资料，同时还要选择和研究假设有关的特定资料。来源抽样指对资料来源的取样，如选择报纸、杂志、教育电视节目、书本、学生作业等作为资料的来源。日期抽样指选择哪段时间的资料进行分析。在按照日期取样时，要注意某些资料的周期性的特点。也就是说，如果是每天发表的报纸为样本，间隔抽样时就必须避开 7 或 7 的倍数，否则可能会使全部的样本都集中在同一个星期几。单元抽样是指抽取的样本单元可能是整份文件，或篇章、段落、句子、词等。

2. 确定分析单元和分析类目

分析单元是描述或解释文献内容时所采用的单位，是登记或抽样时使用的最小单位。分析类目是文献内容的指标项目，相当于观察法中的观察清单。分析类目要满足研究目的的需要，要在内容判断和登录之前确定，要遵循一般的分类原则。分析类目的划分要彻底，使每一项内容都有归属。分析类目要界限清楚、便于量化、有明显特征。

3. 量化处理

量化处理是用数字描述现象或水平，将抽象文献内容转化为数量化的过程。量化的最终结果为数字形式，通常用的方式有：二元编码，即以是否形式表示分析类目；频数，即点计文献中出现分析类目的次数；量度，即用工具测定分析类目所反映的量和强度。赋值，即给予文献内容以具体的数值或等级。量化处理包括评判记录和信度分析。评判记录是根据已确定的分析单元和分析类目对文献样本中的信息加以登录，登录分析类目是否出现和出现的频数。

4. 信度分析

信度分析是指两个参与内容分析的研究人员对相同类目判断的一致性。一致性较高，内容分析的信度也较高，反之亦然。所以，内容分析的结果受信度的直接影响，也与参与分析的人数有关。

文献计量学分析是图书情报领域特有的定量分析方法，在科技发展战略研究、科技政策制定等领域中具有重要的地位。近年来，国外智库对文献计量学方法的研究和应用不断推陈出新，取得了新的进展。

1. 研究热点领域识别

日本国家科技研究所运用文献计量法开展“科技预见”调研工作，旨在描绘一段时间（5 年）内的科技发展图谱。该研究采用最近 5 年 ESI 收录的全球顶尖科技论文（Top1%高被引论文）及引用情况，首先采用文献集合进行聚类分析，识别出研究前沿；继续利用文献共被引分析方法计算研究前沿间的关系系数，对其进行聚类并找出研究领域；最后通过文本挖掘，中心性分析，并结合专家知识对研究领域的文本内容进行解读。

2. 研究领域前沿识别

奥地利技术研究所设计了一套精简的文献计量方法以预测专家评议中研究前沿的筛选结果。该研究首先提出了研究前沿应具备时效性、风险性、创新性、可行性和学科交叉性。将基于该方法识别的研究前沿与专家评议筛选出的研究前沿进行对比，发现专家评议中影响其决策结果的要素是创新性；时效性、风险性和可行性无明显影响；学科交叉性会产生负向影响。由此可见，专家眼中的研究前沿应当是一个富有创造性的聚焦性问题。该研究使用了 PASCAL 数据库、WOS、ERC 的数据资源，综合应用了引文分析、文本挖掘、聚类分析、关联规则分析、逻辑回归分析等定量分析方法，其研究思路对科技前沿识别的经典研究范式进行了改进和优化，值得借鉴和推广。

对智库来说，运用文献计量学方法，不仅可以丰富研究方法，还可以促进自身朝着更加多元化、集成化和科学化的方向发展。

二、访谈调查

访谈调查法，就是访谈者通过口头交谈等方式，向被访谈者了解社会实际情况的方法。访谈调查，一般都是访谈者向被访者做的面对面的直接调查，是通过口头交流方式获取社会信息的口头调查。相对而言，访谈调查是比实地观察高一个层次的调查方法，比实地观察获得更多、更有价值的情况。同时，也是比实地观察更复杂、更难以掌握的一种方法。

访谈调查最大的特点是整个访谈过程中访谈者与被访者相互影响、相互作用。访谈调查对象都是有思想、有感情、有心理活动的活生生的人，访谈过程首先是人与人之间的交往过程。在这个双向传导过程中，一方面，访谈者通过提问等方式作用于被访谈者的过程；另一方面，又是被访谈者通过回答等方式反作用于访谈者的过程。因此，在访谈调查中，访谈者不是尽量减少对被访谈者的影响，而是积极影响被访谈者，并努力掌握访谈过程的主导权，尽可能使被访谈者按照预定计划回答问题。访谈者只有在人际交往中与被访谈者建立起基本的信任和一定的感情，并根据对方的具体情况采用恰当方式进行访谈，才能使被访谈者积极提供他所掌握的社会情况。这说明，要取得访谈调查的成功，访谈者不仅要认真做好访谈前的各项准备工作，而且也要善于人际交往，熟练掌握访谈技巧，并有效控制整个访谈过程。

访谈调查法的优点很多，适用于深入探讨各类社会问题。访谈调查时访问者与被访问者双向传导的口头调查，它可以反复地进行交谈，不仅能够了解比较复杂的社会现象，而且能够深入探讨社会现象的因果联系和内在本质，深入研究改造社会的道路和办法。在调查的深入性方面，访谈调查法不仅优于实地观察法，而且优于问卷调查法。访谈调查法能灵活地进行调查工作。访谈调查是面对面的直接调查，它可以根据访谈对象和访谈过程的具体情况，采取灵活多样的方法，有针对性地进行工作，有效地控制访谈过程。实地考察法和问卷调查法就不可能有这样的灵活性或适应性。访谈法能提高调查工作的成功率和可靠性。访问调查法是面对面的口头调查，当被访问者对问题不理解或有顾虑时，访问者可以及时引导和解释；当被访问者的回答不完整、不准确时，访问者可以当面追询。另外，访问者在访谈过程中，还可获得许多非语言信息。这一切，都有利于提高调查的成功率，有利于对被访者回答的可靠性做出正确评价。它能适应于各种调查对象。一切有正常思维和口头表达能力的人，甚至文盲、半文盲和没有视觉的盲人。它有利于拉近与被访者的关系。访谈过程不仅是社会信息的交流过程，而且是思想感情的交流过程。因此，通过访问调查不仅可以了解到许多社会实际情况，而且可以与被访问者交朋友，建立友谊，为今后的调查打下基础。

当然，访谈调查法也存在自己的缺陷。例如，访谈调查的结果和质量，在很大程度上取决于访谈者的素质，取决于被访者的合作态度和回答问题的能力。一个有高度责任感和熟练访谈技巧的访问者，可以了解到许多真实的社会情况。相反，就只能了解到一些表面、甚至不真实的社会现象。一个积极合作而又有较强回答能力的被访者，可以提供许多有价值的社会信息；反之，就可能提供不了多少社会信息，甚至提供一些虚假的社会信息。这说明，访谈结果的差异，很大程度上源于访谈者的素质。又如，访谈的隐私性问题。访谈不能匿名回答，对于一些敏感问题、尖锐问题或隐秘问题，都会对访谈调查的结果产生不利影响。还有，访谈调查获得的信息都是一些口头信息，其真实性和准确性都有待证明。另外，访谈调查耗费人力、财力、时间，只适合在较小范围内使用。

根据访谈方式的不同，访谈调查有结构化访谈和非结构化访谈之分。结构化访谈是指按照统一设计的、有一定结构的提纲进行访谈。这种访问的特点是：选择访问对象的标准和方法，访问中提出的问题，提问的方式和顺序，以及对被访问者回答的记录方式等都是统一设计的，甚至连访谈的时间、地点、周围环境等外部条件，也力求保持基本一致。标准化的最大好处是，便于对访问结果进行统计和定量研究，便于对不同被访问者的回答进行对比分析。但这种访问方法缺乏弹性，难以灵活反映复杂多变的社会现象，难以对社会问题进行深入探讨，同时也不利于充分发挥访问者和被访问者的积极性、主动性。在进行访谈前，要根据研究的问题、访谈的对象等设计好访谈提纲。访谈的时候可以让访谈对象根据提纲回答问题，并进行互动交流。也可以让访谈对象不局限于访谈提纲来谈话，畅所欲言。

非结构化访谈是指按照一个粗线条的访问提纲所进行的访问。这种访问方法对访谈对象的选择和访谈中所要询问的问题有一个基本要求，但可根据访谈时的实际情况做必要调整。至于提问的方式和顺序，对回答的记录，访谈时的外部环境等，都不做统一规定和要求，而由访问者根据具体情况灵活处理。非结构化访谈，有利于充分发挥访谈者和被访谈者的主动性、创造性，有利于适应千变万化的客观情况，有利于调查原设计方案中没有考虑到的新情况、新问题，有利于拓宽和加深对社会问题的研究。但这种方法对访问者的要求较高，对访问结果难以进行定量分析和对比研究。

集体访谈法是访谈调查方法的延伸和扩展。调查者邀请若干被调查者，通过集体座谈或讨论的形式进行访问。其具体形式多样。例如，相互讨论式的访谈，就是所谓的焦点小组法。如果是各抒己见的访谈，与会者各抒己见，但不能批评他人意见，就是所谓的头脑风暴。如果是通过书面来进行背靠背的集体咨询，就是所谓的“德尔菲法”。

集体访谈的优点突出。一次访谈可以邀集到多位被访者，节省人力、时间、场地等成本，效率高。当然，集体访谈最大的优势在于可以形成相互讨论的氛围，与会者相互启发，相互补充，相互核对，相互修正，从而可以最大程度地将问题引向深入，并扩展思路。

当然，集体访谈若操作不当，也容易导致信息失真。与个别访谈相比较，集体访谈无法完全排除被调查者之间的社会心理因素的影响。特别是那些地位高、表达能力或表达欲望强的被访者，往往会左右讨论氛围和方向，影响其他人充分、真实地发表意见。而且，集体访谈缺乏隐私性，在一些敏感性问题上，难以应用集体访谈法。另外，集体访谈对主持者的要求比个别访谈更高。

1. 头脑风暴法

头脑风暴法是指按照一定规则召开的鼓励创造性思维的一种会议形式，是集体访谈调查法的一种具体形式。会议主持人先简要说明会议主题，提出讨论的具体要求，并严格规定讨论问题的范围。然后，鼓励与会者自由发表意见，但不得重复别人的意见，也不允许反驳别人的意见，以便形成一种自由讨论的氛围，激发与会者进行创造性思维的积极性。在讨论中，鼓励与会者吸取别人的意见，不断修改、补充、完善自己的意见；鼓励与会者在综合别人意见的基础上，提出自己的新想法，对要求修改或补充自己想法的人，提供优先发言权。会议的支持者，特别是权威人士，不发表自己的意见，不表现自己的倾向，以免妨碍会议的自由气氛。会议时间为20—60分钟，对个人也实行限时发言，对各种意见进行记录。会后组织专门人员整理记录，寻找创造性意见，并获得结论。

这种方法的好处是使参加会议的人互相启发、互相影响、互相刺激，产生连锁反应，诱发创造性设想。实践证明，头脑风暴这种会议形式，有利于自由发表意见，充分发扬民主。有利于各种观点相互启发、相互借鉴、相互吸收。因此，这种方法对于鼓励创造性思维，寻求新观点、新途径、新方法，具有一定的积极作用。不足之处是这种方法属直观预测性方法，激发出的见解受与会者个人经验、知识和智力的影响。

反向头脑风暴法是对已经形成的设想、意见、方案进行可行性研究的一种会议形式，其规则与头脑风暴有一致之处，同时也有不同之处。其特点是，会议的参加者对已提出的设想、意见、方案，禁止做确认论证，而只允许提出各种质疑或批评性评论，一直进行到没有问题可以质疑或批评为止。将质疑和批评的意见进行归纳，并对其进行全面分析，从而完善原来的设想或方案，提高其可行性。

2. 哥顿法

哥顿法是美国人哥顿（William Gordon）于1964年提出的一种决策方法，与头脑风暴法相类似。会议之初主题保密，先由会议主持人把决策问题向会议成员作笼统的介绍，然后由会议成员海阔天空地讨论，把要解决的问题分解开分别提方案。当会议进行到适当时机，主持人把主题揭开，将决策的具体问题展示给小组成员，让大家提出完整的方案，使小组成员的讨论进一步深化。最后由决策者吸收讨论结果，进行决策。实际上，这种研究方法采取的是由专业化到综合化的过程，采用这种方法可以避免一开始就综合化的某些弊端。

哥顿法的一个基本观点就是“变熟悉为陌生”，即抛开对事物性质原有的认识，在“零起点”上对事物进行重新认识，从而得出相应的结论。在文字校对工作中，也要提倡“变熟悉为陌生”，在校对时，把所有熟悉的东西当成陌生的东西，对每段话、每个字、每个标点符号都保持高度的警惕，带着疑问的心态，抱着学习的态度去校对，然后把“学”到的东西与自己所了解的情况相比较，看有无出入，这样就能跳出固有的思维定式，减少出错的可能，确保文字校对工作的实效性，提高为领导服务的水平。

3. 德尔菲法

德尔菲法（Delphi method）是一种进行集体预测的调查方法。① 它是一种预测类型的方法，主要依靠人的经验、知识和综合智能对未来可能发生的情景进行评估。以该方法进行预测时，预测机构将要预测的问题写成含义明确的调查提纲，分别送给经过选择的专家，请他们用书面形式做出回答。专家们在背靠背、互不通气的情况下，各自独立做出自己的回答。然后根据自己的预测意见，以无记名的方式反馈给预测机构。预测机构汇总专家们的意见，进行定量分析，然后将统计分析的结果反馈给专家。专家们根据反馈材料，重新考虑原先的预测意见，可以改变自己的看法，也可以坚持原来的意见。然后，再以书面形式反馈给预测机构。这样，循环往复，经过 3 到 4 轮反馈，预测意见就逐渐趋向集中，最后形成集体的预测结论。

德尔菲法的特点是匿名性、反复性、定量性、集体性。预测机构和专家之间、专家与专家之间都是匿名的，都以书面形式进行联系。预测不是一次，而是多次反馈，多次预测。对预测意见做定量分析，对预测结果做定量评价。调查的结论不是个别专家的看法，而是若干

① 德尔菲（Delphi）是古代希腊的一座城市，阿波罗神殿的所在地。由于阿波罗神殿的神谕威信极高，该城就被认为是预言家们活动的场所。在 20 世纪 40 年代，美国兰德公司的研究人员设计出了一种预测方法，由于其预测的准确性较高，因而被称为德尔菲法。

专家的集体意见。可见，德尔菲法实质是一种集体的、间接的书面调查。这种调查的最大优点是排除了调查过程中无法完全排除的各种社会心理因素的干扰，从而使调查结论更准确地反映被调查的专家集体的共同意见。据有关统计，美国一些咨询机构对德尔菲法的使用率最高，占各种预测方法的 24.2%。

当然，德尔菲法本身也有许多缺点。例如，许多专家不熟悉德尔菲法，或不了解有关预测问题的背景材料，因而难以做出正确的预测，甚至不知如何下手去做预测。由于背靠背地书面回答预测意见，有关专家无法知道别人预测的根据是什么。有的专家在获得前一次预测意见的汇总材料之后，再次预测时往往会出现简单地向中位数靠拢的趋势。

为了克服这些缺点，有些派生德尔菲法就应运而生了。有的了保持德尔菲法的基本特点，但做了某些局部改进。例如，预测机构在发出预测问题的调查提纲时，同时提供预测事件一览表，介绍有关预测问题的某些背景材料；允许做出三种不同的预测方案，并对各种方案的成功概率做出估计；减少反馈的次数等。还有改变德尔菲法某些基本特性的派生方法。例如，部分取消匿名性，然后再匿名做出新的预测；有的是专家们先公开阐明自己的观点和论据，再匿名做出预测，然后再公开辩论，再匿名预测。又如，部分取消反馈，有的是只反馈预测意见的幅度，而不反馈中位数，以防止盲目向中位数靠拢的倾向；有的是只向预测意见差别最大的专家或权威性专家反馈，而不向其他专家反馈。

三、问卷调查

问卷调查（Questionnaire Survey）是社会调查里的一种数据收集手段。调查者运用统一设计的问卷，向被调查者了解情况或征询意见。问卷调查法的特点是标准化、间接化和书面化。问卷调查是标准化调查，按照统一设计的、有一定结构的问卷所进行的调查。问卷调查一般都是间接调查，调查者一般不与被调查者直接见面，而由被调查者自己填写问卷。问卷调查一般都是书面调查，调查者书面提出问题，被调查者书面进行回答。问卷调查的一般程序是：设计调查问卷，选择调查对象，分发问卷，回收和审查问卷，再对问卷调查结果进行统计分析和理论研究。

在问卷调查中，可以通过多种途径传递问卷，如自填问卷、报刊问卷、邮政问卷、送达问卷和访问问卷等。自填问卷，就是由被调查者自己填写问卷。报刊问卷，就是随报刊传递分发问卷，请报刊读者对问卷做出书面回答，然后按规定的时间将问卷通过邮局寄回报刊编辑部。邮政问卷，就是调查者通过邮局向被选定的调查对象发问卷，并要求被调查者按照规定的要求和时间填写问卷，然后再通过邮局将问卷寄还调查者。送达问卷，就是调查者派人将问卷送给被选定的调查对象，待被调查者填答完后再派人收回问卷。访问问卷，就是调查者按照统一设计的问卷，向被调查者当面提出问题，然后再由调查者根据被调查者的口头回答来填写问卷。

表 7—1　几种问卷传递途径的利弊比较

项目	自填式问卷调查		代填式问卷调查		
报刊问卷	报刊问卷	邮政问卷	送发问卷	访问问卷	电话问卷
调查范围	很广	较广	窄	较窄	可广可窄
调查对象	难控制和选择，代表性差	有一定控制和选择，但回复问卷的代表性难以估计	可控制和选择，但过于集中	可控制和选择，代表性较强	可控制和选择，代表性较强
影响回答的因素	无法了解、控制和判断	难以了解、控制和判断	有一定了解、控制和判断	便于了解、控制和判断	不太好了解、控制和判断
回复率	很低	较低	高	高	较高
回答质量	较高	较高	较低	不稳定	很不稳定
投入人力	较少	较少	较少	多	较多
调查费用	较低	较高	较低	高	较高
调查时间	较长	较长	短	较短	较短

在问卷调查中，提高问卷回复率是关键，可以从以下几个方面努力：

(1) 争取知名度高、权威性大的机构支持。问卷调查主办者的权威性和知名度，往往会影响被调查者对问卷调查的信任程度和回答意愿。

(2) 挑选恰当的调查对象。调查对象的合作态度和理解、回答书面问题的能力，对问卷的回复率往往产生很大影响。

(3) 选择具有吸引力的调查课题。调查课题是否有吸引力，往往会影响被调查者的回答意愿和兴趣。

(4) 提高问卷的设计质量。问卷的设计质量对问卷回复率和有效率会产生巨大的甚至决定性的影响。

(5) 采取回复率较高的问卷调查方式。调查方式对问卷的回复率有重大影响。实践证明，报刊问卷的最终回复率一般为10%～20%，邮政问卷的最终回复率一般为30%～60%，电话问卷的最终回复率一般可达50%～80%，访问问卷和送发问卷的最终回复率可接近100%。因此，在条件许可的情况下，应尽可能采取电话问卷、送发问卷和访问问卷的方式进行调查。

根据载体的不同，问卷调查可分为纸质问卷调查和网络问卷调查。纸质问卷调查就是传统的问卷调查，调查公司通过雇佣工人来分发这些纸质问卷，以回收答卷。这种形式的问卷存在一些缺点，分析与统计结果比较麻烦，成本比较高。而另一种网络问卷调查，就是用户依靠一些在线调查问卷网站，这些网站提供设计问卷，发放问卷，分析结果等一系列服务。这种方式的优点是无地域限制，成本相对低廉，缺点是答卷质量无法保证。目前，国外的调查网站surveymonkey，国内的问卷网、问卷星、调查派等提供网络问卷调查服务。

根据要求被调查者回答问题形式的不同，问卷调查法主要有以下六种类型：

(1) 自由叙述式：不给被调查者提供任何答案让其按自己的思想用文字自由地回答。

（2）多重选择式：让被调查者从提供的互不矛盾的答案中选择出一个或几个答案来。

（3）是否式：让被调查者以“是”或“否”二择一的方法回答提供的答案。

（4）评定量表法：让被调查者按规定的一个标准尺度对提供的答案进行评价。

（5）确定顺序式：让被调查者对提供的几种答案按一定的标准（好恶或赞同与否等）做出顺序排列。

（6）对偶比较式：把调查项目组成两个一组让被调查者按一定的标准进行比较。

这6种问卷类型各有其优点和缺点，要根据研究的目的、任务和被调查者的特点选择使用。研究人员通常同时使用几种问卷类型。

问卷中的问题包括开放式问题、封闭式问题以及半封闭式问题。开放式问题是对问题的回答不提供具体答案选项，由被调查者自由填写。这种问题的最大优点是灵活性大，适应性强。它适合回答各种类型的问题，特别是适合回答那些答案类型很多、或者答案比较复杂、或者事先无法确定各种可能答案的问题。同时，它有利于发挥被调查者的主动性和创造性，使他们能够自由表达自己的意见。封闭型问题，是将问题的一切可能答案或几种可能答案全部列出，然后由被调查者从中选取一种或几种作为自己的回答。

封闭式问题有许多优点，有利于被调查者正确理解和回答问题，节约回答时间，提高问卷的回复率和有效率，有利于询问一些敏感性的问题。同时，封闭型问题也有缺点，就是它的设计比较困难，特别是一些比较复杂的、回答类型很多或不太清楚的问题，很难把答案设计得很周全，一旦设计有缺陷，被调查者就无法正确回答问题；它的回答方式比较机械，没有弹性，难以适应比较复杂的情况，难以发挥被调查者的主观能动性；它的填写比较容易，被调查者可能对自己不懂，甚至不太了解的问题任意填写，从而降低回答的真实性和可靠性。

为了克服封闭式问题的缺点，吸收开放式问题的优点，于是就出现了半封闭半开放问题，为被调查者提供标准选项，同时可以进一步说明问题。

从结构上看，问卷一般由卷首语、问题与回答方式、编码和其他资料四个部分组成。卷首语是问卷调查的自我介绍部分。卷首语的内容应该包括调查的目的、意义和主要内容，选择被调查者的途径和方法，对被调查者的希望和要求，填写问卷的说明，回复问卷的方式和时间，调查的匿名和保密原则，以及调查者的名称等。为了能引起被调查者的重视和兴趣，争取他们的合作和支持，卷首语的语气要谦虚、诚恳、平易近人，文字要简明、通俗、有可读性。卷首语一般放在问卷第一页的上面，也可单独作为一封信放在问卷的前面。

问题和回答方式是问卷的主要组成部分，一般包括调查询问的问题、回答问题的方式以及对回答方式的指导和说明等。

所谓编码，就是对每一份问卷、问卷中的每一个问题和每一个答案都编定一个唯一的代码，并以此为依据对问卷进行数据处理。把问卷中询问的问题和被调查者的回答，全部转变成为 A，B，C……或 a，b，c 等代号和数字，以便运用电子计算机对调查问卷进行数据处理。对问卷的编码，包括编定被调查者的地址、类别和户代码；调查开始时间、结束时间和合计时间的代码；调查完成情况的代码；调查员和调查结果评价的代码；复核员和复核意见的代码等。所有这些，都是对问卷分类和处理的依据。对问题的编码，就是对每一个询问问题编定一个代码。对答案的编码，有前编码和后编码之分。封闭型回答的每一个答案，在设计问卷时就设计了代码，叫前编码；开放型回答的答案，一般是在调查结束后根据答案的具体情况再编定代码，叫后编码。

在设计问卷时，要把握以下五项原则：（1）相关性原则，即设计的答案必须与询问问题具有相关关系。（2）同层性原则，即设计的答案必须具有相同层次的关系。（3）完整性原则，即设计的答案应该穷尽一切可能的、起码是一切主要的答案。（4）互斥性原则，即设计的答案必须是互相排斥的。（5）可能性原则，即设计的答案必须是被调查者能够回答，也愿意回答的。

问卷调查法的优点是标准化程度高，收效快。问卷调查法能突破时空限制，在短时间内调查很多研究对象，取得大量的资料，能对资料进行数量化处理，经济省时。同时，便于对调查结果进行定量研究，便于匿名调查。问卷调查法的缺点是它只能获得书面的社会信息，而不能了解到生动、具体的社会情况。因此，问卷调查法缺乏弹性，很难作深入的定性调查。同时，被调查者由于各种原因，如自我防卫、理解和记忆错误等，可能对问题做出虚假或错误的回答。而在许多场合，对于这种回答要想加以确证又几乎是不可能的。特别是自填式问卷调查，调查者难以了解被调查者是认真填写还是随便敷衍，是自己填答还是请我代劳。被调查者对问题不了解、对回答方式不清楚，无法得到指导和说明。因此，要做好问卷设计并对取得的结果做出合理的解释，必须具备丰富的心理学知识和敏锐的洞察力。另外，问卷调查法回复率和有效率低，对无回答者的研究比较困难。

在进行问卷调查前，要根据研究的问题、调查的对象等设计好调查问卷。让课题委托单位发下去，等被调查对象填好问卷后再统一收回来。在进行问卷统计前，先剔除填写不完整的无效问卷，再人工统计或用计算机进行统计分析，绘制柱状图、折线图、饼图、雷达图等统计分析图。问卷可以记名，也可以不记名。为了节省被调查者的时间，在设计调查问卷的问题时，要多用选择题，少用填空题和问答题。最好调查问卷最后一个问题是开放性问题。

四、量表调查与民意测验

量表的主要作用在于测量复杂的概念，是社会科学研究中广泛应用的一种测量工具。由于社会研究人员所希望研究的许多概念不可能只用一个单独的指标来测量，因而人们创造出各种量表来达到测量的目的。可以说，量表相当于一把尺子，它的作用在于精确度量一个较抽象的或综合性强的概念，特别是度量态度和观念（如生育态度、种族偏见、政治倾向等）的不同程度或差异。量表比单一指标或单项问题的测量能获得更多、更真实、更准确的信息，能通过间接的、定量的方式衡量那些难以直接观测、难以客观度量的社会现象。自然科学的发展是从精确观测事物开始，社会科学也需要逐步精确化、定量化，量表技术就是适应这一要求而发展起来的。当然，量表法目前还存在一些缺点，如设计比较复杂，测量的信度和效度还不太高等。不过随着社会研究的深入，量表技术和其他调查技术一样，也会不断完善，会不断克服现有的缺点和局限性，在社会研究中发挥更大的作用。

在社会研究中，量表不仅限于测量人们的态度，还用于测量人们的能力、智力、性格、工作成绩、社会地位、生活水平等。量表可以分为调查量表和测验量表。它们分别用于问卷调查和测验中。在问卷调查中，使用量表的主要目的是要精确了解总体的状况。例如，问卷调查中的“政治态度”量表是要通过对个人政治态度的统计汇总，来了解各类人的政治态度，它的分析重点是群体而不是个人。而在测验中，通常是要精确观测个人的某一特征（如智力、能力、成绩等），它的分析重点是个人，因此量表设计要严格，精确且有较高的信度和效度，这就需要设计大量题目。与此相反，问卷调查中的量表题目较少，效度要求不高。

目前，我国各地组织部门常用的“领导干部德才考核量表”就是一种测验量表，它的目的是要精确测定每个干部本身具有的各种能力和素质，以便根据考核结果“量才使用”。它类似于对个人的“智力测验”，因此需要设计大量题目，对个人特征进行精确测量。而对领导干部的“民主评议表”，则是一种调查量表，它的目的是了解群众对某一干部的意见和看法，它是民意调查的一种方式。研究目的不同，量表的设计也不同。对于目前尚不能精确度量的事物，可以通过大量题目，也可以通过大量样本的主观判断来间接地、近似地反映。

评定量表和心理测验之间并无绝对界线，主要区别是测验方法更接近实验的方法，是用标准的测验手段，在严格的控制条件上，从横断面对受试者行为取样；而评定方法则偏向于观察和会谈这样的临床方法，对测试条件一般限制不太严格，是纵向取样。因此，我们可以把评定方法看作是观察法与测验法的一种结合运用。

民意调查在量表调查中最为常见。民意调查是测量特定人群在某一问题上所持意见的分布情况的一种工具，是常见的量表法的应用。通过它可以分析、揭示人群中持某种意见的强度及其产生的原因，从而测出人群在此问题上的态度和行为倾向，比较准确地分析和估计社会舆论。就其内容而言，民意调查属舆论调查；就其方法而言，民意调查属抽样调查。民意调查所研究的是公众普遍关心的政治或社会、经济问题。通过抽样调查的方式，征询调查对象的意见、观点或想法，并以此进行分析和推论，然后向公众公布调查结果，以期说明和解释问题的趋势或倾向，引起社会公众或被调查者的关注和重视，借此造成舆论并形成影响。

民意调查的主要作用可以归结为三个方面：第一，民意调查可以客观及时地反映舆论和大众心理的一般状况和变化情况。第二，民意调查可以为制定或评价政策、措施提供依据。在采取重要的政策或措施的前后，进行民意调查可了解群众的有关意见、态度和评价。第三，民意调查有助于对大众心理进行分析和预测。

西方的民意调查是从市场研究发展起来的。研究人员在人群中挑选出小量的取样，测量消费者对某种商品的品种、质量等的意见，以便改进商品，提高销售额。20 世纪 30 年代，民意调查在美国被广泛地应用于政治、经济等重大社会问题上。1935 年，美国心理学家 G. H. 盖洛普创立美国舆论研究所开始对美国当时的政治和社会问题开展全国性的大规模民意调查。测验方法是根据年龄、性别、教育程度、职业、经济收入、宗教信仰 6 个标准，在美国各州按比例取样，寄问卷给测验对象填答，派调查员进行个别访问，然后统计分析测验结果，做出解释，最后交由“特稿供应社”向日报订户发稿。由于盖洛普对民意调查作出了巨大贡献，因此美国舆论研究所通称为盖洛普民意调查所，民意调查也通称为盖洛普测验。1937 年，最早的民意调查专刊《舆论季刊》在美国出版，并成为美国舆论研究所的正式喉舌。

与此同时，美国一些大学和宣传工具，如报纸、电台等也开始进行民意调查。第二次世界大战前后，美国政府机构也广泛使用民意调查。

20 世纪 30 年代后期，民意调查在世界其他国家也得到发展。欧洲一些国家和澳大利亚先后组织起美国舆论研究所的分支机构。第二次世界大战后，亚洲和拉丁美洲的许多国家也出现了民意调查组织。到 1970 年，世界舆论研究协会已在 41 个国家拥有 300 多个分会。

在美国，民意调查除了用于竞选总统、国会议员外，还应用于日常社会生活问题，如调查人们对某项政策、某种产品、某个事件以及社会福利、环境污染、种族偏见、吸毒现象等问题的态度。在中国，近年来也开始对青少年理想、道德、兴趣，党政部门的工作作风和效率，电视、广播、报纸中某些内容的效益，干部的德才测评以及一些商品品种、质量等问题进行民意调查。

民意调查的一般过程和工作方法包括：确定范围、选取样本、设计问卷、抽样访问、分析结果。

1. 确定范围

确定测验范围是第一步，一般是由要调查问题的内容决定的。某个国家总统竞选的测验范围就应是这个国家的全体公民；某种商品销售情况的测验范围就应根据该商品消费者分布情况来确定。范围定得过大或过小都将影响民意调查的准确性。

2. 选取样本

社会取样的准确与否是测验是否可靠的关键。取样调查的目的是把对总体中有限的样本的意见调查结果，作为普遍适用于总体的估计或推断。一旦选出的样本缺乏代表性，取样调查的结果就会与总体大多数意见不相符，测验就出现偏差，甚至失败。民意调查一般采用数理统计中的取样方法，常用等概率抽样、不等概率抽样、分层抽样等，或把几种抽样方法加以综合使用。

3. 设计问卷

问卷的制定需要相当的训练并掌握一定的技巧，民意调查问题的形式一般有自由答话和选择回答两种。前者让被测者对所提问题用自己词汇自由陈述意见；后者要求被测者对所提问题从准备好的答案中挑选其中一个答案来回答。二者各有优缺点：前者被测者思想不受限制，但统计比较困难，后者回答范围有局限性，可是统计便利，一般民意调查同时使用这两种问题形式。问题提出过程多用“漏斗式”的次序，开始用自由答话形式提出问题，问题范围逐渐缩小，最后提出很具体的问题。用选择回答形式来提问，让被测者表示自己的态度。问卷的词汇要准确、明晰，应为一般人所理解，同样的问题由于使用不同的词汇或不同的句子结构顺序会得出不同的结果。提出的问题不能双关，模棱两可。即使是有经验的研究人员也要对他们初拟的问卷进行预备试验，以便修改。制定好的问卷可通过邮寄方式送给被测者或派专人访问取样对象得到结果。大规模的民意调查往往通过报纸、广播电台、电视台发放问卷。主持测验者要与被测者建立融洽的关系，使被测者愿意合作，讲心里话。被测者愿意或不愿意合作，对测验结果影响很大。

4. 抽样访问

抽样访问是一项技术性很强的工作。不但被访问者是否愿意合作，而且访问者本身的态度、访问时的语气、手势，都能影响研究的结果。因此，访问者事先应按受特别的训练。

现在的问卷多预先编码，答案输入计算机以制定表格，然后根据表格显示的各种数据进行分析。分析必须综合考虑多方面影响因素，得出客观、准确的结果。

虽然民意调查还有不完善之处，但它的社会功效是肯定的。美国盖洛普民意调查所在 1950—1970 年间对 11 名国会议员、总统候选人的预测都获得成功，与正式选票的平均误差只有 1.6％。这表明掌握了一定的方法技术所进行的民意调查是可靠的。在中国，民意调查可为政府制定某项方针政策，考核、选拔干部，进行思想教育工作，进一步发展社会主义经济等提供依据。此外，在文化、教育、社会福利、环境保护等广泛的领域，民意调查都是大有可为的。

民意调查的特点在于，所提的问题少，内容集中，速度快，能直接获取大众化的民意反映。特别是现代通讯工具和大众传播工具的发展，广播、电视、电话、报纸、杂志的普及，以及电子计算机的广泛应用，为民意调查的开展提供了大量的便利条件。由于进行民意调查的调查机构通常采取中立的立场，使受访者弃置疑义，乐于合作，并使社会公众增进了对民意调查结果的相信程度。民意调查结果往往起到引导社会舆论的作用；同时，成为公众了解社会的最好窗口。对于政策制定者而言，民意调查结果可提供很有价值的信息。所以民意调查已成为一种受各国政府重视，为大众欢迎的社会调查方式。

为了提高民意调查的预测精度，民意调查的样本大多由配额抽样来求得。运用此种抽样法，须精确了解构成样本的分子与所研究的事项或行为之间的关联。如果进行总统选举预测，需知道投票者的态度与哪些变量有关，然后通过人口普查资料，查出这些变量的分布，如所属党派、年龄、文化程度、经济地位等。

在选定样本时，根据这些变量的分布，确定样本中的配额并实施调查。民意调查由于调查的问题有限，而问题的答案又只简化为“是”“否”两类，加之被调查人文化水平和关心程度各不相同，因此揭示问题的深度是有限的。对这些，在调查前都要充分考虑到。

自 1982 年以来，中国对社会、经济等方面公众关心的问题，如物价问题、党风问题、宣传舆论工具的作用、思想政治工作等进行过民意调查，并取得了一定的成效。

五、社会计量法

人际交往是群体成员联系的纽带，是群体得以维系的基础。社会计量法是对社会群体成员间人际关系进行定量测量的一种技术。对人际关系的定量测量有助于对群体结构、功能的分析和对群体的管理、诊断等。目前，社会计量法的应用已从小群体的研究扩展到对宏观结构的分析。社会计量法为美国心理学家 J. L. 莫雷诺（J. L. Moreno）首创。他倡导小群体的治疗方法及有关的研究技术，1934 年发表具有历史意义的著作——《谁将生存?》。1937 年创办《社会计量学刊》，为社会计量法的推广和应用作出了贡献。

社会计量法的主要技术分为资料搜集和分析技术两部分。资料搜集的主要步骤是确定标准、实施调查和结果整理。

1. 确定标准

所谓“标准”是指受试者进行选择的根据，通常为一个问题，如“你喜欢谁?”“你愿意和谁在一起工作?”等。“标准”的确定有两条原则，一是为受试者所了解；二是具体、确实。

2. 实施调查

实施调查是在确定“标准”之后，用“标准”对每个受试者进行调查。为使受试者掌握“标准”和如实回答，通常伴以简要说明，说明中要指明样本的范围，即受试者根据“标准”选择对象的范围，说明调查的目的，使受试者明白并予合作，同时做出保密承诺，使受试者放心回答。

3. 结果整理

结果整理的方式有两种。

1. 列表法

列表的结果称为“社会矩阵”。社会矩阵是一个 n×n 的正方矩阵。n 为群体的人数，横行方向代表选择者，纵列方向代表被选择者，在选择者到被选择者的对应位置上标记选择结果，所有的选择结果标记完毕就得到该群体的社会矩阵。

2. 图示法

图示的结果称为“社会图”。它是以图形综合群体在“标准”下的人际选择。群体中每个成员都在图中占有一个位置，成员之间的选择以箭头相沟通，箭头指向被选择者，如果是相互选择则使用双向箭头。社会图中还有一种“箭靶社会图”，由几个同心圆构成，根据各人获选数的多少分别置于适当的圆圈中，获选数最多的置于中心，最少的置于最外圈。箭靶社会图的优点是清楚地显示个人的选择地位，便于分析小群体内的沟通情况。

社会计量法的分析技术包括社会图分析、指数分析、统计分析、矩阵解析和因素分析等。

1. 社会图分析

分析社会图的基本结构，掌握各种人际选择的形态，如孤立、被选、互选、次群体、中心人物、首领等，以了解个人在群体中的地位，群体的组成情况及人际沟通的网络。

2. 指数分析

这是一种社会计量指数的分析。社会计量指数可用于发现某种情境下各人的社会地位，比较不同大小群体使用不同标准下的社会计量指数的大小。几种常用的指数有：社会地位指数，表明个人在群体中受重视的程度；受选地位指数，表明个人在群体中受支持的程度；受拒地位指数，表明个人在群体中受拒斥的程度；吸引率，表明群体中吸引作用发生的程度；拒斥率，表明群体中拒斥作用发生的程度；凝聚指数，表明群体凝聚的程度；相对声望指数，表明一个群体受外群体成员支持的程度。

3. 统计分析

主要目的在于检验调查结果的显著性以及获得转换分数或指标。

4. 矩阵解析

借助矩阵运算的方法对社会矩阵进行各种分析。将 $n \times n$ 的矩阵表作为初始矩阵，矩阵的平方所得的矩阵，其元素表示群体成员之间的二级链沟通状况；矩阵的立方所得的矩阵，其元素表示群体成员之间三级链沟通状况，以此类推。

5. 因素分析

对社会计量资料进行因素分析来研究群体的情况。

第八章　智库研究中的资料分析

资料收集工作完成后，紧接着就要整理资料。即把原来无法分析的原始资料，运用一定的方法，整理成系统的、完整的资料，或者对原始资料进行检查、校正、编码、输入、清理等，然后在此基础上进行分析。打个比方，资料收集是我们通过辛苦工作挣来的钱；但挣钱不是目的，而是为了过更好生活所必需的过程和手段；那么，资料分析就是我们要精打细算，把已经挣来的钱花好用好，更好实现这些钱所包含的价值，为最终过上幸福生活打下基础。否则，就是白忙活了。

一、定量研究与定性研究的区别

智库研究方法分为定性研究（Qualitative research）和定量研究（Quantitative research）两种。所谓定性研究，是指从性质上进行研究的一种方法；而定量研究是指从数量上进行研究的方法。定性研究和定量研究的主要区别如下：

（一）两者的哲学基础不同

定性研究的哲学基础是解释主义（interpretivism），定量研究的哲学基础是实证主义（positivism）[①]。实证主义是一种经验哲学，在主客

① 陈向明：《社会科学中的定性研究方法》，《中国社会科学》1996 年第 6 期。

体的关系上认为社会现象是客观存在的，不受主观价值因素的影响，不以知识、理论为中介；主体和客体是两个截然分开的实体，主体可以通过对一套工具的操作而获得对客体的认识。在对客体的认识上，实证主义认为社会现象必须是可以被经验地感知的，一切概念必须还原为直接的经验内容，理论的真理性必须由经验来验证。理论和实践、价值和事实是相互独立的实体，不能相互渗透。实证主义遵循自然科学的思路，认为事物内部和事物之间必然存在逻辑因果关系，对事物的研究就是要找到这些关系，并通过理性的工具对它们加以科学的论证。解释主义与实证主义相反，认为价值和理论中立的事实是不存在的，人们看待事物的方式决定了事物的性质，研究人员个人的生活经历、价值取向和思想观点对研究有很大影响，研究人员本人对被研究现象的看法和态度在很大程度上影响问题的提出、理论框架的设计、材料的选择和分析，以及最终的结论。解释主义不承认主体和客体能够截然分离，认为两者发生的联系是一个互动、渗透的过程，并在此过程中彼此重构。

（二）两者的逻辑过程不同

从研究的逻辑过程看，定量研究与演绎过程更为接近，目标是确定变量之间的因果联系，强调价值中立，常常是对已有理论的检验；定性研究基于描述性分析，注重现象与背景之间的关系，认为事实与价值无法分离。其逻辑方式本质上是归纳的过程，即从实地研究中所获得的经验材料中归纳出具有理论特性的命题和阐释框架。

（三）两者的研究目标不同

如果说定量研究解决“是什么”的问题，那么定性研究解决的就是“为什么”的问题。定量分析法是要通过对研究对象的规模、速度、范围、程度等数量关系的分析研究，认识和揭示事物间的相互关系、变化规律和发展趋势，以达到对事物的正确解释和预测的一种研究方法。在科学研究中，通过定量分析法可以使人们对研究对象的认识进一步精确化，以便更加科学地揭示规律，把握本质，理清关系，预测事物的发展趋势。定性研究是指通过发掘问题、理解事件现象、分析人类的行为与观点以及回答提问来获取敏锐的洞察力。几乎每天在每个工作场所和学习环境下都会进行定性研究。定性研究是研究人员用来定义问题或处理问题的途径。具体目的是深入研究对象的具体特征或行为，进一步探讨其产生的原因。定性研究通过分析无序信息探寻某个主题的“为什么”，而不是“怎么办”，这些信息包括各类信息，如历史记录、会谈记录脚本和录音、注释、反馈表、照片以及视频等。与定量研究不同，它并不仅仅依靠统计数据或数字来得出结论。它也有像“扎根理论”“人种学”等正式的研究方法。

（四）两者的资料分析不同

从资料分析的角度，量化分析的主要对象是智库研究中获得的量化资料，而定性分析主要对象是智库研究中获得的定性资料。量化分析是调查研究的一个重要特点，对数量资料的整理，即数据整理。数据整理的方法主要是初步整理和统计整理。在研究方式上，定量研究侧重于且较多地依赖于对事物的精确测量和计算，强调研究程序的标准化、系统化和操作化，常使用调查、试验、文献研究，获得数量化的资料便于使用统计学方法分析变量的因果关联。定性研究则侧重于和依赖于对事物的含义、特征、象征的描述和理解，强调行为背景因素对社会生活的影响。定性研究强调研究程序、方式、手段的灵活性和特殊性，常使用实地研究，获得具体的实例资料。定性资料主要是通过实地研究和文献研究所获得资料，它的主要形式是访谈记录、观察记录、档案、日记等文本资料或书面资料。这些资料虽然也可以进行量化分析，但是更多地是进行定性分析（定性分析），尤其是通过实地研究所获得的资料。具体地说是运用归纳和演绎、分析与综合以及抽象与概括等方法，对获得的各种材料进行思维加工，从而能去粗取精、去伪存真、由此及彼、由表及里，达到认识事物本质、揭示内在规律。随着定性研究的发展，现在也基本形成了一套比较成熟的从整理、阅读、编码一直到资料分析和理论建构的分析方法。

（五）两者的分析样本选择不同

定量研究往往需要大量的样本，而且需要通过科学抽样，使得这些样本数据具有统计意义。而定性研究是在一群小规模、精心挑选的样本个体上的研究，该研究不要求具有统计意义，但是凭借研究人员的经验、敏感以及有关的技术，能有效地洞察研究对象的行为和动机，以及他们可能带来的影响等。

理念上的分歧导致了定性研究和定量研究在具体操作上具有各自的特点：

第一，在研究人员和被研究人员的关系上，定量研究把被研究人员放到被动的地位，只是作为一个固定不变的研究样本；定性研究则将研究人员和被研究人员看成互为主体的关系，被研究人员也在研究过程中被更新、唤醒。

第二，在应用环境和规模上，定量的方法可以在宏观层面上进行大规模的社会调查和政策预测，将复杂流动的社会现象简单化、数量化、固定化；定性研究则可以在自然环境下对微观层面进行细致、深入、动态的描述和分析。

第三，在面对不同的研究课题时，定量研究可以对比较熟悉的社会现象通过量化达到更加准确的理解，而定性研究可以对研究人员并不熟悉的新现象进行初步探索，提出问题，得出可供继续探讨和验证的结论。

第四，在研究起点上，定量研究在课题设计时事先构建理论假设或框架，并在取得研究材料和分析的过程中去证实、补充；定性研究强调“扎根理论”（Grounded Theory），研究人员同时作为一名“学习者”，从经验资料中构建理论，而不是从经验材料中搜寻对预先理论假设的支持。

总的来说，这是研究过程的两种途径，发挥着不同的作用，不存在谁优谁劣的问题。在理论与研究的关系上，定量研究则用于理论检验；定性研究通常用于理论的建构；定量研究在结果上具有概括性和精确性，但对社会生活的理解缺乏深度；定性研究可以获得深入理解社会生活的丰富细致的资料，但难以推及整体的社会运行状况。

值得指出的是，国内研究人员还未真正破除对定性研究的误解，或对定性研究认识不足。在国内的一些学术讨论中，定量研究比定性研究更容易被接受，而常常将“定性研究”与理论思辨性研究等同起来，认为这是一种空对空、以从理论到理论的逻辑推理来构建知识的方法。相对于国内传统的“空对空”式的研究，定量分析为我国社会科学领域无疑带来了一股新鲜的空气。可以说，定量研究对中国的政策研究现状来说，不是多了，而是还嫌太少。但在我们重视定量研究的同时，也需要正视对定量研究的盲目崇拜，如对问卷调查的过分偏好和对数据的迷信。

定量研究优点明显，但也有缺陷，需要定性研究来弥补。定性研究是以文字叙述为材料、以归纳法为论证步骤、以建构主义为前提的研究方法。研究人员承认自己的立场性，坚持自己的立场，从个案开始，从个案出发，用数据说话，解释个案材料的内在逻辑。研究人员把自己浸淫在文字材料中，贴着材料走，逐字逐句地找关键词、关键句，从当事人的话语、立场寻找出当时人到底想说什么，看他是怎么说的，追究出他所表达的是一种怎样的思路，根据这些关键话语找出主题思想，归纳出主题。①

事实上，定量研究和定性研究是并行的两大社会科学研究方法，互为补充。它们相当于方法论维度上的两端，一端是严格控制的在实验室条件下的量化研究，一端是在自然环境下和被研究人员一起生活所从事的体验式研究。社会科学研究中应该选择适当的定性研究和定量研究的交互融合，或者在定性探索性研究基础上深刻理解研究对象、提出研究问题，然后进一步进行定量研究。一个比较完整的研究方法

---

① 参见 Gabrielian，Vatche：*Qualitative Research Methods*：*An overview*，*Handbook of Research Methods in Public Administration*，Marche Dekker，Inc. New York，1999.

体系包括定性研究与定量研究，它们可以解决不同的问题，但有时候由于研究问题的复杂性，则很可能同时结合这两种方法进行研究。

表 8—1　定性研究的问题类型

问题类型	研究对象	设问
探索性	·调查不易理解的现象 ·识别/发现重要的变量 ·产生假设以便将来研究	·这里发生了什么？ ·在参与者有意义的建构中，显著的主题、类型、类别是什么？其相互关联是什么？
描述性	·记录感兴趣的现象	·该现象发生过程中显著的行为、事件、信仰、态度、结构和过程是什么？
解释性	·解释问题中导致现象的作用力 ·识别现象发生的可能因果关系	·什么事件、信念、态度和政策影响该现象？ ·这些力量是如何导致现象的产生的？
批判性	·发现占主导地位的论证（叙述）所依赖的内在假设和偏见	·基本假设是什么？它们如何影响现有的见解？ ·这些见解客观、公正吗？
预测性	·预测现象的结果 ·预测现象可能导致的事件和行为	·该现象出现后将要发生什么？ ·谁会受到影响？以什么方式影响？

定性研究最受诟病的是这种研究方式是否有足够的推广度，或者说所得出的研究结论是否有普遍适用性。然而，定性研究的目的不是通过对样本的研究找到一种可以推广的普遍规律，而是对社会现象进行深入细致的研究，再现其本质。而对社会现象的研究越是深入到本质层面，就越有可能对处于类似情形的人和事起到一种对照的作用。这种对照在定性研究中被称为“通过认同而达到推广”，或者“通过理论而达到推广”。由于理论具有一定的抽象性和概括性，从研究结果中提升出来的理论可以对同类具体事物具有一定的解释和论证力。此外，定性研究虽不能使用定量意义上的“外部推广度”（external generalization），却可以测查研究结果的“内部推广度”（internal generalization）。后者指的是将在样本中获得的结果推广到样本所包含的时空范

围。在收集资料的过程中，研究人员可以将此时此地收集到的信息推广到研究对象所描述的彼时彼地或一个时期。

二、常用的数据分析方法

（一）趋势外推法

这是一种把对象从过去到现在的发展外推到未来的预测方法。其基本理论是：决定事物过去发展的因素，在很大程度上也决定该事物未来的发展，其变化不会太大；事物发展过程一般都是渐进式的变化，而不是跳跃式的变化掌握事物的发展规律，依据这种规律推导，就可以预测出它的未来趋势和状态。

利用趋势外推法预测有六个阶段：（1）选择应该预测的参数；（2）收集必要的数据；（3）处理这些数据；（4）趋势外推；（5）预测说明；（6）利用预测结果的可能性。

这种方法在数据处理上，又分为“时间序列法”“滑动平均法”和“指数滑动平均法”等。以趋势外推中的“时间序列法”为例，首先按时间顺序把统计得到的数据排列起来，若数据不规则，采用公式：

$$X_{t+1}=\left[X_t+X_{t-1}+X_{t-2}+\cdots\cdots+X_{t-(n-1)}\right]/n$$

其中 X 为预测值；X 为按某时间单位记录下来的序列值；t 为最近的时间单位。趋势外推法在技术预测中应用最广泛，有资料表明，80%的技术预测采用了这种方法。

（二）关联树法

关联树法是一种比较常用的咨询方法。这种方法是 20 世纪 60 年代初，在 C. W. 求克曼等人提出决策树基础上，加上矩阵理论发展而来的。所谓关联树，就是为某一目的分出各类问题，并清理出各类问题的对等关系、从属关系、交叉关系。为此，必须有一个脚本，所谓脚本，就是进行关联树作业，包括最后进行定量评价时作为基础的一切情报，每个项目字句的解释和定义，以及作业准则等的一个综合脚本。它由研究小组经反复讨论研究，务使大家疑义最小，尽量满意。关联树法可以应用于交通安全等政策研究领域。

（三）回归分析法

这是一种从事物因果关系出发进行预测的方法。在操作中，根据统计资料求得因果关系的相关系数，相关系数越大，因果关系越密切。通过相关系数就可确定回归方程，预测今后事物发展的趋势。通常，求一个变量对另一个变量的因果关系，叫一元回归分析；而求多个变量之间的因果关系，叫多元回归分析。回归分析法可用于市场监管、产业发展等领域的政策研究。

（四）系统分析法

这种方法适用于对较为复杂的咨询问题的整体和综合分析。兰德公司专家奈德对系统分析所作的评价是：系统分析是一种研究方法，它能在不确定的情况下，通过对问题的充分调查，找出其目标和各种可行方案，并通过直觉和判断，对这些方案进行比较，帮助决策者在复杂问题中做出最佳的决策。一般来说，系统具有以下三个显著特征：一是集合性，即由两个以上的要素组成；二是整体性，即各个要素不是简单叠加，而是相互联系和作用构成统一整体；三是层次性，大系统包括小系统，系统内要素之间地位不同。在咨询研究中，系统分析法程序如下：问题—定义—调查—评估—解释—实证—建议。

可行性分析是系统分析方法的衍化，它运用自然科学和社会科学的手段，寻找能达到目标的一切方案，并分析这些方案的利弊，以做出最后的抉择。可行性分析的步骤：（1）利用系统理论，把已确定的目标从周围的“环境”中分离出来；（2）根据系统理论，将整个系统分解为不同层次的子系统，并按子系统编制出可行性分析大纲；（3）将已分解的子系统建立数学模型求解；（4）把子系统的计算结论进行综合，求出整个系统的各种可行性方案；（5）对各种方案进行对比分析，研究方案结果与社会的关系及对人们产生的心理影响，并提出应变的措施。在咨询研究中，可行性分析方法在建设项目和工程咨询中应用最为普遍，这类咨询以可行性分析获得的方案为主。

（五）模型分析法

通过建立数学模型或物理模型对问题进行分析，也是智库常用的研究方法之一。根据所用数学原理的不同，数学模型分为数论模型、几何模型和线性模型等；物理模型分为实物模型、图形模型、逻辑模型和仿真模型等。在各类模型运用中，要划分步骤和确定变量，划分步骤主要应提出目标，阐明问题，找出因果关系，进行关系数量化、模拟、解释和修订等；确定变量主要在于确定环境变量、决定变量、结果变量和评价变量等。

以模型方法进行政策研究具有如下优势：（1）能将一系列零散的因素，通过模型系统地联系在一起，并能显而易见地看出各种因素之间的相互联系。（2）能使比较抽象的各种现象，通过模型处理，变得比较具体，甚至有些可以量化，帮助人们的认识由抽象向具体转化；（3）有利于咨询研究利用现代技术手段，如有些模型建立起来以后能上机处理，从而使问题的分析更便捷、准确和规范。

据有关统计，模型方法在各种方法运用中所占的比重，20 世纪 60 年代为 18.8％，20 世纪 70 年代为 20.4％。其中统计模型占研究机构方法运用率的 8.4％，占个人研究方法运用率的 6.5％；模拟模型分别占 6.2％和 5.6％；运筹学模型分别占 5.1％和 4.4％；因果关系模型分别占 3.9％和 4.1％；对策模型分别占 2.3％和 2.5％。

（六）马尔柯夫法

这一方法是由俄国数学家马尔柯夫于 1907 年首先提出的，可以根据变量的当前状况来预测其将来如何变化的概率预测方法。马氏在经过多次试验观测后发现，在一个系统内的某些事件的概率转换过程中，其第 n 次试验结果常决定于其第 n－1 次试验的结果。并进一步指出：此结果在转换过程中，存在一转移概率，且这一转移概率可依据其紧接的前项结果推算出来。这种转换过程被称为马尔柯夫过程，状态与时间皆离散的马尔柯夫过程被称为马尔柯夫链，采用这一方法进行科学预测称为马尔柯夫法。

（七）最小二乘法

最小二乘法以某一社会、经济或自然现象为对象，寻找一目标曲线，使它满足给定对象系统的一组观测或实验数据。曲线拟合有两个基本问题，即用什么曲线进行拟合和以什么标准判断拟合曲线，满足对象系统的程度。最小二乘法是寻找这样一条拟合曲线使得各观测或实验数据到拟合曲线的误差平方和最小。至于用什么曲线作为拟合曲线，基本的最小二乘法采用的是线性曲线，但在实际实用中可以采用其他多种变形形式。在咨询研究中，最小二乘法也是常用的研究方法之一。

三、常用的统计分析软件

许多政策研究需要采用定量分析方法，对统计样本进行量化分析。智库研究人员要“用数据说话”。因此，学会使用统计分析软件是智库研究人员的基本技能。目前，统计分析软件产品包括 SAS、SPSS、Excel、S-plus、Minitab、Statistica 和 Eviews 等。智库研究人员可以根据实际工作选用这些统计分析软件。

（一）Excel

Excel 是微软公司 Microsoft Office 系列软件之一，具有一定的统计分析功能，自带的数据分析功能可以完成这些专业统计软件有的数据分析工作，包括描述性统计、相关系数、概率分布、均值推断、线性、非线性回归、多元回归分析、时间序列等内容。对于简单的统计分析，Excel 还算方便，但对于复杂的统计分析，就需要使用函数，如数据库函数、日期与时间函数、工程函数、财务函数、信息函数、逻辑函数、查询和引用函数、数学和三角函数、统计函数、文本函数以及用户自定义函数。Excel 可以用来制作统计图表，如曲线图、柱状图、饼图、雷达图等。

（二）SAS

SAS（Statistical Analysis System）是目前国际上最为流行的一款大型统计分析软件，被广泛应用于政府、科技、教育、工业和金融等不同行业。目前，SAS 已在全球 100 多个国家和地区拥有 29000 多个客户群，直接用户超过 300 万人。尽管现在已经尽量“傻瓜化”，但仍然需要一定的训练才可以使用。

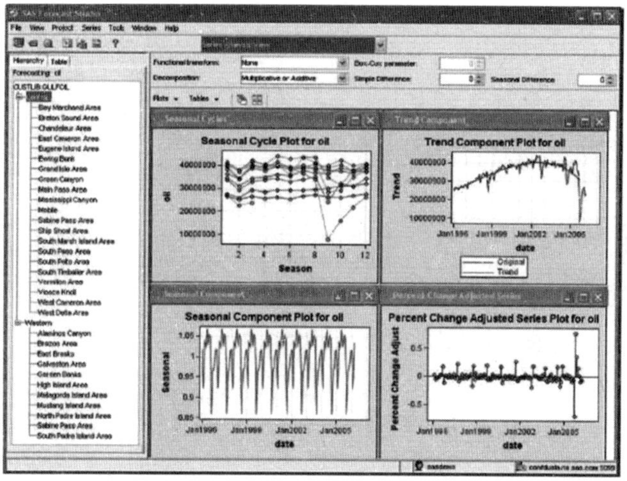

图 8—1　SAS 软件用户界面

SAS 是一个模块化、集成化的大型应用软件系统，由数十个功能模块构成，具有数据访问、数据储存及管理、应用开发、图形处理、数据分析、报告编制、运筹学方法、计量经济学与预测等功能。2016 年，SAS 软件的最高版本是 SAS 9.4。其主要功能模块如下：

（1）Base SAS。这是 SAS 系统的核心，其他各模块均在 Base SAS 提供的环境中运行，用户可选择需要的模块与 Base SAS 一起构成一个用户化的 SAS 系统。Base SAS 作为 SAS 系统的核心，负责数据管理，交互应用环境管理，进行用户语言处理，调用其他 SAS 模块。Base SAS 为 SAS 系统的数据库提供了丰富的数据管理功能，还支持标准的 SQL 语言对数据进行操作。Base SAS 能够制作从简单列表到比较复杂的统计报表。Base SAS 可进行基本的描述性统计及基相关系数的计算，进行正态分布检验等。

（2）SAS/GHAPH。可将数据及其包含着的深层信息以多种图形生动地呈现出来，如直方图、圆饼图、星形图、散点相关图、曲线图、三维曲面图、等高线图及地理图等。SAS/GHAPH 提供一个全屏幕编辑器，提供多种设备程序，支持非常广泛的图形输出设备以及标准的图形交换文件。

（3）SAS/ASSIST。为 SAS 系统提供面向任务的菜单界面，借助它可以通过菜单系统来使用 SAS 系统其他产品。它自动生成的 SAS 程序既可辅助有经验的用户快速编写 SAS 程序，又可帮助用户学习 SAS。

（4）SAS/EIS。这是决策工具，也是一个快速应用开发工具。SAS/EIS 完全采用新兴的面向对象的编程模式（OOP）。EIS 以生动直观的方式（图或表）将关键性或总结性信息呈现给使用者。

（5）SAS/ACCESS。对众多不同格式的数据进行查询、访问和分析，提供了与许多流行数据库软件的接口。利用 SAS/ACCESS，可建立外部其他数据库的一个统一的公共数据界面。SAS/ACCESS 提供的接口是透明的和动态的。用户不必将此文件当作真正存储着数据的 SAS 数据集一样使用，而只需在 SAS 中建立对外部的描述（即 VIEW）文件，便可将此文件当作真正存储着数据的 SAS 数据集一样使用。对一些经常使用的外部数据，可以利用 SAS/ACCESS 将数据真正提取进入 SAS 数据库。SAS/ACCESS 提供的接口是双向的，既可将数据读入 SAS，也可在 SAS 中更新外部数据或将 SAS 数据加载到外部数据库中。SAS/ACCESS 支持的数据库主要有：IML－DL/I，SQL/DS，DB2，ADABAS，Rdb，ORACLE，Sybase，INGRES，Informix，DBF/DIF，ODBC 等。

（6）SAS/STAT。覆盖了所有的实用数理统计分析方法，是国际统计分析领域的标准软件。SAS/STAT 提供了 80 多个过程，可进行各种不同模型或不同特点数据的回归分析，如正交回归/面回归、响应面回归、logistic 回归、非线性回归等，且具有多种模型选择方法。可处理的数据有实型数据、有序数据和属性数据，并能产生各种有用的统计量和诊断信息。在方差分析方面，SAS/STAT 为多种试验设计模型提供了方差分析工具。另外，它还有处理一般线性模型和广义线性模型的专用过程。在多变量统计方面，SAS/STAT 为主成分分析、典型相关分析、判别分析和因子分析提供了许多专用过程。SAS/STAT 还包含多种聚类准则的聚类分析方法。

（7）SAS/QC。为全面质量管理提供了一系列工具。它也提供一套全屏幕菜单系统引导用户进行标准的统计过程以及试验设计。SAS/QC 提供了多种不同类型控制图的制作与分析。Pareto 图（排列图）可用于发现需优先考虑的因素，Ishikawa 图（鱼骨图）可用于直观地进行因果分析。

（8）SAS/ETS。提供丰富的计量经济学和时间序列分析方法，是研究复杂系统和进行预测的有力工具。它提供方便的模型设定手段、多样的参数估计方法。

（9）SAS/OR。提供全面的运筹学方法，是一种强有力的决策支持工具。它辅助人们实现对人力、时间以及其他各种资源的最佳利用。SAS/OR 包含通用的线性规划、混合整数规划和非线性规划的求解，也为专门的规划问题提供更为直接的解决办法，如网络流问题、运输问题、分配问题等。

（10）SAS/IML。提供功能强大的面向矩阵运算的编程语言，帮助用户研究新算法或解决 SAS 中没有现成算法的专门问题。SAS/IML 中的基本数据元素是矩阵。它包含大量的数学运算符、函数和例行程序，用户用很少的语句便可执行很复杂的计算过程。

（11）SAS/WA（Warehouse Administrator）。这是建立数据仓库

的集成工具，它在其他 SAS 软件的基础上提供了一个建立数据仓库的管理层，包括：定义数据仓库和主题，数据转换和汇总，汇总数据的更新，Metadata 的建立、管理和查询，Data marts 和 Info marts 的实现。

SAS 把数据存取、数据管理、数据分析和数据展现有机地融为一体，功能强大，统计方法齐、全、新，使用简便，操作灵活。

SAS 提供了从基本统计数的计算到各种试验设计的方差分析、相关回归分析以及多变数分析的多种统计分析过程，几乎囊括了所有最新分析方法，其分析技术先进、可靠。分析方法的实现通过过程调用完成。许多过程同时提供了多种算法和选项。例如方差分析中的多重比较，提供了包括 LSD、DUNCAN、TUKEY 测验在内的 10 余种方法；回归分析提供了 9 种自变量选择的方法（如 STEPWISE、BACK-WARD、FORWARD、RSQUARE 等）。回归模型中可以选择是否包括截距，还可以事先指定一些包括在模型中的自变量字组（SUBSET）等。对于中间计算结果，可以全部输出、不输出或选择输出，也可存储到文件中供后续分析过程调用。

SAS 以一个通用的数据（DATA）产生数据集，尔后以不同的过程调用完成各种数据分析。其编程语句简洁、短小，通常只需很小的几句语句即可完成一些复杂的运算，得到满意的结果。结果输出以简明的英文给出提示，统计术语规范易懂，具有初步英语和统计基础即可。使用者只要告诉 SAS “做什么”，而不必告诉其“怎么做”。同时 SAS 的设计，使得任何 SAS 能够“猜”出的东西用户都不必告诉它（即无需设定），并且能自动修正一些小的错误（例如将 DATA 语句的 DATA 拼写成 DATE，SAS 将假设为 DATA 继续运行，仅在 LOG 中给出注释说明）。对运行时的错误它尽可能地给出错误原因及改正方法。因而 SAS 将统计的科学、严谨和准确与便于使用者有机地结合起来，极大地方便了使用者。

（三）SPSS

SPSS（Statistical Product and Service Solutions）是世界上最早的统计分析软件，由美国斯坦福大学的三位研究生于 20 世纪 60 年代末研制。1984 年，SPSS 总部首先推出了世界上第一个统计分析软件微机版本 SPSS/PC＋。由于 SPSS 容易操作，输出漂亮，功能齐全，价格合理，很快地应用于自然科学、技术科学、社会科学的各个领域，成为世界上应用最广泛的专业统计软件。SPSS 21.0 版本采用分布式分析架构，是“互联网＋统计”的典型工具。在国际学术交流中，凡是用 SPSS 软件完成的计算和统计分析，可以不必说明算法，可见其影响之大和信誉之高。

SPSS 是世界上最早采用图形菜单驱动界面的统计软件，它最突出的特点就是操作界面极为友好，输出结果美观漂亮。它将几乎所有的功能都以统一、规范的界面展现出来，使用 Windows 的窗口方式展示各种管理和分析数据方法的功能，对话框展示出各种功能选择项。用户只要掌握一定的 Windows 操作技能，精通统计分析原理，就可以使用该软件为特定的科研工作服务。SPSS 采用类似 EXCEL 表格的方式输入与管理数据，数据接口较为通用，能方便地从其他数据库中读入数据。其统计过程包括了常用的、较为成熟的统计过程，完全可以满足非统计专业人士的工作需要。输出结果十分美观，存储时则是专用的 SPO 格式，可以转存为 HTML 格式和文本格式。对于熟悉老版本编程运行方式的用户，SPSS 还特别设计了语法生成窗口，用户只需在菜单中选好各个选项，然后按“粘贴”按钮就可以自动生成标准的 SPSS 程序，极大地方便了中高级用户。

SPSS 是一个组合式软件包，集数据录入、整理、分析功能于一身，具有以下一些优点：

（1）操作简便。界面非常友好，除了数据录入及部分命令程序等少数输入工作需要键盘键入外，大多数操作可通过鼠标拖曳、点击“菜单”“按钮”和“对话框”来完成。

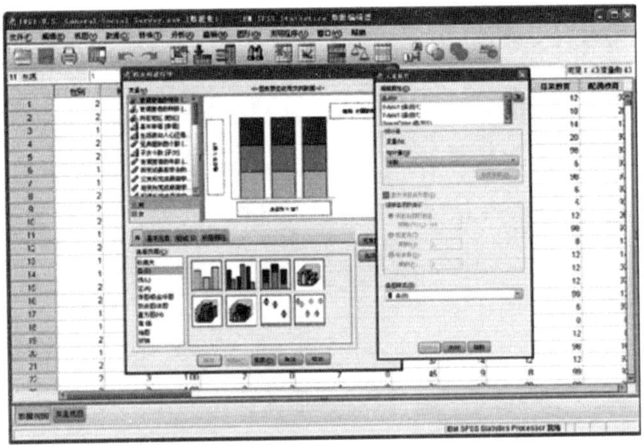

图 8—2　SPSS 软件用户界面

（2）编程方便。只要了解统计分析的原理，无需通晓统计方法的各种算法，即可得到需要的统计分析结果。对于常见的统计方法，SPSS 的命令语句、子命令及选择项的选择绝大部分由“对话框”的操作完成。因此，用户无需花大量时间记忆大量的命令、过程、选择项。

（3）功能强大。具有完整的数据输入、编辑、统计分析、报表、图形制作等功能。自带 11 种类型 136 个函数。SPSS 提供了从简单的统计描述到复杂的多因素统计分析方法，例如数据的探索性分析、统计描述、列联表分析、二维相关、秩相关、偏相关、方差分析、非参数检验、多元回归、生存分析、协方差分析、判别分析、因子分析、聚类分析、非线性回归、Logistic 回归等。

（4）数据接口丰富。能够读取及输出多种格式的文件。例如，由 dBASE、FoxBASE、FoxPRO 产生的 *.dbf 文件，文本编辑器软件生成的 ASCⅡ数据文件，Excel 的 *.xls 文件等均可转换成可供分析的 SPSS 数据文件。能够把 SPSS 的图形转换为 7 种图形文件。结果可保存为 *.txt 及 html 格式的文件。

（5）模块组合多样。SPSS 分为若干功能模块，用户可以根据实际需要选择功能模块。

SPSS 的分析结果清晰、直观、漂亮、易学易用，而且可以直接读取 EXCEL 及 DBF 数据文件。但很难与一般办公软件如 Office 或是 WPS2000 直接兼容，如不能用 Excel 等常用表格处理软件直接打开，只能采用拷贝、粘贴的方式加以交互。在撰写调查报告时往往要用电子表格软件及专业制图软件来重新绘制相关图表。与 SAS 和 BMDP 相比，SPSS 的统计分析功能仍有一定欠缺。

对于统计样本多、数据量大的情况，智库研究人员可以选用 SAS 或 SPSS 等进行非常专业的统计分析。而对于统计样本少、数据量小的情况，智库研究人员可以选用 Excel 进行简单的统计分析。

第九章　互联网时代的智库研究

互联网不仅是当今人类社会最重要的基础设施之一，也是引发政治、经济和社会等领域变革的重要力量。互联网在重塑人类的经济、政治、文化、社会和生态新格局的同时，也对智库建设提出了新的机遇和挑战。互联网对智库研究来说，不仅能够提供一系列新的研究方法和传播手段，而且还能催生新的科研思维方式和组织形式。智库研究如果不适应互联网的大趋势，就可能丧失地位、丧失未来。

一、互联网发展历程和现状

1969 年，美国国防部高级研究计划局（Advanced Research Projects Agency，ARPA）建立了阿帕网（ARPAnet），标志着互联网的诞生。1983 年，ARPA 和美国国防部通信局研制成功了用于异构网络的 TCP/IP 协议，标志着现代意义互联网的出现。1989 年，WWW 出现。1991 年，美国三家公司分别经营的 CERFnet、PSInet 和 Alternet 网络，可以在一定程度上向客户提供互联网服务，标志着互联网进入商业化应用时代。

互联网已经经历了 Web 1.0 和 Web 2.0 时代，目前正向 Web 3.0 时代迈进。Web 1.0、Web 2.0 和 Web 3.0 的区别如表 9—1 所示。

表 9—1 互联网三个发展阶段

发展阶段	时间	主要特征
Web 1.0	1994—2000 年	窄带接入，以电子邮件、BBS、单向信息发布网站等应用为主
Web 2.0	2001—2006 年	宽带接入，以搜索引擎、多媒体、电子商务、双向交互网站等应用为主
Web 3.0	2007 年至今	高速宽带接入、无线网络接入，以 App、社交网络、物联网、云计算、大数据等应用为主

在 Web 1.0 时代，用户主要通过浏览器获取互联网上的信息。在 web 2.0 时代，用户不仅可以浏览信息，还可以发布信息。打个比方，Web 1.0 主要是“读”，而 Web 2.0 既可以“读”又可以“写”，网民成为互联网信息的制造者。在 Web 2.0 时代，用户在互联网上的作用越来越大。他们贡献内容，传播内容，而且提供了这些内容之间的链接关系和浏览路径。

如果说 Web 2.0 是使用互联网把人与人联系起来，而 Web 3.0 则是使用互联网把信息与信息联系起来。Web 2.0 只是简单地查找出现搜索框中的关键字的众多网页，而无法告诉某网页是不是真与你搜索的东西相关。Web 3.0 引入了语义网，不但能找到出现搜索词中的关键字的网页，还能理解你搜索请求的具体语境。它会返回相关结果，并建议关注与搜索词有关的其他内容①。

Web 3.0 让用户拥有了一个贴身的私人助理。用户只要发出一个简单指令，剩下的事情就交给互联网处理：互联网会根据用户的偏好确定搜索参数，以缩小搜索范围。然后，浏览器程序会收集并分析数据并提供给用户。例如，您想去海南旅游，为这趟旅行你准备了 2 万元的预算。你想住好的酒店，又不想太花钱，还想要一张便宜的机票。在 Web 2.0 时代，你不得不进行多次搜索：你要搜索海南景点，搜索去海南的航班，搜索合适的酒店，搜索潜水项目等。你要把很多时间

① 参见〔美〕大卫·西格尔著，管策译：《Web 3.0：互联网的语义革命》，科学出版社 2013 年版，第 119 页。

花在查阅各个搜索结果网页上，整个过程可能要花好几个小时。而在 Web 3.0 时代，你只要输入“海南度假，花费低于 2 万元”，Web 3.0 搜索引擎会自动生成一份旅行建议单，向您推荐海南景点、机票、酒店、潜水项目等。

1994 年 4 月 20 日，中国接入国际互联网，成为国际互联网大家庭中的第 77 个成员，中国正式进入互联网时代。1995 年，邮电部开始提供互联网接入服务，中国出现第一家互联网企业——瀛海威。1996 年，中国出现第一个网吧——位于北京首都体育馆西门附近的北京实华开网络咖啡屋。1999 年，“政府上网工程”启动，中华网在美国纳斯达克上市。

2000 年，“企业上网工程”启动。2001 年底，中国十大骨干互联网签署互联互通协议，中国网民可以便捷地跨地区访问互联网。2003 年，中国下一代互联网示范工程启动。2004 年，中国顶级域名 .CN 服务器 IPv6 地址成功登录到全球域名根服务器。2009 年，3G 牌照发放，标志着中国进入移动互联网时代。2013 年，4G 牌照发放。

根据中国互联网络信息中心发布的《第 39 次中国互联网络发展状况统计报告》。截至 2016 年 12 月，中国 IPv4 地址数量为 3.38 亿，拥有 IPv6 地址 21188 块/32。中国域名总数为 4228 万个，其中“.CN”

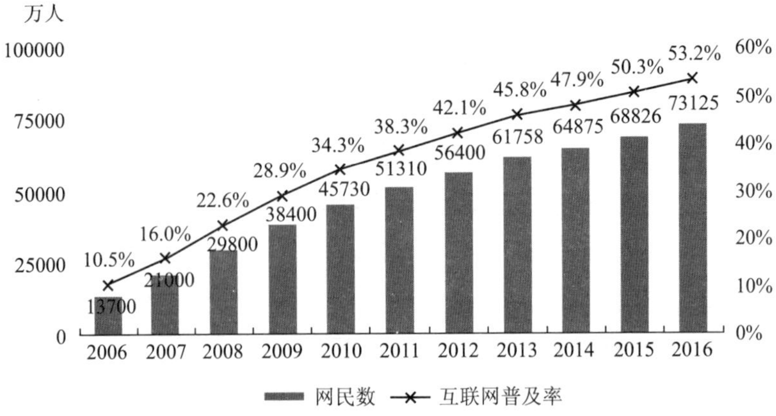

图 9—1　2006—2016 年中国网民规模和互联网普及率

域名总数为2061万个，在中国域名总数中占比达48.7%。中国网站总数为482万个，其中“.CN”下网站数为259万个。国际出口带宽为6485Gbps。中国网民规模达7.31亿，互联网普及率为53.2%。中国手机网民规模达6.95亿，网民中使用手机上网的人群占比达95.1%。

图9—2 2007—2016年中国手机网民规模及其占网民比例

从各省、自治区、直辖市的互联网普及情况来看，2016年网络普及率排名前三位分别是北京、上海、广东，后三位分别是云南、甘肃和贵州。

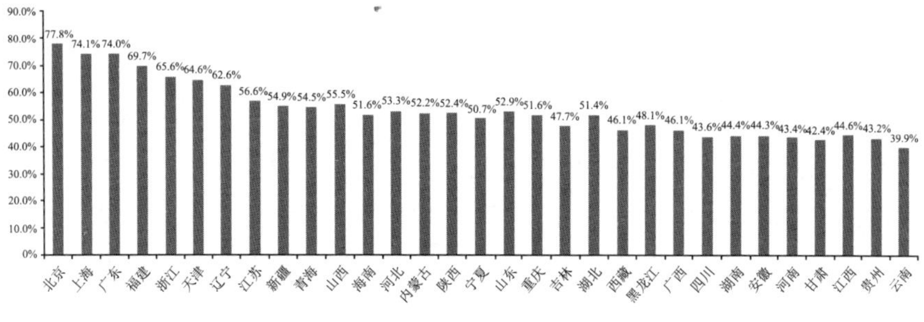

图9—3 2016年中国各省份互联网普及率

20多年来，互联网深刻改变着中国人的生活，成为中国国民经济和社会发展的重要驱动力。人们衣食住行、吃喝玩乐、生老病死等方面的许多事情，都可以在网上预约、购买，如使用手机客户端（App）买衣服、订餐、租房、叫车、听音乐、看电影、挂号等。

二、“互联网＋”创新智库发展模式

“互联网＋”是指互联网与各行各业的融合发展，创新企业的生产方式、管理方式和商业模式，创新政府工作模式，改变人们的生产、生活方式。2015 年 3 月，李克强总理第一次从官方层面提出“互联网＋”。党的十八届五中全会提出实施“互联网＋”行动计划。目前，互联网与许多行业实现了融合，如电子商务、互联网金融、“互联网＋政务服务”等。

我国已经步入互联网时代，“互联网＋”是体现中国特色新型智库“新”字的重要内容。推动“互联网＋智库”发展，有利于创新智库知识生产方式、创新智库成果传播方式、创新智库经营管理方式，全面提升智库成果创造、运用、管理、保护和服务水平。

（一）“互联网＋”创新智库知识生产方式

衡量一个智库是不是“高端智库”，关键是看这个智库有多少具有原创性、高质量、高水平的研究成果。在互联网时代，智库研究人员可以充分利用互联网查阅文献资料，开展调查研究，进行大数据分析，提升研究水平。

阅读相关文献资料是智库研究人员开展政策研究的基础性工作。与传统人工翻阅式的文献资料查找方法相比，利用互联网检索文献资料不但效率高，省时省力，而且可以节省期刊购买、人员差旅等成本。智库研究人员可以在美国的 EBSCO、中国的知网等文献在线服务平台查阅相关文献资料。

“没有调查，没有发言权”。[1] 调查研究也是智库研究人员开展政

[1] 《毛泽东选集》第 1 卷，人民出版社 1991 年版，第 109 页。

策研究的基础性工作。社会调查对样本数量、结构等有一定的要求。传统人工调查方式成本高、耗时长，而采用网上调查方式不但成本低、效率高，而且样本量大、调查对象丰富。这是因为网民数量多，不同地方、不同年龄、不同职业的网民都可以参与。

掌握现代化的研究工具，智库提升研究水平的重要手段。近年来，大数据分析正逐渐成为智库研究的重要工具。通过大数据分析，可以让智库研究人员了解某项公共事务的发展现状、主要特点、存在问题、发展趋势等，以便有针对性地提出对策措施，提高政策研究成果的科学性、合理性。

在利用信息化、互联网手段开展智库研究方面，我国与欧美发达国家还存在很大的差距。例如，了解一个国家的历史是制定外交政策的重要前提，重要历史人物是影响历史进程的重要力量。哈佛大学根据《史记》、二十四史、其他重要历史典籍等中国历史文献上的历史人物信息，建立了中国历史人物数据库，把中国每个重要历史人物与其他历史人物、历史事件关联起来，使美国研究人员可以通过开展大数据分析来研究中国历史重大事件的发生发展规律。在人文社会科学领域，国内大学相关院系和研究机构对信息化、互联网缺乏了解，缺少专业技术人员，许多研究人员缺少信息化、互联网专业知识背景，还停留在传统的思辨和定性研究模式上。

（二）“互联网＋”创新智库经营管理方式

智库的非营利性并不等于不盈利，而是不以营利为目的。除了财政拨款、社会资助和捐赠以外，在线销售研究成果是智库获取经济来源的重要方式。国务院发展研究中心等一些智库允许用户在支付一定的费用之后，在线浏览和下载智库提供的研究报告。一些智库建立了办公自动化（OA）系统、客户关系管理（CRM）系统、项目管理系统等先进的管理信息系统，提高了智库管理的规范化、精细化水平。

（三）“互联网+”创新智库成果传播方式

智库的最终目标在于通过决策咨询帮助服务对象改进决策水平，提高决策质量。而要实现这个目标，就必须做好研究成果的推销、转化和应用工作。智库研究成果的广泛传播，成为其与学术界、新闻界、实业界、广大民众以及官方联系的纽带，使更多的人了解智库的目标和思想精髓所在，通过引导舆论和社会思潮达到最终影响政府决策的目的。同时，也可以借此扩大智库的社会影响，提高智库的声誉。因此，智库都很重视其思想和研究成果的传播。

发行和传播出版物既是智库扩大影响的主要方式，也是其收入的来源之一。智库的出版物有如下一些类别：

（1）期刊。如美国外交关系委员会（Council on Foreign Relations）主办的《外交》、卡内基国际和平基金会（Carnegie Endowment for International Peace）的《外交政策》、战略与国际研究中心（Center for Strategic and International Studies）的《华盛顿季刊》、布鲁金斯学会的《布鲁金斯评论》、兰德公司的《兰德评论》等，在世界上均具有极为广泛的影响。

（2）图书。1957年，美国外交关系委员会成员基辛格写出《核武器与对外政策》一书，提出了“有限核战争”的思想，从而使肯尼迪政府改变了“大规模报复战略”而采用“灵活反应战略”。布鲁金斯学会每年出版50本新书，大多是就商业、经济、政府和国际事务等重要公共政策问题提供介绍和建议；兰德公司也出版了许多书。布鲁金斯学会出版社每年还会一如既往地出版学者的专著，但是运行模式将会向数字作品转型。其中一个工作就是学会将以电子版形式重新出版一批对当前时事仍具有社会影响力的、开创性的经典著作，为学会解决棘手公共政策问题提供指导与借鉴。

（3）研究报告。这是智库发挥作用的一种很重要的方式，通常是选择重大的、紧迫的政策性问题，组织力量和专门班子加以研究，写成研究报告，并广为散发传播，对政府官员施加影响。兰德公司平均每年发布350～450份研究报告。严重影响中美关系的“中国威胁论”便是起因于1992年传统基金会发布的《芒罗报告》。

（4）快报和简报。以比较快捷的手段就当前重要政策问题发表本机构研究人员的见解，引导公众和舆论。例如，布鲁金斯学会在1999年就中国加入世界贸易组织（WTO）问题发表了数篇分析性的快报文章。布鲁金斯学会的《政策简报》不定期出版，用页寥寥数千字的凝练报告呈现出布鲁金斯学会专家学者对各种热点问题的真知灼见①。

为了互通信息、交流思想，智库经常定期举办一些诸如论坛、研讨会、报告会、培训班和答谢宴会等活动。例如，布鲁金斯学会每年在各地召开100多次研讨会，加强与政界人士、专家学者的联系。布鲁金斯学会还由理事长主持召开每月一次的形势研讨会，经常邀请政府首脑来参加，共同探讨国际国内发展形势和相关的问题，由此影响政府的政策制定。外交关系委员会研究计划中一直不间断的一项活动是请外国著名领袖和国际组织领导人发表演讲，使自己成为一个世界人物的聚会场所。通过这些活动，智库可以及时地了解到政府的政策走向，从而使其研究同步，甚至超前于这种走向；而政府则可以及时从智库汲取研究成果。

智库专家还常常通过在电视、电影、报纸等大众媒体中的频频亮相来显示自己的影响力。通过媒体强有力的听觉和视觉效果，一方面可以引发社会公众对于某一问题的关注；另一方面通过全民关注，形成有利于其政策被决策者采纳的公众舆论，从而间接地影响着国家政治决策。

与出版期刊、图书、研究报告、快报和简报等出版物，以及举办论坛、研讨会、报告会、培训班和答谢宴会等传统智库研究成果传播方式相比，网络传播具有传播速度快、传播范围广等优势。目前，兰德公司、布鲁金斯学会等世界知名智库都通过网站以及Facebook、

① 参见李婧：《美国智库决策研究的运行机制——以布鲁金斯学会为例的个案研究》，《社会科学管理与评论》2013年第3期。

Twitter 和 YouTube 等网络新媒体传播自己的研究成果，扩大自己的影响力。例如，兰德公司通过网络免费向社会提供大量的研究成果，这也是兰德施加社会影响的重要途径之一。

推动“互联网+智库”发展，需要相关政府部门、智库和信息通信技术（ICT）企业的共同努力。

对于政府部门，要加强智库知识产权保护，依法依规开放公共数据资源。建设创新型国家，实施创新驱动战略，关键是要加强知识产权保护。研究报告等研究成果是智库的知识产权。要把智库研究成果保护纳入知识产权网上投诉举报和维权援助平台，严厉打击侵犯智库知识产权的行为，把侵权行为作为不良信用记录纳入信用数据库和信用信息平台。

智库提出的政策建议要“用数据说话”，而不是研究人员的凭空想象。目前，我国各级政府部门及其下属的行政事业单位掌握着大量的公共数据资源，这些公共数据资源对于智库研究十分有价值。例如，研究城市交通拥堵需要了解这个城市人口分布、路网结构、交通工具、路况等。《国务院关于积极推进“互联网+”行动的指导意见》提出“推动数据资源开放”。有关部门应尽快研究制定《公共数据资源开放条例》及其实施细则，使各级政府部门及其下属的行政事业单位通过互联网依法依规开放公共数据资源。

对于智库，要加强信息化、互联网知识和技能培训，使智库研究人员掌握网络文献资料检索方法、网上调查方法、SPSS 统计分析软件使用方法、大数据分析方法等。购买国内外相关文献在线检索服务，方便智库研究人员根据需要检索相关资料。开通网站、微博和微信公众号，开发客户端（App）供用户下载使用，开展网络营销，让潜在用户及时了解智库的最新研究成果。

通过信息化促进智库管理升级。对研究课题进行项目化管理，建立项目管理系统，实现项目从立项、执行到验收的全程管理。建立研究成果管理系统，对研究成果进行分类管理、统计分析。建立研究成果在线销售系统，让用户选择服务等级，在线支付相应的服务费，获得相应的研究成果下载和浏览权限。服务费可以按年收，也可以按季度或月收。还可以把研究报告作为商品销售，用户在线支付相应的费用后再下载该文件。建立移动办公系统，推进智库管理信息系统移动化，让智库管理人员随时随地掌握相关信息、处理相关事务。

对于 ICT 企业，要利用互联网创新商业模式。例如，建立智库网络信息平台，通过互联网整合智库资源，促进智库和党政部门供需对接。为智库建设网站，开发 App，建立管理信息系统，提供文献资料在线服务，研发大数据分析软件。

三、文献资料的网络检索

（一）国内文献资料网络检索平台

1. 中国知网

国家知识基础设施（National Knowledge Infrastructure，CNKI）的概念，由世界银行提出于 1998 年。CNKI 工程是以实现全社会知识资源传播共享与增值利用为目标的信息化建设项目，由清华大学、清华同方发起，始建于 1999 年 6 月。

图 9—4 中国知网网站

在党和国家领导以及教育部、中宣部、科技部、新闻出版总署、国家版权局、国家计委的大力支持下，在全国学术界、教育界、出版界、图书情报界等社会各界的密切配合和清华大学的直接领导下，CNKI 工程集团经过多年努力，采用自主开发并具有国际领先水平的数字图书馆技术，建成了世界上全文信息量规模最大的“CNKI 数字图书馆”，并正式启动建设《中国知识资源总库》及 CNKI 网格资源共享平台，通过产业化运作，为全社会知识资源高效共享提供最丰富的知识信息资源和最有效的知识传播与数字化学习平台。

CNKI 工程的具体目标，一是大规模集成整合知识信息资源，整体提高资源的综合和增值利用价值；二是建设知识资源互联网传播扩散与增值服务平台，为全社会提供资源共享、数字化学习、知识创新信息化条件；三是建设知识资源的深度开发利用平台，为社会各方面提供知识管理与知识服务的信息化手段；四是为知识资源生产出版部门创造互联网出版发行的市场环境与商业机制，大力促进文化出版事业、产业的现代化建设与跨越式发展。

凭借优质的内容资源、领先的技术和专业的服务，中国知网在业界享有极高的声誉，在 2007 年，中国知网旗下的《中国学术期刊网络出版总库》获首届“中国出版政府奖”，《中国博士学位论文全文数据库》《中国年鉴网络出版总库》获提名奖。这是中国出版领域的最高奖项。国家“十一五”重大网络出版工程——《中国学术文献网络出版总库》也于 2006 年通过新闻出版总署组织的鉴定验收。

通过与期刊界、出版界及各内容提供商达成合作，中国知网已经发展成为集期刊杂志、博士论文、硕士论文、会议论文、报纸、工具书、年鉴、专利、标准、国学、海外文献资源为一体的、具体国际领先水平的网络出版平台。中心网站的日更新文献量达 5 万篇以上。

基于海量的内容资源地增值服务平台，任何人、任何机构都可以在中国知网建立自己个人数字图书馆，定制自己需要的内容。越来越多的读者将中国知网作为日常工作和学习的平台。

中国知识资源总库提供 CNKI 源数据库、外文类、工业类、农业类、医药卫生类、经济类和教育类多种数据库。其中综合性数据库为中国期刊全文数据库、中国博士学位论文数据库、中国优秀硕士学位论文全文数据库、中国重要报纸全文数据库和中国重要会议论文全文数据库。每个数据库都提供初级检索、高级检索和专业检索三种检索功能。高级检索功能最常用。

2. 万方数据

万方数据股份有限公司是国内第一家以信息服务为核心的股份制高新技术企业，是在互联网领域，集信息资源产品、信息增值服务和信息处理方案为一体的综合信息服务商。公司目前有六家股东单位：中国科技信息研究所、中国文化产业投资基金、中国科技出版传媒有限公司、北京知金科技投资有限公司、四川省科技信息研究所和科技文献出版社。

公司以客户为导向，依托强大的数据采集能力，应用先进的信息处理技术和检索技术，为科技界、企业界和政府部门提供高质量的信息资源产品。在丰富信息资源的基础上，万方数据还运用先进的分析和咨询方法，为用户提供信息增值服务，并陆续推出企业竞争情报系统、通信、电力和医药行业竞争情报系统等一系列信息增值产品，以满足用户对深度层次信息和分析的需求，为用户确定技术创新和投资方向提供决策。

在为用户提供信息内容服务的同时，作为国内第一批开展互联网服务的企业之一，万方数据坚持以信息资源建设为核心，努力发展成为中国第一的信息服务提供商，开发独具特色的信息处理方案和信息增值产品，为用户提供从数据、信息到知识的全面解决方案，服务于国民经济信息化建设，推动中国全民信息素质的成长。

万方数据库是由万方数据公司开发的，涵盖期刊、会议纪要、论文、学术成果、学术会议论文的大型网络数据库；也是和中国知网齐名的中国专业的学术数据库。集纳了理、工、农、医、人文五大类 70 多个类目共 7600 种万方数据科技类期刊全文。

《中国学术会议论文全文数据库》是国内唯一的学术会议文献全文

图 9—5　万方数据网站

数据库，主要收录 1998 年以来国家级学会、协会、研究会组织召开的全国性学术会议论文，数据范围覆盖自然科学、工程技术、农林、医学等领域，是了解国内学术动态必不可少的帮手。《中国学术会议论文全文数据库》分为两个版本：中文版、英文版。“英文版”主要收录在中国召开的国际会议的论文，论文内容多为西文。

《中国学位论文全文数据库》是万方数据股份有限公司受万方数据库中国科技信息研究所委托加工的“中国学位论文文摘数据库”，该数据库收录我国各学科领域的学位论文。

3. 维普资讯

重庆维普资讯有限公司的前身为中国科技情报研究所重庆分所数据库研究中心，是中国第一家进行中文期刊数据库研究的机构。作为中国数据库产业的开拓者，数据库研究中心于同年自主研发并推出了《中文科技期刊篇名数据库》，成为是中国第一个中文期刊文献数据库，也是中国最大的自建中文文献数据库。它的问世标志着我国中文期刊检索在实现计算机自动化方面达到了一个领先的水平，也结束了我国中文科技期刊检索难的历史。

针对全国高等院校、公共图书馆、情报研究机构、医院、政府机关、大中型企业等各类用户的需求，重庆维普资讯有限公司又陆续推

图 9—6 维普资讯网站

出了《中文科技期刊数据库》《中国科技经济新闻数据库》《中文科技期刊数据库（引文版）》《外文科技期刊数据库》《中国科学指标数据库》、智立方文献资源发现平台、中文科技期刊评价报告、中国基础教育信息服务平台、维普-Google 学术搜索平台、维普考试资源系统、图书馆学科服务平台、文献共享服务平台、维普期刊资源整合服务平台、维普机构知识服务管理系统、文献共享平台、维普论文检测系统等系列产品，受到了用户的广泛赞誉。

维普资讯网（www. cqvip. com）建立于 2000 年。经过多年的商业运营，维普资讯网已经成为全球著名的中文专业信息服务网站，以及中国最大的综合性文献服务网站。陆续建立了与谷歌学术搜索频道、百度文库、百度百科的战略合作关系。网站目前遥遥领先数字出版行业发展水平，数次名列中国出版业网站百强，并在中国图书馆业、情报业网站排名中名列前茅。

经过多年的运营，维普资讯有限公司已经从信息内容服务提供商，发展成为以提供信息资源产品为主，同时以提供信息内容管理及服务一体解决方案的综合信息服务提供商。在“博衍天下智慧　助推中国创新”的理念指导下不断进取，为中国先进科技文化知识的传播和科技创新不断作出贡献。

维普网是 Google Scholar 最大的中文内容合作网站。其所依赖的

《中文科技期刊数据库》，是中国最大的数字期刊数据库，该库自推出就受到国内图书情报界的广泛关注和普遍赞誉，是我国网络数字图书馆建设的核心资源之一，广泛被我国高等院校、公共图书馆、科研机构所采用，是高校图书馆文献保障系统的重要组成部分，也是科研工作者进行科技查证和科技查新的必备数据库。现已拥有包括港澳台地区在内5000余家企事业集团用户单位，网站的注册用户数超过300余万，累计为读者提供了超过2亿篇次的文章阅读服务。实践了以信息化服务社会，推动中国科技创新的建站目标。

为了助推中国科技创新，倡导一种将科技服务于大众的信息文化，将电子期刊数据库推向多样化、层次化、专业化。从科技期刊到报纸、从中文期刊到外文期刊、从提供海量的期刊资源到提供更专业的行业信息资源系统服务，维普人一直在不断地开拓创新！迄今为止，维普公司收录有中文报纸400种、中文期刊12000多种、外文期刊6000余种；已标引加工的数据总量达1500万篇、3000万页次、拥有固定客户5000余家，在国内同行中处领先地位。维普数据库已成为我国图书情报、教育机构、科研院所等系统必不可少的基本工具和获取资料的重要来源。

4. 国家哲学社会科学学术期刊数据库

“国家哲学社会科学学术期刊数据库（www. nssd. org)”是由全国哲学社会科学规划领导小组批准建设，中国社会科学院承建的国家级、开放型、公益性的哲学社会科学信息平台，具体责任单位为中国社会科学院图书馆（调查与数据信息中心)。

“国家哲学社会科学学术期刊数据库（www. nssd. org)”作为国家社会科学基金特别委托项目，于2012年3月正式启动，系统平台于2013年7月16日上线开通。2014年1月13日第二版上线，2014年6月14日再次全面升级，推出第三版。

国家哲学社会科学学术期刊数据库旨在建设成为我国国内最大的公益性社会科学精品期刊数据库，最大的社会科学开放获取平台，实现学术资源的开放共享，为学术研究提供有利的基础条件，促进学术

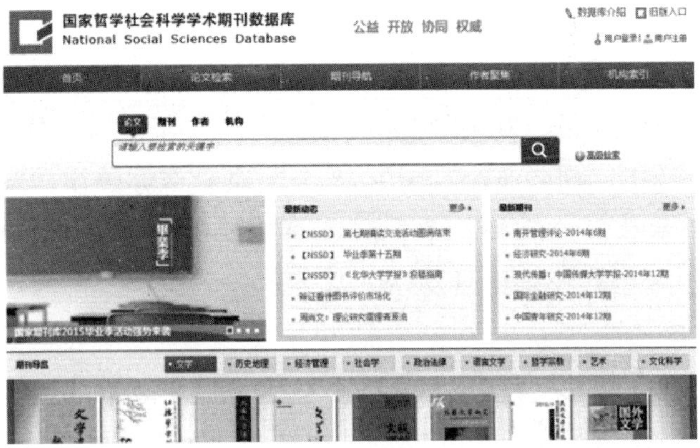

图 9—7　国家哲学社会科学学术期刊数据库网站

成果的社会传播，推动我国哲学社会科学繁荣发展、走向世界。

数据库目前收录精品学术期刊数百种，论文数百万篇。包括国家社科基金遴选并重点资助的国内顶级社科类学术期刊 200 种，中国社会科学院主管主办期刊 70 多种，收录期刊绝大部分入选中国社会科学院、北京大学、南京大学三大评价体系的核心期刊。

数据库提供人性化、多样化的功能服务，具体包括：多种期刊导航和信息检索方式，免费在线阅读和全文下载，检索结果可进行聚类统计分析、多种排序、多种分面显示、导出等，为用户提供多种实用功能：历史记录查询、定制推送、收藏订阅等，提供期刊评价（《中国人文社会科学核心期刊要览》合作伙伴）和个人学术评价，建设哲学社会科学研究领域学者库和机构库，等等。

（二）国外文献资料网络检索平台

发达国家还重视建立各种数据库和联机检索系统为智库搜集、处理和提供信息。在美国就有 4000 多个数据库，约占全球数据库总量的近 80%，驰名于世的大型联机检索系统有 10 余个[①]。

---

① 郑海峰：《全球著名智库发展经验及其对我国的启示》，《能源技术经济》2012 年第 5 期。

1. EBSCO

EBSCO Industries，Inc. 是一家主要从事文献信息服务的跨国公司。主要产业有：由 Elton B. Stephens 于 1944 年建立，总部位于美国阿拉巴马州伯明翰市。EBSCO 在 23 个国家设有办公室，服务于全球 200 个国家和地区的客户。主要服务对象是研究型大学、科学院所、政府部门、大型医疗机构以及公司等。

EBSCO 检索平台拥有学术期刊全文数据库（Academic Source Complete）、商业资源数据库（Business Source Premier）、大众传媒全文数据库（Communication & Mass Media Complete，CMMC）、ERIC（Education Resource Information Center）、MEDLINE、Newspaper Source、Regional Business News、Library，Information Science & Technology Abstracts（LISTA）、GreenFile、Teacher Reference Center、EBSCO 电子图书、威尔逊全文期刊精选库、威尔逊艺术全文数据库、威尔逊图书评论摘要增强版数据库 14 个数据库。

图 9—8　EBSCO 网站

学术期刊全文数据库收录 12800 多种期刊，包括 8700 多种全文期刊（其中 7613 种为专家评审期刊 peer-reviewed），553 种非期刊类全文出版物（如图书、报告及会议论文等）。收录文献的主题范畴：社会科学、教育、法律、医学、语言学、人文、工程技术、工商经济、信息科技、通讯传播、生物科学、教育、公共管理、社会科学、历史学、计算机、科学、传播学、法律、军事、文化、健康卫生医疗、宗教与神学、生物科学、艺术、视觉传达、表演艺术、心理学、哲学、妇女研究、各国文学等。收录年限：1887 年至今。

商业资源数据库收录 3319 种期刊索引及摘要，其中 2300 种为全文期刊（包括 1100 多种同行评审全文期刊）及 1 万多种非刊全文出版物（如案例分析、专著、国家及产业报告等）。独特的全文期刊如 Harvard Business Review，Administrative Science Quarterly，Academy of Management Journal，Academy of Management Review，Journal of Marketing，Journal of Marketing Research（JMR），MIS Quarterly，Communications of the ACM，International Journal of Production Research 等。同时收录 Business Monitor International，CountryWatch Incorporated，Datamonitor PLC，EIU：Economist Intelligence Unit，Global Insight Inc. ICON Group International，Inc. PRS Group，Inc.（Political Risk Yearbook）等 1400 种各种知名出版社的国家/地区报告（全文）。收录文献的主题范畴：金融、银行、国际贸易、商业管理、市场行销、投资报告、房地产、产业报导、经济评论、经济学、企业经营、财务金融、能源管理、信息管理、知识管理、工业工程管理、保险、法律、税收、电信通讯等。收录年限：1886 年至今。

大众传媒全文数据库收录美国传播协会（National Communication Association）、国际商业交流学会（International Association of Business Communicators）、美国营销学会（American Marketing Association）、新闻传媒教育学会（Association for Education in Journalism & Mass Communication）、Blackwell Publishing Limited、剑桥大学出版社（Cambridge University Press/UK）、加拿大传播期刊（Canadian Journal of Communication）、哥伦比亚新闻业评论（Columbia Journalism Review）、报纸研究期刊（Newspaper Research Journal）、施普林格科学与商业媒体（Springer Science & Business Media B. V.）、影视大学协会（University Film & Video Association）、世界传播协会

（World Communication Association）等著名学协会及出版社的 820 多种期刊，其中 500 种为全文收录。

ERIC 是美国教育部的教育资源信息中心数据库，收录 980 多种教育及教育相关的期刊文献的题录和文摘。收录年限：1966 年至今。

MEDLINE 由美国 National Library of Medicine 创建，采用了包含树、树层次结构、副标题的 MeSH（医学主题词表）索引方法，可从 4800 多种医学期刊中检索文献。

Newspaper Source 收录 40 多种美国和国际报纸以及精选的 389 种美国宗教报纸全文；此外还提供电视和广播新闻脚本。

Regional Business News 提供美国城市和乡村的 75 种商业期刊以及报纸和新闻。数据库每日更新。

LISTA 收录期刊、图书、研究报告。包括 240 多种期刊的全文。主题涉及图书分类、目录、书目计量、在线信息检索、信息管理等。收录年限：1960 年至今。

GreenFile 提供人类对环境产生的影响的深入研究信息；包括全球变暖、绿色建筑、污染、可持续农业、再生能源、资源回收等。

Teacher Reference Center 提供 280 多种最畅销的教师和管理者期刊的索引和摘要，旨为专业教育者提供帮助。

EBSCO 电子图书提供 30 多万种电子图书，涉及各个主题并涵盖多学科领域。除英文电子书外还收录法文、德文、日文和西班牙文。除提供全文的电子书外，还提供 16000 多种有声电子图书。EBSCO eBooks 电子书可以直接进行检索，不需要安装任何阅读软件即可阅读、保存和打印，每次可保存、打印 15 页或更多。

威尔逊全文期刊精选库收录期刊近 3000 种。内容覆盖应用科技、艺术、生物农业、教育、普通科学、人文、社会科学、法律、图书馆与信息情报学、商业等几乎所有学科领域。文献最早回溯至 1981 年。提供 HTML 全文以及可以下载的 MP3 音频文件。HTML 全文可即时译成包括简繁体中文在内的 12 国语言。

威尔逊艺术全文数据库收录 600 余种期刊的全文及文摘，其中

260 种期刊为同行评审期刊，文献最早回溯至 1984 年。为多语种资源，全文可译为英语、法语、德语、意大利语、西班牙语等；另外收录 1.8 万余篇学位论文，覆盖艺术领域各个学科：广告艺术、考古学、建筑和建筑史、艺术史、电影与电视、博物馆学、摄影等。

威尔逊图书评论摘要增强版数据库收录涉及图书评论的 8000 余种期刊，包括小说及非小说类文学作品的书评。共提供 22 万余篇书评全文；涉及近 80 万本图书；同一本书的全部评论与该书显示于同一界面；被评论书籍摘要均由威尔逊公司专业人士撰写；适合各年龄段读者。

2. Springer Link

德国斯普林格（Springer-Verlag）出版社是世界上最大的科技出版社之一，它有着 150 多年发展历史，以出版学术性出版物而闻名于世，它也是最早将纸本期刊做成电子版发行的出版商。Springer Link 系统就是通过 www 发行的电子全文期刊检索系统，该系统目前包括 490 多种期刊的电子全文，其中 390 多种为英文期刊。根据期刊涉及的学科范围，LINK 将这些电子全文期刊划分成 11 个出色的《在线图书馆》，分别是：化学、计算机科学、经济学、工程学、环境科学、地理学、法学、生命科学、数学、医学、物理学和天文学。

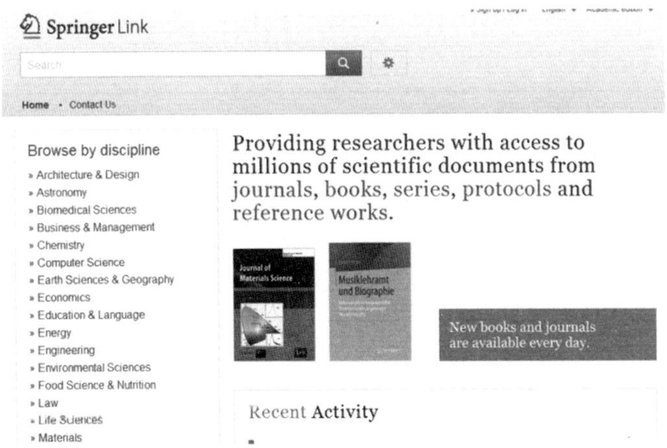

图 9—9 Springer Link 网站

德国斯普林格出版社通过 Springer Link 系统提供其学术期刊及电子图书的在线服务，该数据库包括了各类期刊、丛书、图书、参考工具书以及回溯文档。这些期刊和图书分为 13 个学科：建筑和设计；行为科学；生物医学和生命科学；商业和经济；化学和材料科学；计算机科学；地球和环境科学；工程学；人文、社科和法律；数学和统计学；医学；物理和天文学；计算机职业技术与专业计算机应用。Springer 电子期刊，读者通过 SpringerLink 平台可以访问、下载 1997 年至今的 1375 种 Springer 电子期刊全文。Springer 电子图书，读者通过 SpringerLink 平台可以访问、下载 2008—2010 版权年 Springer 出版的约 11027 种英文电子书。学科涉及 12 个大学科，化学与材料科学、工程学、数学与统计学、资源环境与地球科学、计算机科学、物理学与天文学、专业电脑和计算机应用、行为科学、商业与经济管理、人文社科、法律、哲学、生命科学、医学，其中包括了 2005—2011 版权年出版的 Lecture Notes in Computer Science（计算机科学讲义）、Lecture Notes in Mathematics（数学讲义）、Lecture Notes in Physics（物理学讲义）和 Lecture Notes in Earth Science（地球科学讲义）、Studies in Computational Intelligence、Topics in Current Chemistry 等著名丛书。2002 年 7 月开始，Springer 公司在中国开通了 Springer Link 服务。

3. Wiley Online Library

John Wiley&Sons Inc. 创立于 1807 年，是全球历史最悠久、最知名的学术出版商之一，在化学、生命科学、医学以及工程技术等领域学术文献的出版方面颇具权威性。2007 年 2 月，John Wiley&Sons Inc. 与 Blackwell 出版社合并，两个出版社的出版物整合到同一平台上提供服务。Wiley Online Library 是一个综合性的网络出版及服务平台，在该平台上提供全文电子期刊、在线图书、在线参考工具书以及实验室指南的服务。目前校园网用户可访问图书馆订购的这四类资源，涉及化学、物理、工程、农业、兽医学、食品科学、医学、护理、口腔、生命科学、心理、商业、经济、社会科学、艺术、人类学等学科。

图 9—10 Wiley Online Library 网站

4. Elsevier

荷兰爱思唯尔（Elsevier）出版集团是全球最大的科技与医学文献出版发行商之一，已有 180 多年的历史。Elsevier 公司每年出版大量的学术图书和期刊，大部分期刊被 SCI、SSCI、EI 收录，是世界上公认的高品位学术期刊。

ScienceDirect 是 Elsevier 公司开发的互联网上最全面的一个全文文献数据库，内容涵盖数学、物理、生命科学、化学、计算机、临床医学、环境科学、材料科学、航空航天、工程与能源技术、地球科学、天文学、经济、商业管理、社会科学等几乎所有学科领域，提供 Elsevier 公司出版的 2500 多种期刊和 1.1 万多本图书的检索和全文，以及其他著名组织和 STM 出版商的期刊。数据库收录全文文章总数超过 1200 万篇。

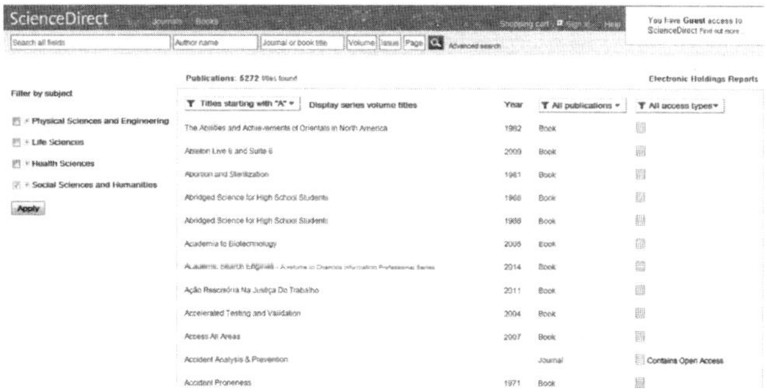

图 9—11 ScienceDirect 网站

5. Taylor & Francis

Taylor & Francis 集团拥有 200 多年丰富的出版经验，近 20 年来在此雄厚基础上迅速发展，已成为世界领先国际学术出版集团。每年出版超过 1500 种期刊，享有高质量美誉。出版的电子图书近 2 万册。

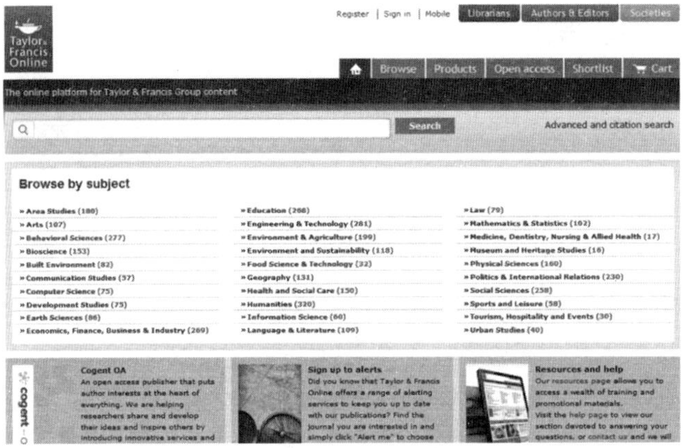

图 9—12　Taylor & Francis SSH 网站

Taylor & Francis SSH 期刊数据库提供超过 1000 种经专家评审的高质量期刊，包括来自社会科学与人文科学先驱出版社 Routledge 以及声誉卓越的 Psychology Press 的期刊。其中有 480 种期刊被汤森路透科学引文索引收录；内容最早至 1997 年。该数据库包含 14 个学科：人类学与考古学、艺术与人文、行为科学、商务、管理与经济、犯罪学与法学、教育学、地理、规划、城市与环境、图书馆与信息科学、媒体、文化与传播研究、政治、国际关系与区域研究、公共卫生与社会保健、社会学及其相关学科、体育、休闲与旅游、战略、防御与安全研究。

6. De Gruyter

德古意特出版社（De Gruyter）有 260 多年的历史，总部位于德国首都柏林，在德国慕尼黑、美国波士顿、瑞士巴塞尔等地设有分社，在全球拥有 300 多名员工，学术出版物涵盖人文社科及科技医学。德古意特出版社每年出版 1300 余种新书，650 多种同行评审期刊，及 40

多个数据库/参考工具书。德古意特出版社旗下包括7个出版品牌：德古意特（De Gruyter）以出版人文及自然科学领域的高端学术著作及期刊著称；穆彤（Mouton）在国际语言学出版领域独领风骚；绍尔（K. G. Saur）在出版传记学工具书、书目学参考文献和图书馆学著作方面享誉全球；博客豪斯（Birkhauser）是建筑与设计领域世界拔尖出版社之一。2012年，随着对维斯塔出版社（Versita）的收购，德古意特成为世界上第三大开放获取出版社。2013年，德国的两个老牌出版社，奥登伯格（Oldenbourg）和科学院（Akademie）也纳入德古意特旗下。不仅如此，德古意特还与世界知名出版社，如哈佛大学出版社（Harward University Press）在电子书销售方面展开独家合作。

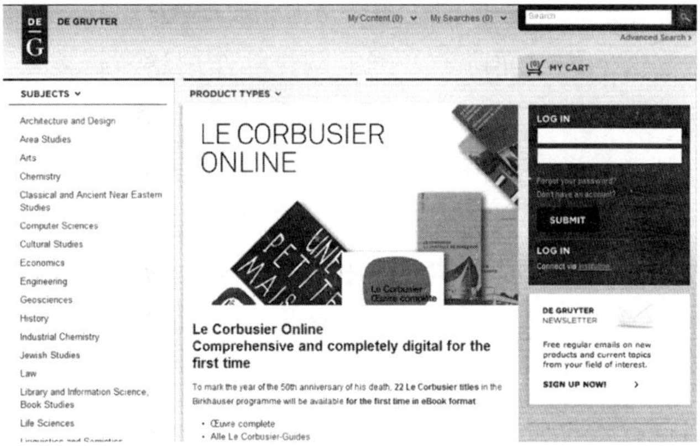

图9—13 德古意特出版社网站

在数字出版方面，德古意特出版社拥有50000多种重印品种的数字内容。所有新版书，同时出版纸质版与电子版。在这个数字化平台上，网络在线的还有诸如“尼采在线”“日耳曼古典学在线”这样的40个规模庞大的数据库，它们均配备了方便读者使用的检索功能。德古意特出版社在全球范围拥有强大的发行网络，世界最知名的图书馆和科研学会均是它的客户群。

主要出版领域如下：语言及传播学，哲学，文学研究，历史学，社会科学，法学，古典及近东研究，图书馆学及信息科学，神学、犹太学及宗教学，通用参考，数学，自然科学，医学，建筑、艺术及音乐。

目前通过德古意特出版社自有的数字出版平台 De Gruyter Online，读者可以获取大约 45 万篇期刊及图书文档和超过 1500 万条的数据库数据。

四、网上调查方法

网上调查是借助联机网络、计算机通信和数字交互式媒体来实现研究人员的研究目标的调查方法。与传统的调查方式比较，网上调查在组织实施、信息采集、信息处理、调查效果等方面具有明显的优势。伴随着浩浩荡荡的网民而产生，网上调查的作用越来越被人们所看好。与传统的其他调查方式相比，网上调查有其鲜明的特色：

（1）自愿性。没有价值、不能吸引人的调查主题，网民们根本不屑一顾。目前大多数网上调查都从热点新闻中选题。

（2）定向性。每个网站都有基本的“居民”，如果在不同的网站提出同样的问题，结果与响应也很可能各不相同。

（3）及时性。一些人气大站往往可以在一周左右收到数千份问卷，是及时了解民意的有效手段。

（4）互动性。目前的网上调查，基本可以在投票后马上看到最新的统计，即时的信息反馈大大增加了参与者的兴趣。

（5）经济性。网上调查不需要大量的人力、物力投入，虽然有偏差，但价格性能都很理想。

（6）匿名性。在“面对面”的调查中，有时很难得到真实答案的问题，特别合适在网上进行调查。而且网民的回答往往出自“第一感”，更增添了一份真实。

网上调查在 20 世纪 90 年代开始热门。这种现象主要有几个原因。首先，由于省略了印刷、邮寄和数据录入过程，你可以在几小时内完成问卷并统计结果及报表。其次，随着网上固定样本调研的出现，调研员能够通过跟踪受访者的态度、行为和时间比例进行纵向研究。复杂的跟踪软件能够做到根据上一次的回答情况进行本次问卷的筛选，而且还能填补落选项目。再次，使用网上调查可以接触很多人。我们很难想象还有什么媒体可以提供那么大的调研群体，同时经济上又是可行的。最后，网络问卷调研还有一个独一无二的优点，即它们在视觉效果上能够吸引人。网络的图文及超大本特征可以用来展示相关内容或调研内容。对于那些有较新版本 Netsca pe 及 IE 的用户，声音及播放功能还可以加入到问卷中。这是其他调研方式所无法比拟的。另外一个问题是网络的安全性。现在的使用者很为私人信息担忧，加上媒体的报道及针对使用者的各种欺骗性文章，使这一问题更加沸沸扬扬。第三点是网络无限制样本问题。这是指网上的任何人都能填写问卷。它完全是自我决定的，很有可能除了网虫外并不代表任何人。如果同一个人重复填写问卷的话，问题就变得复杂了。

网络样本可以分为三类：随意性样本、过滤性样本、选择性样本。过滤性样本是指通过对期望样本特征的配额限制一些自我挑选的未具代表性的样本。这些特征通常是一些统计特征，如性别、收入、地理区域位置或与产品有关的标准，如过去的购买行为、工作责任、现有产品的使用情况等。对于过滤性样本的使用与随意性样本基本上类似。

过滤性样本通常是以分支或跳问形式安排问卷，以确定被选者是否适宜回答全部问题。有些网络调研能够根据过滤性问题立即进行分类，确定被访者所属类别，然后根据被访者不同的类型提供适当的问卷。

另外一种方式是一些调研者创建了样本收藏室，将其填写过分类问卷的被访者进行分类重置。最初问卷的信息用来将被访者进行归类分析，被访者按照专门的要求进行分类，而只有那些符合统计要求的被访者才能填写适合该类特殊群体的问卷。

网络选择性样本用于网络需要对样本进行更多限制的目标群体。被访者均通过电话、邮寄、Email 或个人方式进行补充完善，当认定符合标准，才向他们发送 Email 问卷或直接到与问卷连接的站点。在站点中，通常使用密码账号来确定已经被认定的样本，因为样本组是已知的，因此可以对问卷的完成情况进行监视或督促未完成问卷以提高回答率。

按照调查者组织调查样本的行为，网上调查可以分为主动调查法和被动调查法。按网上调查采用的技术可以分为站点法、电子邮件法、随机 IP 法和视讯会议法等。主动调查法，是指调查者主动组织调查样本，完成统计调查的方法，包括电子邮件法、随机 IP 法和视讯会议法等。通过给调查者发送电子邮件的形式将调查问卷发给一些特定的网上用户，由用户填写后以电子邮件的形式再反馈给调查者。随机 IP 法是以产生一批随机 IP 地址作为抽样样本的调查方法。利用该方法可以进行纯随机抽样，也可以根据一定的标志排队进行分层抽样和分段抽样。视讯会议法是指将分散在不同地域的被调查者通过互联网视讯会议功能虚拟地组织起来，在主持人的引导下讨论调查问题的调查方法。其原理与专家调查法相似，不同之处是参与调查的专家不必实际地聚集在一起，而是分散在任何可以连接国际互联网的地方，如家中、办公室等，因此，网上视讯调查会议的组织比传统的专家调查法简单得多。视讯会议法适合于对关键问题的定性调查研究。被动调查法，是指调查者被动地等待调查样本造访，完成统计调查的方法，包括站点法等。站点法是指将调查问卷的 HTML 文件附加在一个或几个网络站点的 WEB 上，由浏览这些站点的网上在此 WEB 上回答调查问题的方法。

五、通过网络传播扩大智库影响力

网络传播是指在网络空间中展开的信息传播活动。通过运用动画、视频、音频等多媒体技术，表现方式更加立体化，相比于基于传统媒介的传播活动，网络传播具有全球性、互动性、超文本链接、数字化、即时性、网络化等特性，网络传播具备普通传播渠道所没有的多元化特征，给个体间的对话营造面对面的现场感和参与感、平等的交流使对话和自由的思想流动成为可能，在传播内容、形式、结构及便于阅读等方面都优于传统的传播手段，同时由于网络的互动性，信息接收者还可以与信息传播者之间进行双向交流，更能吸引广大的网络用户群体。因此智库成果如果通过网络方式传播开来，不仅可以让更多的人了解智库，还可以与民众平等地开展讨论与争论，使成果的影响在网络振荡中不断放大，也使智库工作者的成果为世人所知并在可能的情况下发挥效用①。

国外著名智库已经充分认识到，必须加强传播观念、传播力量、传播机制等方面的建设，实现政策研究力和舆论影响力的“双轮驱动”，才能使自身产出的政策方案获得足够的关注度和认可度，从而更充分地转化为决策。许多欧美国家的智库通过 Facebook、YouTube 和 Twitter 等来传播自己的研究成果。

借助互联网这个平台进行的网络传播，是一种完全新型的信息传播活动，它有许多不同于传统媒介传播的特点，其中主要有：

（1）各种传播形态并存。互联网络将人际传播、群体传播、组织传播、大众传播等各种传播形态集于一身。借助它不仅可以向全社会进行开放性的大众传播，而且可以作“点对点”的人际传播（如电子邮件、网上通话、网上短信）、小范围的群体传播（如讨论组、聊天室等）、组织机构或单位的组织传播（如群发电子邮件、各单位内部的局域网运作）。

（2）多种传播方式并举。互联网络是电脑、电视、录音机、电话机、游戏机、传真机、打印机等的性能的总汇，或者是说是各种传统媒介的大熔炉，它将以往各自独立的单一性的传播方式综合在一起。它又将文字、口语、音响、图表、图片、图像等各种传播形式汇于一体，而且可以根据需要自如地从一种形式转换到另一种形式，或者让几种形式并举，做到图、文、声、像并茂，真正实现多媒体的传播。

（3）高度的交互性。这是网络传播与传统的印刷传播、电讯传播

① 参见王明慧、邹庆国：《浅谈智库成果的网络传播》，《学理论》2012 年第 22 期。

的最大不同之处，在这种传播中，传受双方存在很大的交互性。它们的角色位置可以方便地、频繁地交替互换。网上的传播者往往也充当受传者，受传者也往往充当传播者，此时此地是传播者，彼时彼地又是受传者。在网上设立网站或数据库的机构、媒体或个人，固然是传播者；但他们为了传播，往往通过网络进行采访、询问、调查、检索，这时的他们便是受传者。在网上浏览、检索的一般用户，固然是受传者，但他们不仅有很大的寻觅信息的主动权，而且他们随时都能充当传播者。他们可以通过电子邮件向别人传送信息和观点，他们可以向新闻讨论组、向公告板传送信息或观点，他们还可以设立个人网页，发布信息或观点，吸引他人来访问。正如麻省理工学院教授尼葛洛庞蒂所言："在网上，每个人都可以是一个没有执照的电视台。"

（4）高度的灵活性。网上传播和接收都极具灵活性，任何人（Whoever）在任何时间（Whenever）、任何地点（Wherever）都可以通过网络与其他任何人（Whomever）交流任何信息（Whatever）。网络传播允许实时同步和非实时异步的自由选择和转换。广播电视是以共时性、同步性为特点的。人们在接受广播电视信息时必须与它的播送同步，要按照它们的节目播送时间来安排自己的时间。而在网络传播中，参与者既可以处于同步接收状态，如 MSN、QQ 类即时通讯软件的使用，也可以不同时处在传播的情境中，如过时信息的检索、电子邮件的使用等。于是人们有了在使用媒介时自主安排时间的能力，人们的传播活动有了更大的自由度。

目前，智库研究成果的网络传播渠道主要包括网站、微博、微信、移动客户端（App）、视频网站、电子邮件等。

1. 网站

网站（Website）是指在网络上根据一定的规则，使用 HTML（标准通用标记语言下的一个应用）等工具制作的用于展示特定内容相关网页的集合。简单地说，网站是一种沟通工具，人们可以通过网站来发布自己想要公开的资讯，或者利用网站来提供相关的网络服务。人们可以通过网页浏览器来访问网站，获取自己需要的资讯或者享受网络服务。

大约从 20 世纪 90 年代中期开始，境外重要智库纷纷建立起自己的官方网站，依托官方网站完成发布最新研究报告、汇总背景资料、搜集受众评价反馈等传播事项。智库官方网站成为面向公众提供一站式服务的政策信息超市和窗口，成为动态汇集多元内容、便于海量网民检索使用的专业数据库平台，成为整合智库全部传播力量的中枢。在美国胡佛研究所，有 3 名专门人员从事网站的日常维护工作，确保网站的随时更新和质量水准。除了官方网站外，胡佛研究所还建设维护着“推进自由社会”网站，深度介绍智库研究成果。该网站设置了多个专栏和博客论坛，同时集中了大量智库自身制作的政策解读性视听作品，深受网民关注。胡佛研究所还有意识地把网站内容推荐到全国性的电视和电台访谈节目中，取得了突出的传播成效。

智库专家以官方网站为主要平台，紧跟时事热点，紧贴公众关注，频繁更新和发表随笔性的评论文章，客观上使得智库门户网站成为知识丰富、讨论严肃、较好排除低端冗余信息的精英网络论坛。在西方主要智库的官方网站，智库研究成果按地区被整齐地归类成不同栏目，来自世界不同地区的读者，只要能使用英文，都可以在智库网站中找到与自己国家密切相关的研究报告和评论文章，而且通常能够得到与本国媒体报道有较大差异性的新鲜信息或观点。

从网友点击和评论情况来看，网站传播效果是非常令人称道的。美国传统基金会官方网站的年访问量在 2011 年达到 960 万。美国战略与国际研究中心 2012 年年度报告称，该智库官方网站的月均访问量超过 85 万，多个月份超过百万。适应网络传播的特点，对官方网站进行更新改版、不断提升网站的吸引力和影响力，成为智库建设发展顶层设计的重要内容以及管理实践中的常规动作。例如，2012 年，企业研究所重新设计其官方博客“AEIdeas”，将其打造成为该智库面向公众的主要传播平台，使网站月均访问量超过 33 万。

目前，世界上著名智库几乎都建立了自己的网站。智库们通过网站发布研究成果、介绍自己的专家团队、发布招聘信息等。

为了增强自身的全球传播能力，影响全球舆论场，卡内基国际和平基金会、布鲁金斯学会等一些著名智库开通了多语种官方网站。它们不是母语网站的“翻译版”，而是根据对象国的国情、舆情以及公众关切，精心选择有针对性的传播内容。早在2004年，卡内基国际和平基金会就推出了中文官方网站，旨在向中国的政策制定者和学者广泛介绍来自卡内基基金会的著作、杂志、活动及其他信息资源。布鲁金斯学会在2009年也正式推出中文网，其主要目的是提升自身在中国和整个华语受众群体中的政策影响力。

2. 微博

微博（Weibo）是微型博客（MicroBlog）的简称，是一种通过关注机制分享简短实时信息的广播式的社交网络平台。一条微博的字数（包括标点符号）控制在140个以内。目前，《人民日报》、新华社、新浪、腾讯等都提供了微博服务。

智库成果可以通过微博进行传播。首先，微博信息获取具有很强的自主性、选择性，网络用户可以根据自己的偏好选择关注的那部分信息，智库部门也可以随时根据微博的关注度来调整成果信息发布的内容；其次，微博宣传的影响力具有很大弹性，与内容质量高度相关。其影响力基于用户现有的被“关注”的数量。用户发布信息的吸引力、新闻性越强，对该用户感兴趣、关注该用户的人数也越多，影响力越大。此外，微博平台本身的认证及推荐亦有助于增加被“关注”的数量，因此智库部门积极扩大影响，建立与广大网民的长期关联，对推动其业务发展有着促进作用；再次，微博内容短小精悍。微博的内容限定为140字左右，内容简短，不需长篇大论，门槛较低，智库部门可以随机选择那些深入浅出的成果进行网络发布；最后，微博信息共享便捷迅速。可以通过各种连接网络的平台，在任何时间、任何地点即时发布信息，其信息发布速度超过传统纸媒及网络媒体，智库成果可以通过微博传播，不受出版周期的限制①。

① 参见王明慧、邹庆国：《浅谈智库成果的网络传播》，《学理论》2012年第22期。

3. 微信

微信是腾讯公司于2011年1月推出的一个为智能终端提供即时通讯服务的免费应用程序。微信用户可以通过“摇一摇”“搜索号码”“附近的人”、扫二维码方式添加好友和关注公众平台，将用户看到的精彩内容分享到朋友圈或分享给好友。截至2015年7月，微信注册用户超过了5亿人，是用户数量最多的移动即时通讯软件。智库可以开通微信公众号，及时发布智库研究成果。智库研究人员不仅可以通过转发微信来传播智库研究成果，而且可以通过微信加强与政府官员的沟通和交流，对智库研究成果进行点对点的网络营销。

4. App

App是应用程序（Application）的简称，主要安装在智能移动终端（如智能手机、平板电脑）上。2008年7月，美国苹果公司的应用商店（App Store）正式上线，销售与iPhone、iPad等产品配套的App，用户可以通过iTunes从App Store下载自己喜欢的App。之后，三星、谷歌、百度等也推出了自己的应用商店，供用户下载App。智库可以开通自己的App，来宣传自己的研究成果。

5. 电子邮件

许多欧美智库通过电子邮件向用户推送信息。例如，传统基金会就有多套邮件新闻服务：《晨钟》从保守主义的立场精选每天最重要的新闻；《美国领导》一般每周一期，分为预算意识、文化观察、教育笔记本、能源和环境、自由市场聚焦、当前国家安全、卫生保健解决方案、新常识等用户可自主选择的栏目；此外，还有《每周亚洲洞察》等专门聚焦某一领域的邮件新闻。

以往，以主流大报、电视网为代表的传统媒体掌控着大众舆论话语权，智库的对外传播主要依托这些媒体，以接受媒体采访、观点受到引用的形式出现，在与媒体的合作共赢关系中总体处于被动的一方。智库自身只掌控着两种传播渠道：一是不定期公开出版研究报告，二是定期出版学术色彩明显的深度政策评论刊物，著名的有卡内基国际和平基金会的《外交政策》、外交关系委员会的《外交》、美国战略与国际研究中心的《华盛顿季刊》、传统基金会的《政策评论》、布鲁金斯学会的《布鲁金斯评论》和《国防预算》、尼克松中心的《国家利益》等。智库出版的图书和刊物虽然有资料丰富、观点独到的优势，但出版周期长，目标读者仅局限在政界、商界、学界的精英阶层，发行量范围窄、数量少，难以直接影响到广大公众。

随着全媒体时代的到来，原来垄断在社会精英手中的政策讨论权被分散到多元的政策讨论主体中。新型传播媒介层出不穷，与传统媒体分享舆论影响的主导权，这使得智库以往面向政府决策人士、依靠传统媒体的媒体运用策略已经难以完全满足智库的政策研究成果营销需要。与此同时，网络技术也极大地降低了自主办理传播事务的门槛，将话筒掌握在自己手中的成本在降低、难度在变小。自主打造多元传播渠道，成为智库现实可行的传播策略选择。

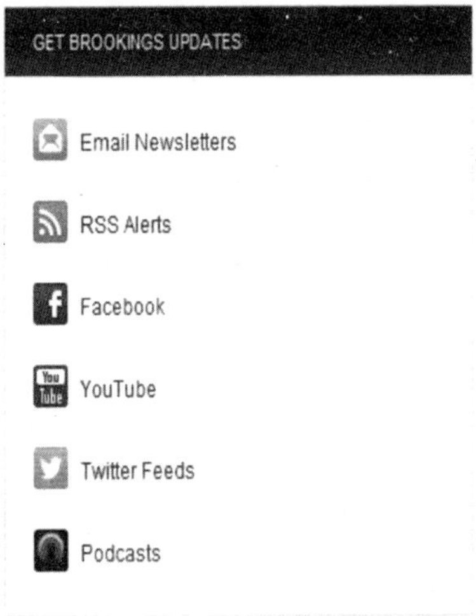

图 9—14　美国布鲁金斯学会网络营销手段

依托社会化媒体平台，智库正加紧开拓传播新阵地，提升自身在虚拟空间的知名度，加强与政府部门、社会公众的沟通互动，形成稳定的用户关系。目前，粉丝数量成为体现智库影响力的重要指标。传统基金会 Facebook 账号的粉丝数在 2011 年就超过 40 万，美国战略与国际研究中心的 Facebook 账号粉丝数 2012 年一年间从 1.4 万猛增至 15 万。2013 年 7 月和 8 月，传统基金会在官方网站和博客上相继发表了数十篇关于反对“奥巴马医改法案”的评论文章。这些文章的主要观点也同时更新在传统基金会的 Facebook、推特账号上，文字简明醒目，并配以吸引人的图片、漫画、视频、图表等，获得了大量粉丝的肯定性留言评价。

不少欧美国家的智库运用社会化媒体平台，在全球范围内积极开展“基于关系的传播”，发展全球用户网络，扩张全球声誉资本。例如，美国战略与国际研究中心 Facebook 账号的粉丝有 94%在美国之外，有 85%低于 35 岁，面向全球青年有针对性地传播信息、实施影响取得了实效①。

美国宾夕法尼亚大学的“智库与公民社会计划”（Think Tanks and Civil Societies Program）已经把全媒体传播能力作为评价智库建设发展水平的重要标准，在其 2012 年度报告中，评定出了全球智库“运用社会化媒体前 40 强”和“运用纸质和电视媒体前 35 强”两个榜单。美国企业研究所、布鲁金斯学会、兰德公司等境外重要智库加强全媒体传播能力建设的一些策略，可为我国正在快速推进的智库建设发展提供参考和借鉴。

六、以大数据提升智库研究水平

大数据（Big Data）是以容量大、类型多、存取速度快、应用价值高为主要特征的数据集合，正快速发展为对数量巨大、来源分散、格式多样的数据进行采集、存储和关联分析，从中发现新知识、创造新价值、提升新能力的新一代信息技术和服务业态。大数据的核心不在于数据量大，而在于数据分析。

---

① 参见肖飞、李习文：《智库全媒体传播能力建设路径浅析》，《新闻爱好者》2014 年第 1 期。

大数据的特征可以用“5V＋1C”概括，即 Variety（差异性）、Volume（体量）、Velocity（速度）、Vitality（时效性）、Visualization（可视化）和 Complexity（复杂性）。在大数据中，数据种类繁多，数据结构、数据格式差异很大。既有结构化的数据，也有非结构化的数据（如音频、视频）。大数据的容量一般都很大，许多数据集是 TB、PB 级的。大数据的时效性很强，处理大数据的速度必须要快，否则等处理完了就没有意义了。例如，无人机飞行过程中必须实时战场信息，快速发现目标并发动攻击。可视化使数据看起来很直观，能够帮助人们从大量的数据中发现规律，也方便与其他人进行沟通和交流。大数据处理难度比较大，需要有新的方法来满足异构数据统一导入和实时数据处理的需求。

以前智库研究人员采集的数据主要来源于社会调查，调查成本高，样本数量少。随着大数据的发展，智库研究人员可以从专业数据库、互联网获取大量与某项研究相关的数据，成本低，样本数量多。通过开展大数据分析，可以促进政策研究的定量化。美国学者杰弗里·汉考克认为，大数据对社会科学研究的意义，堪与显微镜的诞生对化学发展所起到的促进作用媲美。

社会科学与自然科学的最大区别，就是社会科学无法像物理、化学等自然科学那样做实验。虽然也有一些社会科学家做了一些社会实验，但往往存在实验周期长、影响因素多（特别是主观因素、不可控因素）、无法重复实验结果、参与实验的人数有限、实验范围有限等问题。

在互联网时代，人们工作、生活中的许多事情都在网上进行，如网上订餐、网上购书、网上约车、网上预约挂号等。人们的许多行为都在互联网留有痕迹，被互联网平台所记录。通过对网上人们行为的大数据分析，可以开展许多领域的社会科学研究工作。例如，通过网上订餐数据分析可以发现不同地区人们的饮食习惯。通过网上购书数据分析可以发现不同地区、不同群体人们的阅读习惯。通过网约车大数据分析可以发现人们的出行规律，为城市道路交通规划提供科学依据。通过网上预约挂号数据分析可以发现不同地区人们的健康状况，为疾病预防提供科学依据。可见，大数据使社会科学研究更加方便、快捷、全面和深入，避免陷入主观臆断，有效提高课题研究成果的客观性和科学性①。

中国社会科学院信息化管理办公室副主任罗文东认为，人类的数字化生存和社会化媒体，使人们的思想意识、行为态度、交往过程、互动关系等被数据记录并保存下来。如何通过数据挖掘、分析来把握日益复杂的社会关系和社会活动，预见社会发展趋势，揭示社会本质规律，是大数据时代社会科学研究面临的新的机遇和巨大挑战。

传统社会科学领域的实证研究一般是研究人员先提出理论假设，然后通过开展社会调查，收集相关数据，对理论假设进行验证。传统实证研究的缺陷是研究成果的方向与深度受制于研究人员本人的经验、见识、认知和判断。而基于大数据的社会科学研究则相反，先不做任何理论假设，直接通过大数据分析发现事物发生发展规律，然后研究人员把这些规律总结上升为理论，不会受到研究人员本人经验、见识、认知和判断等限制。

此外，大数据还可以促进文科和理工科的学科融合。掌握计算机、互联网等知识和技能的理工科专业背景研究人员可以在社会科学研究领域大显身手。例如，邓肯·瓦兹原先是物理学家。近年来，他通过对谷歌、维基百科等互联网平台进行大数据分析，发表了许多语言学、经济学方面的学术论文，不少论文都有新的发现和独到见解。

传统社会科学专业背景的研究人员则需要学习计算机、互联网等方面的知识和技能，以适应互联网、大数据时代的研究工作。2006年，Gregory Crane 提出了“百万图书挑战（Million Books Challenge)”问题，他认为当前社会科学研究人员在自身研究领域都面临大量文献资料的处理，这些文献资料的数量已经大大超越了传统阅读

---

① 参见李文、邓淑娜：《大数据带来社科研究新变化》，《人民日报》2015年8月24日。

能力所能处理的范围，社会科学研究人员将不得不借助计算机来处理①。“计算社会科学”在欧美国家的兴起，就反映了文科和理工科的学科融合趋势。

大数据在延伸和重新检视社会科学经典学说方面有着相当大的潜力。一些社会学家以其深刻的洞察力为人们留下了丰富的理论遗产，不过由于理论的宏观性和复杂性，通过传统的截面数据、面板数据等抽样样本的分析，无法在经验层次上对这些理论进行检验。而大数据为当今的社会科学界提供了前所未有的大跨度范围的社会数据、资料和信息，使得重新审视和延伸经典理论成为可能。

社会分层是当代社会科学领域的重要概念。有研究人员通过对谷歌图书库 811 万本英文书籍、8000 亿个单词的大数据分析，计算了 100 年来美国书籍中阶级一词出现的频率，以此来测量美国社会公众对阶层的关注度。对阶层关注度和失业率、通货膨胀、基尼系数等指标的格兰杰时间序列分析表明，在的美国，代表通货膨胀率和失业率之和的“经济悲惨指数”（Economic Misery）影响着阶层关注度，而基尼系数却没有明显影响。不平等对于阶层意识的作用很可能存在一种阈域效应：当社会不平等高于一定的阈值时，不平等才会对阶层意识产生作用；而当低于阈值时，则经济景气程度影响阶层关注度②。

中国特色新型智库主要为党和政府提供决策咨询服务。数据必须全面、及时、真实、准确，否则建立在这些数据基础之上的决策就可能出现失误③。

《国家高端智库管理办法（试行）》对高端智库的信息化建设提出了明确要求：一要具有功能完备的信息采集分析系统，拥有专业资料室和网站；二要利用大数据、云计算等技术，加强专业数据库、案例库和信息系统平台建设，为决策咨询研究提供必要的信息和技术保障。

---

① 参见孙建军：《大数据时代人文社会科学如何发展》，《光明日报》2014 年 7 月 7 日。

② 参见陈云松、黄超：《大数据推动社会科学研究深挖潜力》，中国社会科学网 http://www.cssn.cn/xr/xr_xrf/xrly/201501/t20150112_1475236.shtml.

③ 参见罗繁明：《利用大数据推进新型智库建设》，《人民日报》2016 年 7 月 15 日。

智库研究人员要抓住大数据这一历史机遇，树立大数据思维，学会用数据说话。通过大数据创新研究方法和研究手段，提高智库研究水平。要加强与专业大数据公司的交流与合作，通过购买大数据分析服务等方式增强智库研究实力。

目前，常用的大数据分析工具软件有 Processing、Weka、Gephi、TableAU、NanoCubes 等。

1. Processing

Processing 是数据可视化的招牌工具。用户只需要编写一些简单的代码，然后编译成 Java。目前还有一个 Processing. js 项目，可以让网站在没有 Java Applets 的情况下更容易地使用 Processing。由于端口支持 Objective-C，用户也可以在 iOS 上使用 Processing。虽然 Processing 是一个桌面应用，但也可以在几乎所有平台上运行，此外经过数年发展，Processing 社区目前已近拥有大量实例和代码。

2. Weka

Weka 是一组基于 Java 的机器学习算法，面向数据挖掘。它可以执行数据预处理、分类、递归、集群、关联规则和可视化。

3. Gephi

Gephi 是进行社交图谱数据可视化分析的工具，不但能处理大规模数据集并生成漂亮的可视化图形，还能对数据进行清洗和分类。Gephi 是一款免费软件，插件众多，功能强且易用。我们经常看到的各种社交关系/传播谱图，很多都是基于其力导向图（Force directed graph）功能生成。但由于其由 java 编写，限制了处理性能，如分析百万级节点关系时，需先做平滑和剪枝处理。而要处理更大规模（如亿级以上）的关系网络（如社交网络关系）数据，则需要专门的图关系数据库（如 GraphLab/GraphX）来支撑。

4. TableAU

TableAU 的优势主要在于支持多种大数据源/格式，众多的可视化图表类型，加上拖曳式的使用方式，上手快，非常适合研究员使用，能够涵盖大部分分析研究的场景。不过要注意，其并不能提供经典统计和机器学习算法支持。

5. NanoCubes

NanoCubes 是一款开源软件，可在日常的办公电脑上提供对亿级时空数据的快速展示和多级实时钻取探索分析。

当智库研究人员面临亿级以上、半实时性处理、非标准化复杂需求时，通常需要借助编程（甚至借助于 Hadoop/Spark 等分布式计算框架）来完成相关的大数据分析。适合大数据处理的编程语言包括 R、Python 和 Java。

R 最适合统计研究背景的人员学习，具有丰富的统计分析功能库以及可视化绘图函数可以直接调用。通过 Hadoop-R 更可支持处理百亿级别的数据。相比 SAS，其计算能力更强，可解决更复杂更大数据规模的问题。

Python 最大的优势是在文本处理以及大数据量处理场景，且易于开发。在相关分析领域，Python 代替 R 的势头越来越明显。

Java 是通用性编程语言，能力最全面，拥有最多的开源大数据处理资源（统计分析、机器学习、自然语言处理等）直接使用，也得到所有分布式计算框架（Hadoop/Spark）的支持。

第十章　智库组织与管理

智库的组织架构一般包括决策部门和执行部门，而执行部门又包括研究部门和服务保障部门。智库运营管理的主要内容包括研究资金管理、人才管理、战略管理、项目管理、质量管理等。许多大型智库在国内和国外都设有分支机构。

一、智库组织架构

（一）国外智库组织架构

在欧美国家，多数著名智库采用的是学科知识与研究课题相结合的矩阵研究机制（Matrix Structure）。这个机制纵向是直线主管组织，将所有的研究人员按照他们所学知识的学科类别分组。横向是按照研究课题成立研究小组。在运作研究课题时，从按学科划分的各小组中抽调研究人员组成课题的研究队伍，进行跨学科综合性研究，从而形成一种矩阵结构。德国智库就是采用这种矩阵研究机制的典型。矩阵研究机制的好处是兼收了直线主管组织和横向协作组织的长处，既有利于整个智库的有效管理，同时又符合智库需要多学科专家共同协作的特点，因而它成为现代智库的埋想结构形式。

同时，由于许多欧美智库都是私营的，这些智库多采用与企业类似的组织架构。例如最高决策层是董事会或理事会，总裁负责智库管理。部门一般分为研究部门和支撑部门。研究部门根据智库的研究领域设置，一般设若干研究部、研究中心、研究所等。支撑部门负责人、财、物等管理，一般包括人事、财务、运营、联络、合作、发展、出版、宣传、后勤等部门，为研究部门提供服务保障。一些大型智库还在国外设置分支机构，以方便研究某些国家和地区。有的还成立学院，用于培训智库工作人员、客户或潜在客户等。

例如，布鲁金斯学会采用了这样的组织架构。它的最高决策层是董事会。当前的董事会共有83名成员，他们都是著名的企业家、银行家和学者。布鲁金斯学会的日常运行遵循企业管理的方法，由总裁负责。总裁是制定政策和执行政策的首席执行官，负责推荐研究项目，批准出版，挑选研究员。有三个机构支持他的工作，它们是行政办公室、总顾问办公室、总经理办公室。在总裁之下，学会的构成分为行政管理和学术研究两大部分。行政管理部分由五个部门组成，即财务部、运营部、联络部、发展部和出版社，它们分别对资金、后勤服务、媒体服务、人事与培训以及出版社进行管理。每一个部门由一名副总裁掌管，他兼任该部门的总监或主任，并直接对总裁负责。研究部分根据研究领域划分为五个部门：外交研究部、全球经济与发展部、经济研究部、城市政策部、治理研究部。每一个部门也由一名副总裁主管，并下设若干个研究中心。例如，外交研究部下设塞班中东政策研究中心、约翰·桑顿中国研究中心、美国和欧洲研究中心、东北亚政策研究中心等①。

又如，兰德公司也采用了类似的组织架构。兰德公司采用这种矩阵研究机制，充分利用研究人员来自不同领域、不同地区的优势，注重进行多学科交叉合作研究。兰德公司实行“理事会”领导下的总裁负责制，像一般企业一样设有分管财务、主营业务、外部关系、人力资源、教育培训等事务的副总裁；同时又按照业务线设置了分管各个研究领域、研究项目或研究中心的副总裁或主管。兰德公司有关社会

① 参见周琪：《美国智库的组织结构及运作——以布鲁金斯学会为例》，《人民论坛》2013年第36期。

政治经济问题的研究由五个部门共同执行，并在美国和海外同时进行，有关国家安全和政策的问题由三个研究和开发中心执行。针对一些不同性质的课题，兰德公司会根据研究需要，从不同研究部门中抽选合适的研究人员组成课题组，共同对某一具体问题或领域进行合作研究，使用多种不同学科的理论、方法和概念进行综合研究分析，集思广益，取长补短，发挥互补优势，这种内部的分工协作发挥了团队的合作精神，提高了效率和资源的有效利用，强化了兰德公司的研究能力和分析能力。理事会是兰德公司的最高决策机构，由 27 人组成，包括美国政府和军队前高官、律师、记者、工商界人士等，也包含美国以外人士，如瑞典前首相比尔·卡特尔。

研究和分析是兰德公司的主要业务，由一名高级副总裁统领。在其下主要按两个维度进行划分。首先，兰德所有研究人员在行政上属于“全球研究人才库”（Global Research Talent），由专职的副总裁管理，其下又按照学科和专业划分为四大研究部门：行为和政策科学研究部，防务和政治研究部，经济学、社会学和统计学研究部，工程与应用科学研究部。研究部门的设置是根据现实情况动态调整的。目前，兰德公司拥有兰德欧洲（RAND Europe）和兰德澳洲（RAND Australia）两个地区分中心，拥有四大国际研究中心：亚太政策中心、全球风险与安全政策中心、中东公共政策中心、俄罗斯和欧亚大陆研究中心。

在矩阵式管理结构中，兰德的研究人员一方面在研究部框架下接受行政管理和支持，另一方面根据不同研究项目的需要灵活流动和组配，建立多元化的团队，让不同的声音交融，开展跨领域、跨学科研究。这种矩阵式管理结构实现了“行政事务”和“研究工作”的有效区分，人力资源、财务管理和项目管理的有效协调，基础研究和应用研究的有效互补①。

---

① 参见王铮：《美国兰德公司的运营特点与发展态势》，《智库理论与实践》2016 年第 1 期。

（二）国内智库组织架构

2015 年 12 月，国家高端智库建设试点工作启动会在北京举行，共有 25 家机构入选首批国家高端智库建设试点单位。首批入选的国家高端智库大体可以分为以下四种类型：

1. 党中央、国务院、中央军委直属的综合性研究机构

党中央、国务院、中央军委直属的综合性研究机构有 10 家，分别是中央党校、国家行政学院、国务院发展研究中心、中国社会科学院、中国科学院、中国工程院、中央编译局、新华社、军事科学院和国防大学。其中中央党校、中央编译局是党中央的直属机构，国家行政学院、国务院发展研究中心、中国社会科学院、中国科学院、中国工程院和新华社是国务院的直属机构，军事科学院和国防大学是中央军委的直属机构。

中央党校主要负责轮训、培训党的高中级领导干部和马克思主义理论骨干。中央党校的国家高端智库建设主要由组织部和科研部负责，中央党校创新工程办公室设在组织部，课题统一由科研部管理。中央党校设有哲学教研部、经济学教研部、科学社会主义教研部、政法教研部、中共党史教研部、党的建设教研部、文史教研部以及马克思主义学院、国际战略研究院。目前，这些教研部、学院、研究院都在实施创新工程。中央党校还没有成立专门从事政策研究的机构。中央党校有内参渠道，可以上报给中央领导。

国家行政学院主要负责培训公务员特别是中高级公务员。国家行政学院设有专门的决策咨询部，主要承担国务院委托的政策研究课题，为院领导起草文件和讲话稿。国家行政学院设有公共管理教研部、经济学教研部、法学教研部、政治学教研部、社会和文化教研部，以及发展战略与公共政策研究中心、电子政务研究中心，这些教研部和研究中心也承担国家部委和地方政府委托的政策研究课题。国家行政学院也有内参渠道，可以上报给国务院领导。

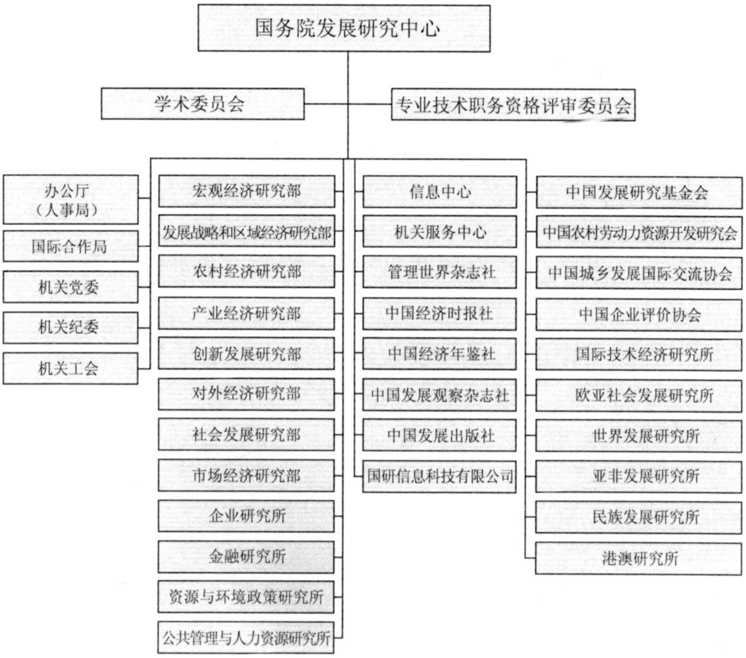

图 10—1　国务院发展研究中心的组织机构

国务院发展研究中心的主要职能是研究中国国民经济、社会发展和改革开放中的全局性、战略性、前瞻性、长期性以及热点、难点问题，开展对重大政策的独立评估和客观解读，为党中央、国务院提供政策建议和咨询意见。国务院发展研究中心设有宏观经济研究部、发展战略和区域经济研究部、农村经济研究部、产业经济研究部、创新发展研究部、对外经济研究部、社会发展研究部 7 个研究部，市场经济研究所、企业研究所、金融研究所、资源与环境政策研究所、公共管理与人力资源研究所、国际技术经济研究所、欧亚社会发展研究所、世界发展研究所、亚非发展研究所、民族发展研究所、港澳研究所 11 个研究所。

中国社会科学院是中国哲学社会科学研究的最高学术机构和综合研究中心，设有文哲学部、历史学部、经济学部、社会政法学部、国际研究学部和马克思主义研究学部 6 个学部，现有 31 个研究所，45

个研究中心，几乎覆盖了社会科学的全部学科。

中国科学院是中国自然科学最高学术机构、科学技术最高咨询机构、自然科学与高技术综合研究发展中心，几乎涵盖了自然科学和工程技术科学的全部学科。中国科学院设有科技战略咨询研究院，主要从事科技政策研究。此外，还成立了中国科学院大学，设有经济与管理学院、公共政策与管理学院等。截至 2017 年 3 月，中国科学院共有院士 751 人。

中国工程院是中国工程科学技术界的最高荣誉性、咨询性学术机构，设有机械与运载工程学部，信息与电子工程学部，化工、冶金与材料工程学部，能源与矿业工程学部，土木、水利与建筑工程学部，环境与轻纺工程学部，农业学部，医药卫生学部，工程管理学部 9 个学部。截至 2017 年 3 月，中国工程院共有院士 827 人。

中央编译局的主要职责为马克思主义经典著作编译，中央文献对外翻译，马克思主义理论与重大现实问题研究，马克思主义文献信息资源建设以及马克思主义理论的宣传普及。中央编译局设有马克思主义研究部和世界发展战略研究部。

新华社是中国国家通讯社和世界性通讯社，建立了覆盖全国和全球的新闻信息采集网络，形成了多语种、多媒体、多渠道、多层次、多功能的新闻发布体系，集通讯社供稿业务、报刊业务、电视业务、经济信息业务、互联网和新媒体业务等为一体，每天 24 小时不间断用中文、英文、法文、俄文、西班牙文、阿拉伯文、葡萄牙文和日文 8 种文字向世界各类用户提供文字、图片、图表、音频、视频等各种新闻和信息产品。新华社编辑出版并公开发行 20 多种报刊，开通了新华网，设有新闻研究所。

2. 依托大学和科研机构形成的专业性智库

依托大学和科研机构形成的专业性智库有 12 家，分别是中国社会科学院国家金融与发展实验室、中国社会科学院亚太与全球战略研究院、中国现代国际关系研究院、国家发改委宏观经济研究院、商务部国际贸易经济合作研究院、北京大学国家发展研究院、清华大学国情研究院、中国人民大学国家发展与战略研究院、复旦大学中国研究院、武汉大学国际法研究所、中山大学粤港澳发展研究院、上海社会科学院。

中国社会科学院国家金融与发展实验室的主要研究领域包括国内外货币金融政策、金融改革与发展、金融创新与监管、金融安全与风险管理、全球治理与政策协调等，为提高我国经济和金融综合研判、战略谋划和风险管理能力服务，为国家制定货币金融政策和宏观经济政策服务，为各地区金融发展服务，为推动国内外金融学术交流和政策对话服务，为国内外科研组织、金融机构和工商企业提供应用性研究成果和咨询服务。

中国社会科学院亚太与全球战略研究院以我国对外关系领域、国际关系领域中的重大理论与现实问题为主攻方向，开展综合性国际战略研究，设有亚太经合组织与东亚研究中心，南亚研究中心，澳大利亚、新西兰、南太平洋研究中心，地区安全研究中心，东北亚研究中心，东南亚研究中心，中国亚洲太平洋学会和中国南亚学会。

中国现代国际关系研究院隶属于外交部，下设俄罗斯研究所、美国研究所、拉美研究所、欧洲研究所、日本研究所、南亚东南亚及大洋洲研究所、西亚非洲研究所、信息与社会发展研究所、安全与军控研究所、世界政治研究所、世界经济研究所 11 个研究所、中亚研究室和朝鲜半岛研究室以及涉港澳事务研究中心、涉台事务研究中心、民族与宗教研究中心、全球化研究中心、反恐怖研究中心、危机管理研究中心、经济安全研究中心、海洋战略研究中心 8 个研究中心，主要研究领域包括世界各国、地区的政治、经济、外交、军事和社会问题，以及涉台港澳问题、国际战略、世界政治、世界经济、全球和地区安全等。

国家发展改革委宏观经济研究院主要为中央宏观经济决策和国家发展改革委中心工作服务，同时面向社会提供咨询服务，设有经济研究所、投资研究所、产业经济和技术经济研究所、能源研究所、综合运输研究所、国土开发与地区经济研究所、社会发展研究所、对外经济研究所、经济体制与管理研究所。

商务部国际贸易经济合作研究院是集经贸研究、信息咨询、新闻出版、教育培训于一体的综合性、多功能社会科学研究咨询机构，设有美洲与大洋洲研究所、亚洲研究所、西亚及非洲研究所、欧洲与欧亚研究所、世界经济研究所、对外贸易研究所、国际服务贸易研究所、外国投资研究所、对外投资合作研究所、国际发展合作研究所、产业国际化战略研究所、流通与消费研究所、贸易与投资安全研究所、国际市场研究所、条约法规研究所、信用研究所和电子商务研究所。

北京大学国家发展研究院的主要职责立足于中国改革发展与现代化的实践，前瞻性地提出重大的战略、制度、政策和基础理论问题，持续关注全球格局的演变，参与改革发展与建设国际新秩序的高层对话。该院前身是北京大学中国经济研究中心，主要研究领域是经济学，设有理事会和学术委员会。

清华大学国情研究院遵循“获取决策知识，创新决策知识，传播决策知识，通过国情研究报告影响决策与政策”的发展路径，把握中国问题导向、重大矛盾与关系线索、综合创新与集成创新方法，努力为国家决策做贡献。该院前身是中国科学院—清华大学国情研究中心，挂靠在清华大学公共管理学院。

中国人民大学国家发展与战略研究院以“国家治理现代化”为特色研究领域，通过机制和体制创新，整合中国人民大学优质智库研究资源而打造的、独立的非营利实体研究机构。该院设有理事会、院务会和学术委员会。

复旦大学中国研究院成立于2015年，由复旦大学中国发展模式研究中心和复旦大学新政治经济学研究中心联合组建而成，设有理事会和学术委员会。该院的宗旨是分析中国崛起的原因和规律，进行关于中国道路、中国模式和中国话语的原创性理论研究和政策研究，推动中国思想和中国话语在世界范围内的崛起。

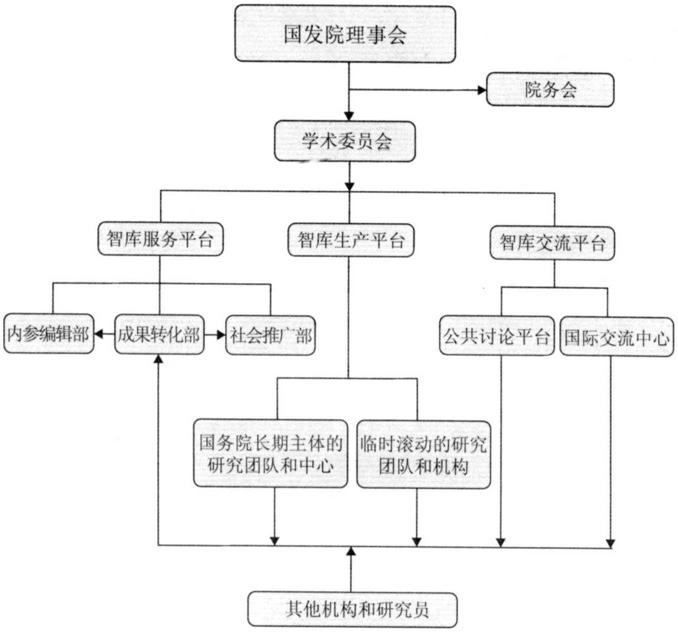

图 10—2 中国人民大学国家发展与战略研究院的组织机构

武汉大学国际法研究所成立于 1980 年，隶属于武汉大学法学院，主要从事国际公法、国际私法、国际经济法研究，设有国际公法研究室、国际私法研究室、国际经济法研究室。

中山大学粤港澳发展研究院于 2015 年通过整合校内经济学、政治学、法学、社会学、公共管理、新闻传播等学科的港澳研究力量组建而成，设有港澳珠江三角洲研究中心、自贸区综合研究院、“一国两制”与港澳基本法研究中心、港澳政治与公共治理研究中心、港澳经济研究中心、港澳社会研究中心、港澳历史文化与价值观研究中心、港澳与内地合作研究中心、海上丝绸之路与粤港澳国际合作研究中心，实行理事会领导下的院长负责制。

上海社会科学院是上海唯一的综合性人文和社会科学研究机构，是全国最大的地方社会科学院。上海社会科学院设有经济、应用经济、世界经济、国际问题、法学、政治与公共管理、中国马克思主义、社会学、城市与人口发展、生态与可持续发展、宗教、文学、历史、哲学、信息、新闻、世界中国学 17 个研究所以及社会治理等 12 个研究中心，承担了大量的国家和上海市课题。

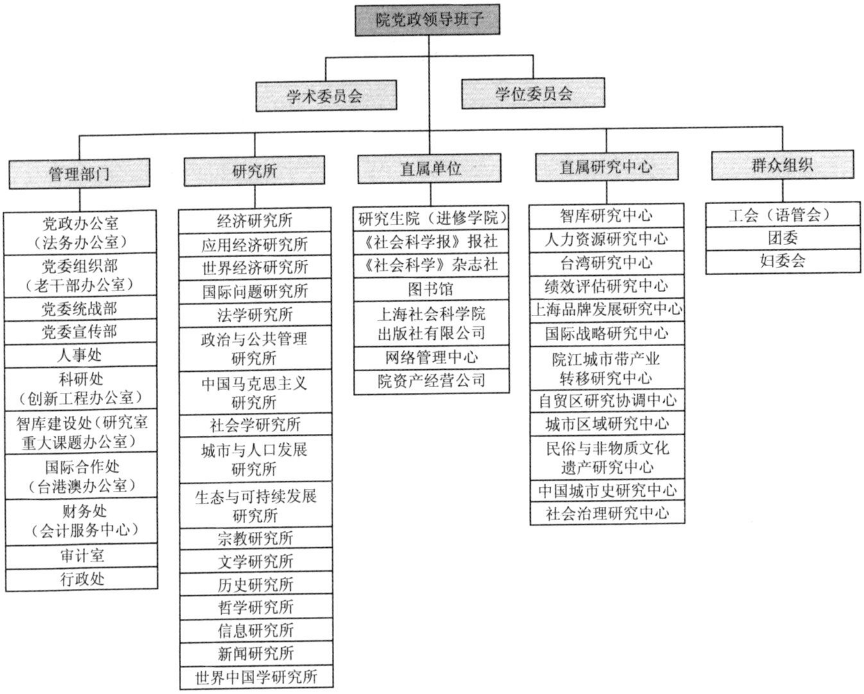

图 10—3　上海社会科学院的组织机构

3. 依托大型国有企业形成的专业性智库

依托大型国有企业形成的专业性智库只有 1 家，即中国石油经济技术研究院。

中国石油经济技术研究院是隶属于中国石油集团，主要从事中国石油集团发展战略研究，设有发展战略研究所、市场研究所、海外投资环境研究所和石油科技研究所。

4. 基础较好的民间智库

基础较好的民间智库有两家，分别是中国国际经济交流中心和中国（深圳）综合开发研究院。这两家机构都实行理事会领导下的院长负责制。中国国际经济交流中心的理事长是国务院原副总理曾培炎，

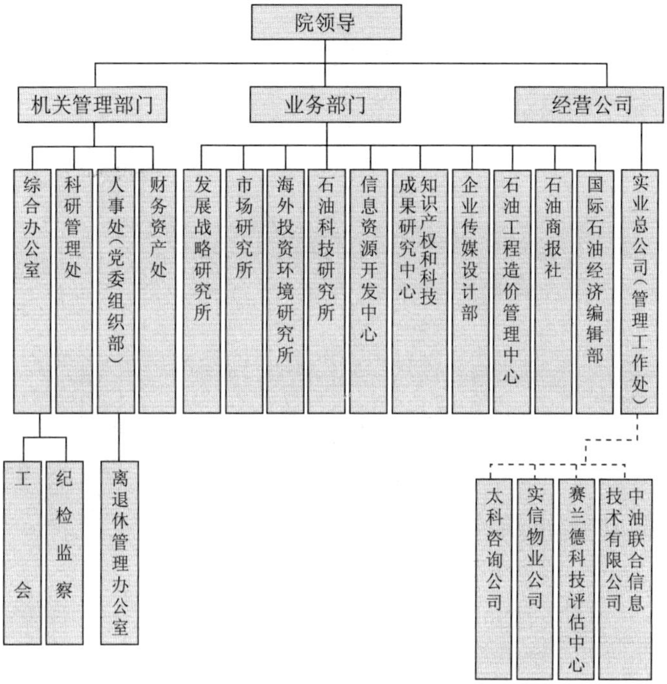

图 10—4　中国石油集团经济技术研究院的组织机构

中国（深圳）综合开发研究院的理事长是财政部原部长项怀诚。

中国国际经济交流中心是一家国际性经济研究、交流和咨询服务机构，主要为政府宏观调控、制定中长期发展规划和重大经济政策等提供分析报告和政策建议，为地方政府制定区域发展规划、行业组织制定产业发展规划等提供智力支持，为企业发展战略、经营决策、海内外投资、兼并重组、技术创新和市场开拓提供信息、政策、法规等咨询服务。该中心下设办公室（人事部）、战略研究部、经济研究部、产业规划部（咨询部）、交流部、信息部、创新发展研究所。

中国（深圳）综合开发研究院创办于 1989 年 2 月，是国内第一家综合性、全国性的民间智库。该院致力于为中国各级政府和国内外企业提供具有前瞻性、创新性和实操性的研究咨询服务。主要研究领域包括国家宏观战略、区域经济、城市化、产业发展和政策以及企业战略与投资决策等。

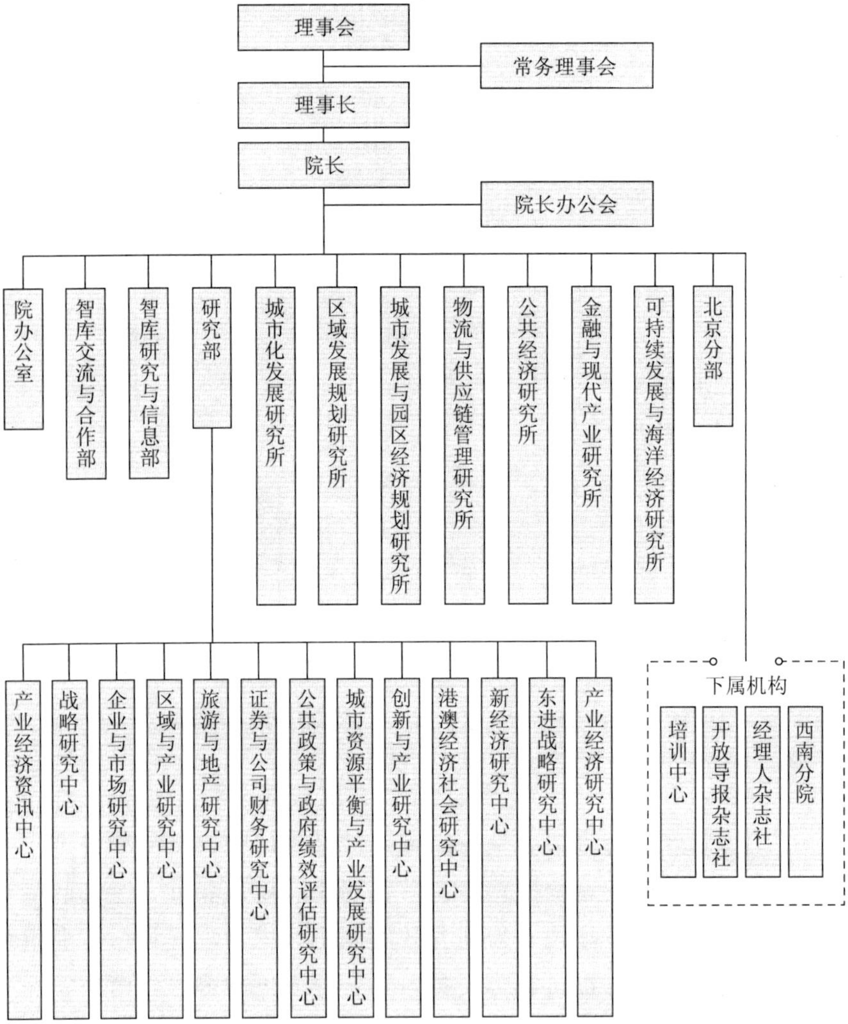

图 10—5　中国（深圳）综合开发研究院的组织机构

在第一批 25 家国家高端智库建设试点单位中，党中央下属单位两家，国务院及国家部委下属单位 12 家，中央军委下属单位 2 家，中央企业下属单位 1 家，高校下属单位 6 家，民间智库两家。党委、政府、军队、央企下属的国家高端智库普遍采取教研部、研究部、学部、研究院、研究所、研究中心等建制，实行党委领导下的校长、院长、局长、社长、主任负责制。在高校下属的国家高端智库，有的实行理事会领导下的院长负责制，有的没有，但几乎都有学术委员会。民间智库都实行理事会领导下的院长负责制，理事长由退休高级官员担任。

在现有的国内智库中，许多单位还没有完全建立起适应智库建设的组织架构。例如，研究机构设置依然是学科导向而不是问题导向。其实，政策研究不同于学术研究。许多单位的研究机构还是按学科划分的，而不是按公共事务涉及的领域来划分的。许多现实问题涉及多个学科，现行组织架构容易导致学科之间相互割裂，导致政策研究的碎片化。为此，有关单位有必要面向国家的重大需求，结合自身优势，组建专门的智库研究机构。

由于政治制度、行政体制不同，中国与西方国家的智库组织管理方式也不同。欧美智库没有一个统一的组织。而在中国，为了加强中国特色新型智库建设，中宣部批准了第一批 25 家国家高端智库建设试点单位，并成立了理事会。中央全面深化改革领导小组审议通过了《国家高端智库建设试点工作方案》，中央全面深化改革领导小组办公室（简称“中央深改办”）还对一些国家高端智库建设试点单位进行督查。

二、智库人才管理

（一）国外智库人才管理

国外智库的人才选拔机制是开放竞争的，一般采用公开招聘的方式吸纳贤才，“以才取人”。智库人才选拔的渠道是：一些名牌大学刚毕业的博士、硕士研究生；大学的知名学者和专家；企业界的精英；政府卸任的官员；其他著名的智库人才。

智库人才选拔录用主要看重学术造诣和实践经验，主要选拔那些博中有专，专博相济的“T 型人才”。智库选拔人才还注重多样性，即学科背景、学历、年龄结构、政治宗教信仰等的多样性，这些不同知识优势的个体合理配置可以提高效率，最大限度地发挥其创造性。例如兰德公司有 1600 多名员工，其中研究人员约 950 人，其员工来自 45

个不同的国家和地区。88%的研究人员拥有高学历，其中60%的研究人员拥有博士学位，他们都拥有丰富的工作和研究经验，另外他们有着不同的政治背景、不同的思想观念、不同的种族和性别以及不同的学术研究领域。这种多样性增强了兰德研究的客观性和创造性，另外，多样性也是兰德成为综合性战略研究智库的重要保证。

为了考核研究人员，国外智库都制定有严格的考核聘任制度，一般来说对高级研究人员实行的是长期聘任制，对作为助手的中初级人员实行短期聘用制，根据考核结果决定科研人员的晋升、续聘或解聘。高级管理人员不但要对上级主管负责，同时也要为下级创造良好的发展机会，若下级几年内得不到发展，则上级负有责任。

布鲁金斯学会学者的遴选采取公开聘任制，主要由会长负责。聘任的考量标准主要有学位、研究专业、研究经历及研究成果几个方面。为获得合格研究人员，兰德公司非常重视人员的选拔和考核工作，而且原则上都采用公开招聘的方式吸收研究人员。兰德公司会对招聘岗位都写出详细明确的职责描述说明书，并据此对应聘人员进行考核。兰德公司有一条重要的用人标准："一个合格的政策分析家必须在社会科学和自然科学方面具有渊博的背景知识，掌握多种不同的分析技术，并有能力和信心从事跨学科的研究"兰德公司非常强调研究人员与各方面专家合作的能力，它对那种尽管很聪明但只关心个人名利的、或只关心自己研究领域的学究式人员是不欢迎的。此外，兰德公司还要求研究人员有较好的外语能力，能自行设计数学模型，会编制计算机程序并能上机操作，有较好的口头表达能力等。

兰德公司的人员除少量从大学、企业家聘请专家外，主要来自三个方面：（1）聘用来自政府部门的离职高官和专家。美国四年一届的总统大选尤其是权力更迭导致主要行政人员大换班时，涉及3000多名官员的重新安排问题。兰德公司提前就瞄准了所需要的人员。兰德公司认为："一个有过政府机构工作经历的人，往往较之高学历研究人员对政策问题有着更为深刻的洞察力"。（2）从名校出身的年轻博士中选用。挑选方式包括派人到学校看他们的论文表现和教授的评价，包括电话面试筛选一些在读博士生前往兰德公司与研究项目结合起来撰写博士论文。由于经过兰德公司直接的考察，时常成为兰德公司吸收“新鲜血液”的重要资源。兰德公司在世界各地开辟多个办公室，招聘各国最优秀的博士生。（3）延揽其他思想库享有盛誉的著名专家。美国研究人员大多实行合同制和聘任制，人员流动性强，使得兰德公司可以根据研究课题的实际需要从外部聘请高水平的专家和本公司的研究人员一道工作，课题结束后研究人员也随之更换。

兰德公司还广泛采用了两种兼职方式，一是聘有一大批国内外著名学者当顾问。这支队伍经常保持500～600人，每年约300人参加工作，其工作量相当于60个专职高级研究员。二是兰德的研究人员到一些院校研究机构担任兼职教师或到政府、公司兼职，扩大兰德公司对人力资源和信息资源的获取，以及研究成果应用推广和影响①。

思想是在交流中产生的，而人员交流又是这种交流的重要组成部分，所以国外著名智库不但重视高素质人才的吸引和选拔，而且也十分重视研究人员的培养交流。人才培养交流的渠道有这样几个：

第一，成立自己的研究生院。例如，兰德公司早在1970年就成立了兰德帕蒂研究生院，专门以严谨、跨学科视角、创造性思维分析解决世界焦点、政策问题的高层次人才。他们采用的教学法是“在职法”，即边干边学、理论与实践结合，这样培养的人才，在进入智库后不需再经熟悉阶段便可胜任研究工作。

兰德帕蒂研究生院每年面向全世界招收约25名、拥有不同专业教育背景的全日制学生。在新生选拔上，除了需要拥有较强的学术能力，招生委员会还会综合考虑学生的创造力、创新等方面的综合能力。

学生可在国土安全、卫生、教育、能源及环境、劳动及人口、经济发展、司法管理中，选择一个作为自己的主要研究方向。除了按要求完成相关选题的毕业论文撰写外，兰德帕蒂研究生院鼓励学生走出

① 参见王继承、冯巍：《合格的政策分析家是怎样炼成的——兰德公司的人力资源管理》，《中国发展观察》2012年第9期。

课堂，参与到兰德公司的一线研究项目中，参与项目研究时间第一年约 60 天，第二年后约 155 天/年①。

第二，为年轻人提供“实习项目”。所谓地实习项目是创造机会，使新进入的研究人员到政府部门、企业、大学或其他智库结交前辈、进行实践、历练才干，让研究人员与政策负责人和政策规划小组接触，以了解决策的具体过程。例如，兰德公司把派研究人员去政府行政部门任职作为一种特殊的“进修”。兰德帕蒂研究生院要求学生至少参与 300 天左右的项目实习，并且借此机会接触大量的政策内容、研究方法、兰德公司研究员以及客户，并像正式研究人员一样获得相应报酬。兰德公司和伦敦战略研究所定期互派访问学者，野村综合研究所和斯坦福研究所等也经常进行人员交流。通过这种人才交流机制，不仅可以使人尽其才，更能够使智库不断充实新鲜血液，增强活力，使智库保持旺盛的思想活力。因此人员培养交流机制既可以为智库带来大量的思想火花，同时也可以进一步扩大智库的社会影响力②。

从人员结构来看，智库普遍注重不同专业研究人员的配置，以及专业人员和辅助人员的合理配置。例如，美国智库的组成人员数量不多，一般超过 100 人的就可以成为大智库了。这些智库坚持效率至上的原则，非常重视研究人员与辅助人员的合理配置。例如，布鲁金斯学会在人员组合方面，坚持将专职研究人员和辅助人员人数比例设定为 1∶2.5③。在兰德公司，工程技术人员、物理学家、数学家、系统分析专家、计算机专家等自然科学专家，与计划统计专家、经济学家、社会学家、心理学家、法律专家，还有文学家等人文社会科学专家集体研究，学科跨度大，学科间配合默契，激发了各种不同学术观点的

---

① 参见罗尧：《世界顶级智库美国兰德公司的人才培养之道》，《中国高校科技》2016 年第 4 期。

② 参见安淑新：《国外智库管理运行机制及对我国的启示》，《当代经济管理》2011 年第 5 期。

③ 参见李玲娟：《美国智库的研究及对中国民间智库的启示》，《辽宁行政学院学报》2008 年第 6 期。

碰撞，使得兰德公司的研究富有创造性。为了保证研究工作的高效率，兰德非常重视研究人员与辅助人员的合理配置，重视辅助人员即秘书和研究助手的作用。兰德公司一般1～4名研究人员配备一名秘书；当研究人员工作量大且经费充裕时可以申请增加秘书；一个高层管理人员有2～3名秘书协助工作①。

从人力资源管理角度看，各国智库各有特色。

美国智库往往根据战略定位确立较合理的人员结构。由于智库机构的特殊性，一般要存有一些高端领军人物，要求高、中级研究人员占较大比重，一般是两头小，中间稍大。也需要一批与之相配合的研究力量、管理团队和服务人员，形成在相关领域研究咨询竞争力的基础。同时，应统筹人员的引进、培养和考核，注重人员来源的多元化和学术背景的多样化。它们广泛借助外力为己服务，如通过广泛聘用研究员、客座研究员、高级顾问等多种渠道，扩大智库专业人员的视野，提高研究水平。美国智库往往以项目为载体组织人员进行跨学科综合性研究，建立起非常广泛的专家学者网络。同时，美国智库普遍建立了建立良性的人员流动机制。美国智库建立的“旋转门”制的人才流动机制已成为美国政治的一大特色，即智库成员的身份在政要与研究人员之间变换，智库成为政府要员的“供应商”和“蓄水池”。一方面，智库将精英输送到政府机构任职，由研究人员变为决策者，可以对政府决策产生至关重要的影响；另一方面，也为在政府换届中的下台官员提供“落脚点”和“过渡带”，从而蓄积了很广的人脉资源②。

英国智库主要通过人才招聘、薪资确定、科研评价、人才培养、人才晋升与流动等方面来筛选人才、吸引人才、留住和培养人才。

在人才招聘方面，英国的一些智库强调人才的教育背景，如海外发展研究所的研究人员一般都出自名校。但也有一些智库在招聘时会

① 参见王继承、冯巍：《合格的政策分析家是怎样炼成的——兰德公司的人力资源管理》，《中国发展观察》2012年第9期。

② 参见刘恩东：《美国智库建设的启示》，《学习时报》2014年5月19日。

更综合考虑人才的发展潜力（如是否聪明、有悟性、对一些事有独到见解）和他之前的教育和工作背景、生活经历。例如，亚当·斯密研究所和 Tim Evans 创办的科普顿研究中心认为来自相似教育背景（如同所名校）的人往往想法会雷同、难有差异较大的想法，因此他们常不拘一格录人才，只要他们认为某人很聪明、见解独到，他们愿意录用他，并且培养、帮助他成长，如允许他在该智库内工作一段时间后到好的学校去深造。改革研究所的研究人员有以前做律师的，有做过记者的，甚至还有离职官员。他们认为不同的经历和阅历对做好研究工作是很有用的。

在工资薪酬方面，英国智库一般根据研究人员的级别、参与研究工作量等指标综合确定其年薪。通常来说，资深研究人员收入高于普通研究人员，即使是后者一般也高于当地平均收入水平。例如，改革研究所的资深研究员年薪约 6 万英镑，远高于伦敦市的人均收入水平(3 万英镑)。他们认为研究是知识密集型工作，而知识的载体是人。因此，研究人员的收入要达到足够留住他们并激励他们更努力地工作、创新的水平。

在科研评价方面，一些智库采用数量化的科研考核办法，例如，写了多少研究报告、发表了多少文章，等等；而亚当·斯密研究所和科普顿研究中心等一些智库则认为智力是很难评价的、更难数量化，它们更依赖研究带头人们对研究人员的评价。那些考核不合格的人员会被逐渐淘汰掉，或是被辞，或是因压力大主动请辞。而考核结果持续较好的，则会到适当时候考虑其晋升，如由普通研究员升为资深研究员，或是让其担任课题组织者等。

在人才培养方面，英国智库非常注重资深研究人员对年轻人员的帮带机制。这不仅体现在平时领导、讨论和指点方面，还可以从入职培训中窥见一斑。例如，亚当·斯密研究所和科普顿研究中心会对新入职的研究人员进行为期一周多的培训，培训内容包括研究所的理念、研究方式、与传媒沟通等方面。

在人员流动方面，英国智库鼓励人才流动，而且愿意保持合理水平的人员流动率。由于智库的研究人员与政府、企业、大学、媒体甚至国际组织有着频繁的交流，他们的流动渠道很广，流出的研究人员有去政府工作的，有去国际组织的，有去大学的，有去媒体的，也有去企业的。例如，海外发展研究所的研究人员平均工作时间约 5 年，人才流动率达约 20％。很多研究人员离开海外发展研究所后去了国际组织和政府工作。[①]

德国智库十分重视人才质量，对研究人员的素质要求很严格，既重视专业学历，又重视资历和经验。一般来说，只有拥有某专业的专家资格，才有条件加入咨询组织。德国智库在录用新的研究人员时，要组织专家进行集体评定，既注意其专业学历，又重视其资历和经验。德国智库的人才选拔机制是开放竞争的，一般采用公开招聘的方式吸纳贤才，以才取人。智库人才选拔的渠道是：一些名牌大学刚毕业的博士、硕士研究生；大学的知名学者和专家；企业界的精英；政府卸任官员；其他著名的智库人才。德国智库人才选拔录用主要看重学术造诣和实践经验，主要选拔那些博中有专、专博相济的“T 型人才”。德国智库选拔人才还注重多样性，即学科背景、学历、年龄结构、政治宗教信仰以及不同的学术研究领域，等等，这种多样性增强了智库研究的客观性和创造性。德国智库研究人员的身份明确清晰，很少有离职研究人员到政府任职。通过智库和政府之间的人员交流达到影响政府决策的目的并不普遍存在，这与美国智库的“旋转门”制度形成鲜明的对照[②]。

在法国的智库中，官办智库人员较多，而独立智库人员一般不多且较为年轻。法国国际关系研究所有 70 多名工作人员，其中 40 多名法国和外国的研究员，超过一半的研究员年龄不到 40 岁，另有 400 多位个体会员。法国国际和战略关系研究所发展较快，全所 40 多人，其

---

① 参见戴慧：《英国智库的管理方法、研究方法及启示》，《中国经济时报》2014 年 1 月 28 日。

② 参见国务院发展研究中心公共管理与人力资源研究所“国外智库管理体系研究”课题组：《德国智库建设管理与运行概况》，《中国经济时报》2012 年 12 月 14 日。

中研究人员 28 人。

法国著名智库都拥有一批有影响力和高学历、高素质的研究人员。法国官办智库，人员进入相对严格。以国家科学研究中心为例，只有获得博士学位的人，才有可能被招为研究人员。一旦被科研中心录用，就成为正式科研人员，享受国家公务员待遇。独立智库进入门槛相对较低。法国国际与战略关系研究所“向公众开放，吸收所有愿意从事国际关系研究或对此感兴趣的集体和个人参与研究所活动，帮助公众更好地了解国际时事”，所以有不少国外的研究人员也参与进来。但这并不意味着独立智库人员构成层次和水平就低，相反人员构成大多是政府部门退休官员和各行业造诣颇深的学者①。

（二）国内智库人才管理

从智库人才引进方面来看，在第一批 25 家国家高端智库建设试点单位中，对于中央国家机关、中央军委下属的智库，普遍要求参加国家公务员考试，或从党政机关和行政事业单位选调、选拔。对于参加应试、应聘的人员，普遍有年龄、学历、户口等方面的限制，而且往往要求是高校应届毕业生。要进入中央企业、科研机构和高校下属的智库，对于参加应试、应聘的人员，也普遍有年龄、学历、专业、户口等方面的限制，也往往要求是高校应届毕业生。民间智库往往对学历有要求，但基本没有年龄、户口等方面的限制。高校应届毕业生基本没有工作经历特别是政府工作经历，缺乏社会经验，往往难以胜任智库研究工作。

从智库人才薪资待遇来看，在第一批 25 家国家高端智库建设试点单位中，凡是中央国家机关、中央军委、中央企业以及科研机构和高校等行政事业单位下属的智库，普遍采取国家统一的基本工资再加各单位自定的绩效工资、津贴、补贴等的做法。这些智库基本属于“大

① 参见国务院发展研究中心公共管理与人力资源研究所“国外智库管理体系研究”课题组：《与政府关系密切的法国智库》，《中国经济时报》2013 年 2 月 27 日。

锅饭”，智库研究人员之间薪资待遇差别不大。其中知名智库专家可以通过讲课、担任项目评审专家、承揽横向课题等方式提高收入水平。由于缺乏有效的激励机制，有的智库研究人员人浮于事。但有的智库研究人员有为国家、为人民贡献智力的情怀，不计较个人得失。

从智库人才培养方面来看，在第一批 25 家国家高端智库建设试点单位中，拥有高级职称的智库专家可以通过带研究生培养一些智库研究人才。智库专家自身一般通过自己研读文献、承担政策研究课题、参加学术会议或政府部门组织的研讨会等方式来提高自己的研究水平。有的单位会组织智库专家出国考察，甚至派智库专家出国进修，如做访问学者等。

从智库人才评价方面来看，在第一批 25 家国家高端智库建设试点单位中，中央国家机关、中央军委、中央企业以及科研机构和高校等行政事业单位下属的智库，在职称评审时，普遍看发表在 SCI、SSCI、CSSCI（简称“C 刊”）、中文核心期刊上的学术论文数量，特别是科研机构和高校。在现行职称评审制度下，有关单位对智库研究成果其实并不很看重，导致老师和科研人员对高端智库建设的积极性不高，特别是对于有职称评审压力的年轻老师和科研人员。

从智库人才流动方面来看，在第一批 25 家国家高端智库建设试点单位中，中央国家机关、中央军委、中央企业以及科研机构和高校等行政事业单位下属的智库人员流动很小，而民间智库人才流动比较频繁。

《中共中央办公厅、国务院办公厅关于加强中国特色新型智库建设的意见》提出，各级党委和政府要把人才队伍作为智库建设重点，实施中国特色新型智库高端人才培养规划。推动党政机关与智库之间人才有序流动，推荐智库专家到党政部门挂职任职。深化智库人才岗位聘用、职称评定等人事管理制度改革，完善以品德、能力和贡献为导向的人才评价机制和激励政策。探索有利于智库人才发挥作用的多种分配方式，建立健全与岗位职责、工作业绩、实际贡献紧密联系的薪酬制度。加强智库专家职业精神、职业道德建设，引导其自觉践行社会主义核心价值观，增强社会责任感和诚信意识，牢固树立国家安全意识、信息安全意识、保密纪律意识，积极主动为党和政府决策贡献聪明才智。

要想加强智库人才队伍建设，对于体制内的智库来说，一方面要让智库专家到党政部门挂职任职，让他们了解党政部门的运行机制；另一方面要多招聘体制外的优秀智库人才，打破年龄、学历、专业、户口等方面的限制，英雄不问出处，聚天下英才而用之。深入推进事业单位改革，加快去行政化步伐，建立合理的智库人才激励机制。对于体制外的智库来说，可以聘任一些已经退休的政府官员、专家学者，建立灵活的智库人才激励机制，提高智库人才的薪资待遇。

三、智库资金管理

作为智库来说，它本身是非营利性组织，其组织目标是为了政策研究和影响公共政策，而不是牟利。但资金是智库的“血液”，是智库赖以生存的根本，所以资金的筹集是智库的核心。

多元化、多渠道的资金来源是确保智库运作的独立性和灵活性的重要基础。智库不能仅仅依靠研究成果的发行去支付研究项目所产生的费用，慈善家、基金会、公司和政府的资金支持才是智库能够生存的关键。但对于智库来说，想获取赞助也不是轻而易举的事情。在20世纪70年代的美国，由于缺乏资金来源，大多数智库都是依赖政府的支持和领导。这种资金来源的局限性影响了智库研究的独立性，因此，如何扩大自己筹集的渠道，是智库能否走向成功的关键。

（1）政府支持。通过政府直接支付经费是智库经费的主要来源。例如，美国兰德公司是有着深厚官方背景的智库，其主要资金来源为政府部门和军方，通常占到其总收入的70%～80%。兰德公司2014财年总收入约为2.6亿美元，其中有1.9亿美元来自美国联邦政府及军方的资助，约占总收入的72%。英国国家发展研究所的69%经费来自政府的支持。美国社会经济国立研究所的40%来自政府的资助。

在大多数情况下，政府提供资金是以合同为基础。例如，兰德公司的很多合同是同美国国防部等美国联邦政府部门签订的。兰德公司和政府部门有着3—5年或每年更新的服务合同，合同数额在数千万美元左右。在合同所规定的范围内，有时兰德公司的研究人员提出具体的项目建议，有时是政府部门自己提出需求，然后双方通过会谈、电子邮件以及其他形式的通信方式进行交流讨论，对具体内容进行这样或那样的修改，最后形成《项目说明书》文件，包括问题、方法、背景、数据、进度、预算、时间表等。接下来项目开始执行，预算到位，兰德公司按时间表提供报告研究的成果，完成项目。兰德公司每年有700～800个研究项目在同时进行。

（2）基金会的支持。目前，基金会是智库获取资金支持的主要来源，尤其是对美国智库来说，在大多数情况下，更是超过了公司的赞助。基金会已成为智库建立的主要力量。智库还会成立专业核心研究团组去吸引基金会的支持。

（3）企业赞助。在美国、英国和德国等国家，接受企业赞助是智库资金来源的渠道之一。企业资助是非官方或半官方智库的主要资金来源之一。大公司的赞助占布鲁金斯学会全部经费的近1/2。战略与国际研究中心的主要收入来源就是公司资助，达到其总收入的32%。

外交关系协会是典型的非官方智库，它的主要收入来源之一就是企业会员的会费。1953年在创立“公司项目”时，它只拥有25名会员，而现在已经扩大到170名公司会员，来自全世界各个行业和地区。公司会员通过捐助，获得参与国际会议的机会，能够聆听到业内顶尖专家的分析，与知名公司同行共同参与讨论获得商机等①。

（4）个人捐赠。个人的捐赠也占赞助费用的一大部分。例如，传统基金会获取的资金赞助都是由富人捐赠的。个人捐赠在费边社获取的赞助费中占有很大的比例，超过总费用的1/3。个人捐赠者包括公司董事、国际委员、顾问委员会成员等。战略与国际研究中心的42位

① 参见王迎晖：《美国顶尖智库的资金来源及运作分析》，《解放军报》2016年3月21日。

董事中，有20位个人年度捐赠超过5万美元。布鲁金斯学会下设有布鲁金斯委员会，该委员会由商界精英、社区领袖等较大的捐助者组成，捐助者可以参与学会活动。学会还有一个“计划捐助”项目，该项目使得人们在保证个人和家庭支出的基础上得以向学会捐助一大笔款。

此外，智库一般还通过出版物销售、召开会议、提供课程培训以及咨询服务等来获取资金，有时还通过信贷来开展一些核心项目的研究。

（一）国外智库资金管理

不同国家的智库经费来源结果往往大相径庭。例如，美国智库的经费来源于公司团体、基金会、政府、个人的捐赠、本机构的基金收入等多个渠道。2013年，战略与国际研究中心总收入为3230万美元，其中公司资助为32%，基金会捐赠为29%，政府捐赠为19%，个人捐赠为9%，其他收入为6%，慈善捐赠为5%。2015年，布鲁金斯学会的业务收入达到9588万美元，经费来源主要包括政府拨款（86%），基金会、公司、大学及研究机构以及个人的捐赠（10%），教育培训收入（5%），出版物收入（2%），其他杂项收入（2%）等。多元化的、充足的研究资金来源，既保证了研究的资金支持，也有利于免受利益诱导而丧失研究的独立性和灵活性①。

英国智库研究的资金来源有政府资助、欧盟资助、企业、个人和慈善机构捐赠、研究委托等。有的还有版权收入和会费资金。由于强调独立性并要向资助者表明资金使用恰当、有效，有的智库会对捐赠者设置最高捐赠额，或向捐赠者公示其资金使用情况、财务状况。有的独立型智库还向公众公示以证明其观点未受到捐赠者直接影响。英国的独立型智库一般要求资助者不能干预其研究观点，资助者资助只是因为他们认可该智库的理念②。

---

① 参见刘恩东：《美国智库建设的启示》，《学习时报》2014年5月19日。

② 参见戴慧：《英国智库的管理办法、研究方法及启示》，《中国经济时报》2014年1月28日。

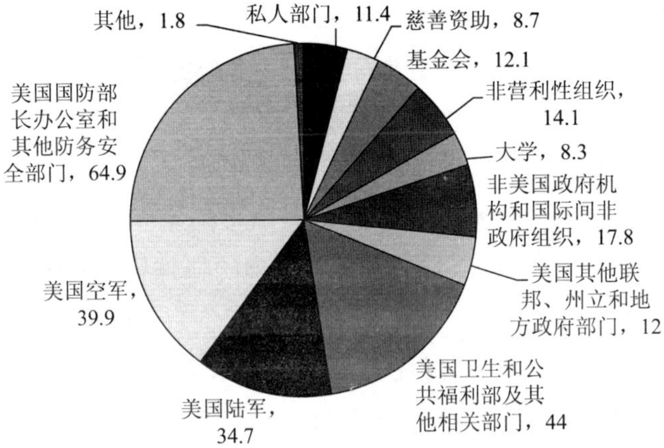

图 10—6 2014 年兰德公司经费来源情况（单位：百万美元）

法国智库资金的主要来源包括政府、社团捐献、出版物销售、合同研究（为企业或相关私营机构提供咨询和专题研究）、地方或州政府、会员费、会议资金、教学培训等。来自政府的资金，主要是对政府提出的项目的研究而获得的劳务报酬。除官办智库大部分来源于财政支出外，独立型智库大都来源于法国的主要企业与政府部门。企业或社团捐赠也是一部分智库获得资金来源的渠道。这些企业大多是大公司、大企业、大财团，捐赠行为既是它们承担企业社会责任的体现，也是提高自己公众影响力的有效手段。名气越大、影响越大的研究机构，在获得捐助方面就越是处于有利地位。例如，法国国际关系研究所的资助者有许多法国大公司和欧美大公司，几乎所有入选巴黎指数的大公司都对它进行了资助。这在很大程度上确保了智库的相对独立性，体现在研究结果上则是客观性和公正性。法国的智库也通过出售出版物作为资金来源的一部分。出版物包括刊物、独立分析专题报告、时政短评、政策综述等不同种类的文献资料等。法国智库大多与企业具有密切的关系，在为政府开展研究的同时也为企业开展咨询研究，并建立会员制，通过会员制来收取一定费用①。

① 参见国务院发展研究中心公共管理与人力资源研究所“国外智库管理体系研究”课题组：《与政府关系密切的法国智库》，《中国经济时报》2013 年 2 月 27 日。

日本智库经费来源渠道主要有六大类型①。

一是经费全部或绝大部分源于政府。直接隶属于政府及各省厅的研究机构，其经费预算均由国家提供，经费充足。这类机构除政府下达的研究任务外，也展开独立研究。而属于半官方机构性质的独立行政法人形态的智库，其绝大部分经费来源于国家预算。例如，经济产业研究所成立于2001年，属于非公务员型的特殊行政法人，以研究贸易投资、产业政策等为主。根据经济产业研究所的2012年决算报告，其总体收入中，来自国家拨付的运营费占99.2%。日本国际问题研究所是1959年12月由前首相吉田茂创立的，主要就国际问题研究、外交等进行调查研究和提案工作，是日本在外交领域的第一家智库。尽管日本国际问题研究所属于公益财团法人形态，但其作为与国家有特别密切关系的机构，根据日本政府的《补助金适当化法》，该研究所的部分经费来源于政府的补助金。从2012年度日本国际问题研究所的经费来源来看，来自政府的补助金占其总体收入的51%。来自法人、个人、图书馆的会费收入占8.2%，委托研究收入占38.8%。

二是全部或绝大部分由企业出资。日本在20世纪80年代中后期到90年代初期，金融、生命保险、制造商、地方银行等一系列的智库进入一个“井喷期”。这类民间智库是日本智库中的主体，其特点是一家企业或多家企业为其股东，实行企业化运作。如农林中金综合研究所，其前身是农林中央金库于1950年设立的调查部，1990年完全子公司化，成立了农林中金综合研究所，公司资产达3亿日元，主要以对农林水产业、食品、环境有关领域的中长期研究和相关调研为主。日本综合研究所的前身是1969年从住友银行分离出来成立了“日本信息服务股份公司”，1989年改称日本综合研究所，目前其股东为三井住友金融集团，资本金达100亿日元。该研究所主要以政策提案及客户要求等，对政治、经济、社会等各个领域进行调研工作，是一家综合性的智库组织。而丸红经济研究所则由丸红集团等多家企业投资成

① 参见程永明：《日本智库经费来源渠道研究》，《人民论坛》2014年第3期。

立，主要根据丸红集团及相关企业的需求展开调查研究。

三是以会费以及捐款为收益的。一些特定非营利活动法人（NPO）智库组织主要以社会赞助为其收益主要来源。例如，创立于2002年的“SOHO智库”，主要以学术团体、行政团体、企业为其赞助会员，主要通过调查研究、提供信息、产品企划等提供智力支持。日本国际论坛实行会员制，其经费来源基本依靠会费收入。如法人正式会员的年会费为100万日元、法人准会员的年会费为10万日元、个人正式会员年会费为1万日元、个人准会员年会费为3000日元。作为企业的法人会员收入是其主要经费来源部分，企业会员在提供资金的同时也参与智库的研究活动。核心的会员企业还成立有财务委员会，其主要工作是积极寻求新的企业加入以确保资金。构想日本由原任职于日本大藏省的加藤秀树于1997年设立，该智库所有收益都来自会费，不接受政党等的委托，因此并不受来自政治家、企业及政党的影响，因而能够更加公正地探究日本社会的现在和将来。主要研究领域为国家与各自治体间的平衡体系、道路公团民营化、年金制度、公益法人制度、教育行政等课题。关于省厅改革、公益法人制度改革、年金制度改革等方面的诸多提案都被政府采纳，并被体现在《各省厅设置法（改正）》《公益法人制度改革相关法》等政策中。一些一般财团法人型的智库也多以会费收入为主。日本经济研究所从1981年开始，其主要经费来源以日本政策投资银行为主的多家企业赞助为主，2012年其会费收入占70.1%。而一般财团法人静冈经济研究所来自会费的收入高达79%，来自调查研究、委托研究等的经费约占20%。另有一些智库虽并不实行会员制，但其收益也主要来自社会各界的捐款，如公益财团法人德岛经济研究所，其收益全部来自于捐赠，而地方自治综合研究所98.9%的收益来自捐款。

四是以委托研究费、调研费及相关出版物的收益为主。大多数以一般财团法人为组织形态的地方银行系智库为其主体，这些智库通过接受委托研究、自主研究、调查研究等形式为地方的经济、社会、文化等为地方自治体的发展提供智力支持。福岛经济研究所来自银行等的委托研究收益占69.7%，来自杂志发行的收益占25.1%。北陆经济研究所是北陆银行的全资子公司，来自调查研究、出版物等的收益占88.6%。青森地域社会研究所来自自主调查研究的收入占23%，来自委托项目的收入占52%，会费收入占24.5%。冈山经济研究所来自研究会收入、出版物收入、委托研究的经费占61%，来自会费的收入占38%。以出版物为主要收益来源的有"政策智库PHP总研"，该机构是PHP研究所下属的智库组织，主要是利用PHP研究所庞大的出版事业的收益来充实研究活动。其研究领域涉及政治、治理、行政、安全保障、福利、教育、经济等多个方面。尽管规模较小，但研究领域广泛。

五是以基金收益为主。东京财团目前运营着两个世界规模的基金，一个是"SYLFF"，1987年由日本财团设立，目前有来自各方提供的100万美元的基金，主要是为培养未来的精英人才提供奖学金。另一个是"日语教育基金"，1994年由日本财团设立，目前该基金规模为150万美元，主要为世界各地的日语教育提供经费支持。东京财团的研究、调研费用主要来自于对基金的运作收益。地球产业文化研究所在其2012年的总收入中，来自"爱·地球事业博事业基金"（2005年日本国际博览会后成立的基金）的收益占到总体收入的72%，来自委托研究等的收益仅占8.9%。

六是以办公楼收益为主。后藤·安田东京市政调查会原称"东京市政调查会"，1922年由当时的东京都知事后藤新平创立，创立当时由安田善次郎提供了340万日元的捐款作为启动经费，1929年10月建成专用的"市政会馆"。该机构的研究、活动经费全部来自于市政会馆的租户和租借会场所带来的收益。

（二）国内智库资金管理

从智库资金来源来看，在第一批25家国家高端智库建设试点单位中，对于中央国家机关、中央军委、中央企业以及科研机构和高校等行政事业单位下属的智库，资金来源首先是国家财政拨款，其次是通过承担党政机关、企事业单位委托的研究课题和咨询项目获取资金，再次是通过销售研究报告、图书、自办的期刊等获取一定的资金。有些高校智库可以获得企业和个人（如校友）的捐赠。体制内的智库基本上是全额拨款单位，有的是差额拨款单位。对于民间智库，则主要靠承揽党政机关、企事业单位委托的研究课题和咨询项目获取资金，其次是销售研究报告，最后是通过举办会议活动获取企业的赞助。民间智库基本上是自收自支。

《中共中央办公厅、国务院办公厅关于加强中国特色新型智库建设的意见》提出建立政府购买决策咨询服务制度，加大资金投入保障力度。研究制定政府向智库购买决策咨询服务的指导意见，明确购买方和服务方的责任和义务。凡属智库提供的咨询报告、政策方案、规划设计、调研数据等，均可纳入政府采购范围和政府购买服务指导性目录。建立按需购买、以事定费、公开择优、合同管理的购买机制，采用公开招标、邀请招标、竞争性谈判、单一来源等多种方式购买。各级政府要研究制定和落实支持智库发展的财政、金融政策，探索建立多元化、多渠道、多层次的投入体系，健全竞争性经费和稳定支持经费相协调的投入机制。根据不同类型智库的性质和特点，研究制定不同的支持办法。落实公益捐赠制度，鼓励企业、社会组织、个人捐赠资助智库建设。

从智库资金管理和使用来看，对于财政拨款的课题经费，都有相应的资金管理和使用办法，如《关于改进加强中央财政科研项目和资金管理的若干意见》《国家社会科学基金管理办法》《教育部、财政部关于加强中央部门所属高校科研经费管理的意见》《关于进一步完善中央财政科研项目资金管理等政策的若干意见》等。目前，许多单位都建立了课题经费管理制度和财务报销制度。

四、智库战略管理

"战略"一词源于古希腊军事术语 strategos，指将军指挥军队的艺术。随着人类社会的发展，“战略”一词逐渐被广泛应用于军事以外的领域，包括政治、经济、科技、社会发展等，其含义演变为“泛指重点的、带全局性或决定全局的谋划”。当人们把军事战略思想运用到一般的组织管理之中就产生了战略管理。

战略管理是指组织确定其使命，根据组织外部环境和内部条件设定组织的战略目标，为保证目标的正确落实和实现进行谋划，并依靠内部能力将这种谋划和决策付诸实施，以及在实施过程中进行控制的一个动态管理过程。战略管理的任务，就在于通过战略制定、战略实施和日常管理，在保持这种动态平衡的条件下，实现组织的战略目标。第一，战略管理不仅涉及战略的制定和规划，而且也包含着将制定出的战略付诸实施的管理，因此是一个全过程的管理；第二，战略管理不是静态的、一次性的管理，而是一种循环的、往复性的动态管理过程。它是需要根据外部环境的变化、组织内部条件的改变，以及战略执行结果的反馈信息等，而重复进行新一轮战略管理的过程，是不间断的管理。

战略管理具有以下特点。

第一，外部性。现今的组织机构多存在于一个开放的系统中，组织机构影响着这些因素，但更通常地是受这些不能由企业自身控制的因素所影响。所以，战略管理强调组织不是去适应环境，而是期待和塑造组织的变迁，这一点是最重要的。同时，战略管理必须充分认识到政治权威的影响。①

第二，全局性。智库战略是对智库未来的发展方向和目标具有纲领性的规划与设计，是具有普遍性、全面性、权威性的管理决策。

第三，长远性。战略管理注重长期，是对组织长远发展的一种谋划。它决定了公司在以后相当长的一段时间内（通常是五年甚至更长）的目标和方向。评价战略优劣的一个重要标准就是看其是否有助于实

---

① 参见 Barry Bozeman and Jeffrey D. Straussman，*Public Management Strategies*. San Francisco：Jossey-Bass Publishers，1990，p. 64，pp. 29—30.

现组织长期的目标和保证长期利益的最大化。

第四，可行性。智库战略必须易于操作，要结合自身条件和环境状况来制定切实可行的战略。

第五，稳定性。为了可持续发展，公司战略一旦确定后，就要保持相对稳定性，经常改变公司的发展方向和总体目标产生无所适从的感觉，也就不成其为战略。

第六，风险性。智库战略管理的制定为公司的发展明确了方向，便于公司齐心协力的前进，但公司战略是一把“双刃剑”，也隐含着风险。其风险来源于三个方面：一是企业根据自己的历史和当前状态所做出的判断与决策是否正确；二是企业在未来战略管理期间所面对的环境变化产生不确定因素的多少和影响程度大小；三是企业面对环境的变化其自身适应能力的强弱。智库做出任何一项决策都存在风险，战略决策也不例外。市场研究深入，行业发展趋势预测准确，设立的远景目标客观，各战略阶段人、财、物等资源调配得当，战略形态选择科学，制定的战略就能引导企业健康、快速的发展。反之，仅凭个人主观判断市场，设立目标过于理想或对行业的发展趋势预测偏差，制定的战略就会产生管理误导，甚至给企业带来破产的风险。

第七，系统性。公司战略管理是一个复杂的系统，可以分解为不同层次的子系统。战略管理将长期目标和近期目标整合成一个连贯的层级。

组织领导人之所以会重视战略管理，往往有一些诱因。例如，组织的成长或新组织的成立，对稳定自助的需要，扩张的欲望，对组织扮演多重角色的要求，领导人的更换，某些规定要求制定组织发展规划，整合各个部门的需要，协调行动的需要，现有组织墨守成规、效率低下，组织的维持发展受到政治上的压力，有了新的远景目标，等等。组织可以用战略管理来对这些新情况做出回应。战略管理要求了解历史、研究组织面临的形势，制定问题议程，确定具体战略，评估战略的可行性和执行战略变革。

战略管理力图克服传统行政管理的局限，着眼于组织与外部环境的相互作用，系统考虑组织的未来愿景、长期目标和近期目标，将关注的焦点由内部转向外部，从注重日常管理转向注重未来的发展管理。这种组织与环境相匹配的思想成为现代战略分析的基础。战略管理提出了一条实现其理想的途径。组织在实现其理想的过程中，需要考虑形成议题的趋势和实践，对议题做出反应的行动以及那些促进或制约行动的政治和社会力量。组织发起战略管理以改变战略方向并推动组织朝理想迈进。安德鲁提出，组织战略一般包含以下几个部分：确定或反映组织的目标、意图等；规定组织从事的业务范围；确定组织的人力资源架构等。

战略管理作为当代组织管理最重要的一个环节，其思想方法已得到广泛运用。在竞争越是激烈的行业，运用战略管理的组织也越多；组织规模越大，也越重视战略管理；当组织处于外部环境急速变动或面临重大转折之际，组织就非常可能从战略角度来重组企业。正规战略规划的智库较非正规战略规划智库能较好地预见未来的发展，并大大降低了兼并活动所带来的不确定性。战略管理对于提高智库整体绩效起到了很大的作用。

战略管理过程，一般包括9个步骤：

第一，确定组织当前的宗旨、目标和战略。定义组织机构的宗旨旨在促使管理当局仔细确定组织的产品和业务范围。对“我们到底从事的是什么事业”的理解关系到组织的指导方针。当然，管理当局还必须搞清楚组织的目标以及当前所实施的战略的性质，并对其进行全面而客观的评估。

第二，分析环境。环境分析是战略管理过程的关键环节和要素。组织环境在很大程度上规定了管理当局可能的选择。成功的战略大多是哪些与环境相适应的战略。管理当局应很好地分析组织所处的环境，了解面临竞争的焦点，了解政府法律法规对组织可能产生的影响等等。其中，环境分析的重点是把握环境的变化和发展趋势。关于环境的信息可以通过各种各样的外部资源来获取。

第三，发现机会和威胁（Opportunity-threat）。分析了环境之后，管理当局需要评估环境中哪些机会可以利用，以及组织可能面临的威胁。机会和威胁都是环境的特征。威胁会阻碍组织目标的实现，而机会则相反。

第四，分析组织的资源。这一分析将视角转移到组织内部：组织雇员拥有什么样的技巧和能力？组织的现今状况怎样？在开发新产品方面一直很成功吗？公众对组织及其产品或服务质量的评价怎样？这一环节的分析能使管理当局认识到，无论多么强大的组织，都在资源和能力方面受到某种限制。

第五，识别优势和劣势（Strength-weakness）。优势是组织可资开发利用以实现组织目标的积极的内部特征，是组织与众不同的能力（Distinctive competence），即决定作为组织竞争武器的特殊技能和资源；劣势则是抑制或约束组织目标实现的内部特征。管理者们应从如下方面评价组织的优势和劣势：这些因素包括市场、财务、产品、研究与发展。内部分析同样也要考虑组织的结构、管理能力和管理质量，以及人力资源、组织文化的特征。管理者可以通过各种各样的报告来获得有关组织内部优势和劣势的信息。

第六，重新评价组织的宗旨和目标。按照 SWOT 分析和识别组织机会的要求，管理当局应重新评价公司的宗旨和目标。

第七，制定战略。战略需要分别在公司层、事业层和职能层设立。在这一环节组织将寻求组织的恰当定位，以便获得领先于竞争对手的相对优势。

第八，实施战略。无论战略制定得多么有效，如果不能恰当地实施仍不可能保证组织的成功。另外，在战略实施过程中，最高管理层的领导能力固然重要，但中层和基层管理者执行计划的主动性也同样重要。管理当局需要通过招聘、选拔、处罚、调换、提升乃至解雇职员以确保组织战略目标的实现。

第九，评价结果。战略管理过程的最后一步是评价结果：战略的效果如何？需要做哪些调整？这涉及到控制过程。

国内智库的战略管理，普遍的做法是制定发展战略，如发展规划、行动计划或年度工作计划，提出一定时期（对于发展规划通常是5年）内的指导思想、基本原则、发展目标（或行动目标、工作目标）、主要任务（或行动内容、工作内容）和保障措施，然后按规划、计划实施。但有时候计划赶不上变化。对于体制内的智库，往往难以及时调整发展战略，改变机构设置和人员配置。而对于体制外的民间智库，则对形势变化、热点问题等比较敏锐，能够及时调整自身的发展战略，增减部门和智库研究人员。

五、智库项目管理

（一）国外智库项目管理

国外著名智库大都是项目型公司或机构。项目是维系智库生存和发展的重要基础。在我国，智库研究人员也大多以课题或项目形式从事科研活动。加强智库的项目管理，提高智库的项目管理水平，是提升智库竞争力的重要方法。

国外著名智库在项目管理上都建立了一套严密的立项与研究程序。智库要提供高质量的决策知识，就必须尊重科学，采取科学、规范的咨询研究方法和程序，这就要求对知识产品的生产创造过程进行管理。从业务进程来分析，智库的研究项目基本上是委托式咨询，一般可分为几个阶段：

（1）签约阶段。智库和委托人（党政部门、企事业单位、群团组织等）经过洽谈，达成协议，双方签订合同。

（2）准备阶段。智库机构根据委托人的要求和意图，做好项目实施前的准备工作，如成立项目组，拟定调研方案，设计访谈提纲和调查问卷，制定工作计划等。

（3）研究阶段。搜集相关资料和数据，深入开展调查研究，分析发展现状、实际需求和主要问题等，提出对策建议。为了使研究分析做到科学化，兰德公司提出了“4W”思考模式，即发生什么事（What’s going on），为什么发生（Why did this happen），应采取哪条行动路线（Which course of action should），前景如何（What lies a-head）。兰德公司把研究分析活动划分为状况评估、问题分析、决策分析和预测分析四个环节，并为之发展出一系列可操作的结构化、程序化的研究分析工具和方法。

（4）报告编写阶段。智库根据合同要求编写研究报告。研究报告是智库研究成果的表现形式，编写水平往往反映智库的研究水平。研究报告要有条理性，做到思路清晰、结构合理、内容全面、数据翔实。对策建议要具有可操作性，能够落地实施。

（5）成果评审阶段。国外智库都很重视咨询研究项目的质量管理，每个智库都有一套严格的成果评审制度。兰德公司建立了内部评审制度，每项研究计划通常都聘请两位未参与该研究计划的资深研究人员作评审员，负责计划开始后的中期审查和终期审查，看其是否达到了兰德的工作要求。研究小组写出研究报告初稿后，评审员进行预审，并写出评审意见。研究小组则要对其批评意见做出回答，或者接受，进行修改，或者不接受解释理由，最后写出最终报告，请委托人认定。兰德公司还从社会上聘用了约600名全国有名望的教授和各类高级专家，作为特约顾问和研究员，主要任务是对重大项目进行研究分析和成果论证，以确保研究质量及研究成果的权威性。

（6）成果提交阶段。委托人接受智库的研究成果后，此项目就可以结项了。

现代决策咨询面临的是一些综合性强、复杂程度很高的项目，没有长期广泛深入地调查和持续滚动的研究，很难为决策者提供完整准确的信息和比较全面的备选方案以供抉择。兰德公司认为，短期的、一次性的研究，写出一份报告或一纸备忘录送到一位官员办公桌上便告结束，这种咨询方法对决策不会有多大作用。那种临时召集专家开一两次会议，写一份报告的做法，有如用专家临时“拍脑袋”去代替领导的“拍脑袋”。

除了委托式咨询，智库还自主选择一些热点问题开展研究。像兰德公司，除了大部分根据长期合同和政府预算来安排的政府项目外，兰德公司还自主选择部分有意义或会造成重大影响的项目①。

英国智库项目研究通常遵循“选题—筹资—研究—评审—发布”或“委托项目—研究—评审—发布”的模式。前者一般为智库自己独立选题，后者为委托项目的运作模式。

在英国，独立型智库为了追求其观点的中立和独立性，会要求其研究资助者不能干涉其研究成果中的观点，他们通常会在每年某月定下下一年的研究项目计划，然后寻求资金支持，再开展研究。一些独立型智库甚至明确规定每个资助者的最高资助金额，以防止项目研究成果明显偏向于项目资助者。例如，亚当·斯密研究所就规定每个企业捐赠者每年捐赠额度不得超过 5 万英镑。

在选题阶段，海外发展研究所等较大的智库通常会成立选题小组，成员为智库内每个研究部的领导或权威，对资深研究员们提议的项目题目和计划进行评审，最后根据计划研究项目数量做出决定。政策研究中心和改革研究所等一些小的智库则直接由智库的一把手决定选题。一些有党派或政府背景的智库在选题时还会听取议员、政府官员的意见，以便提高研究的实效性和针对性。

在项目研究阶段，一些大的研究所有时也会邀请外部专家参加，对国际问题方面的研究，他们会通过与国际组织合作研究，以提升资源共享性并传播自己的理念。例如，海外发展研究所一半的项目是与国际组织合作的，在项目研究阶段双方研究人员就已进行了足够交流，并且相互逐渐熟悉，在以后的会议或项目研究中还会保持交流，这些都非常有利于该研究所的理念传播和这些国际项目成果的应用性。

在项目评审阶段，一些小的智库直接由智库内部相关领域资深专家审查，而一些较大的智库，则很注重研究质量，执行严格的评审机制。例如，海外发展研究所通常邀请所外的同行专家担任项目评委，其意见以匿名形式反馈给研究所。评审标准主要包括研究成果是否具有科学依据，论证是否充分；研究报告的陈述是否有效；结论是否客

① 参见安淑新：《国外智库管理运行机制及对我国的启示》，《当代经济管理》2011 年第 5 期。

观公正等。

在项目成果的发布阶段，英国智库常会邀请大众传媒（包括报纸、广播、电视、网络），开个小型发布会，对其成果进行报道。当一些研究项目组中缺乏知名的研究人员时，有的研究所还会邀请该领域的知名专家点评、推介，以达到更好的宣传效果。英国的智库，尤其是独立型智库，非常注重利用媒体宣传自身，以增强其对政府官员、议员以及公众的影响力[①]。

（二）国内智库项目管理

从智库项目来源来看，在第一批25家国家高端智库建设试点单位中，对于中央国家机关、中央军委下属的智库，项目主要来自中央国家机关、中央军委安排的课题研究任务，以及中央领导交办的研究任务。一些教员和研究人员也承接横向课题，但横向课题数量不多、比例不大。对于中央企业下属的智库，项目主要来自中央企业安排的课题研究任务，承接外单位的项目很少。对于科学院、工程院、社科院等科研机构以及北大、清华、人大、复旦等高校，项目主要来自国家自然科学基金、国家社会科学基金等以及教育部、科技部等国家部委的科研项目，有些老师和科研人员也承接横向课题。相对中央国家机关下属的智库，科研机构和高校下属的智库对横向课题管理比较松，有的甚至鼓励老师和科研人员承接横向课题，单位只收少量的管理费。对于民间智库，项目主要来自党政机关、企事业单位委托的研究课题，横向课题占绝大多数，几乎申请不到纵向课题。

《中共中央办公厅、国务院办公厅关于加强中国特色新型智库建设的意见》提出深化组织管理和研究体制改革。强化政府在智库发展规划、政策法规、统筹协调等方面的宏观指导责任，创新管理方式，形成既能把握正确方向、又有利于激发智库活力的管理体制。健全课题

① 参见戴慧：《英国智库的管理方法、研究方法及启示》，《中国经济时报》2014年1月28日。

招标或委托制度，完善公开公平公正、科学规范透明的立项机制，建立长期跟踪研究、持续滚动资助的长效机制。

从智库项目管理来看，对于财政拨款的纵向课题，都有相应的项目管理办法，如《国家社会科学基金项目管理办法》《国家软科学研究计划管理办法》等。目前，许多单位都建立了项目管理制度，如《中央党校科研项目管理办法》《中国人民大学横向科研项目管理办法》。

目前，财政拨款的纵向课题管理方式依然沿用“计划经济”的管理模式。一般来说，由掌握纵向课题经费的党政机关或课题经费管理机构自行出题，让申请者应答。掌握或管理课题经费的政府官员很少是某些领域的专家学者，拟定的课题是否科学、合理值得商榷。一些政府官员手里掌握几百万、几千万甚至几亿、几十亿的科研经费，容易发生寻租行为。在负责对课题申请书评审的专家学者中，有的就是出题者，导致一些课题由谁承担已经内定，浪费申请人的时间和精力。申请纵向课题，里面有许多潜规则，在学术界已经是公开的秘密。此外，在申请者还没有正式开展研究之前，就要求把预期研究成果写出来，违背了科学研究的基本规律。为此，应增加申请者自拟课题的比重。纵向课题结项之后，应把课题名称、研究内容等课题基本信息，课题承担者的姓名、单位、职称等基本信息和课题研究报告在网上公开，让同行自由下载。这样既可以发挥同行监督作用，又可以避免重复研究。

六、智库质量管理

研究质量决定了智库的可信性和公信力。高度重视政策咨询成果的质量是智库发展的生命力所在。智库是研究别人、为别人出谋划策的，但智库的研究成果能不能被人接受和采纳，能不能产生好的效果，则取决于智库的研究质量。

智库政策咨询成果的质量主要体现在三个方面：一是成果的创新性、实用性和针对性。提出政策理念是智库的基本任务。能否提出解决经济社会现实中重大战略问题和关键问题的新思想、新论断、新理论，剖析问题的深层原因、提出富于针对性和实效性的新举措是智库成功的第一要素。布鲁金斯学会、兰德公司、斯坦福研究所等之所以成为国际一流的智库，就源于其新思想、新观点、新理论。二是研究分析的科学化。三是建立了严格的质量管控和成果评价机制。

（一）国外智库质量管理

美国智库都很重视咨询研究的质量管理，每个管理库都有一套严格的成果评审制度。比如，为了确保研究质量，兰德公司制定了一套严格的考核标准。考核标准主要有两个，一是兰德公司高质量研究标准，另一个是能够反映兰德公司特征的“兰德特殊研究标准”。兰德公司这些考核标准和程序是兰德享誉全球，成果质量高的基础。兰德公司按照上述标准，对公司内部研究团队和研究成果进行客观评价和考核。考核包括内部考核和外部考核两个部分，每 4 或 5 年进行一次。内部考核是各研究部门的管理团队对自己部门的研究质量进行内部评级和总结。在进行内部考核的基础上，还要进行外部考核。参与外部考核的人员由两部分组成：一部分是来自兰德公司以外的考核人员，这部分人员属于核心成员；还有一部分人员来自兰德公司的其他部门。被考核部门的管理人员不得参加和干预本部门的外部考核①。

加拿大智库普遍提出并坚持研究质量至上，建立严格完善的成果评估体系。政府、学术界和媒体之所以长期信任贺维学会，就是认可他们的研究质量，而不是因为他们的政治观点。与内部对研究结论和观点的宽容相比，对研究质量的要求则没有丝毫的余地。贺维学会的评估标准比学术期刊还要严格。一项成果出来，首先要进行严格的学术评估，邀请相关领域学术界权威进行评估。其次要进行有效的实践评估，即从相关从业人员中听取意见，看政策建议是否有实践价值，是否行得通。此外，对于政府部门委托的政策研究课题，还要与政府

① 参见刘恩东：《美国智库建设的启示》，《学习时报》2014 年 5 月 19 日。

部门进行沟通，并从反馈中对研究成果进行再研判、再评估。弗雷泽研究所之所以能够吸引包括6位诺贝尔奖获得者在内的350位专家在他们那里发表论文、出版著作，就是因为它的质量至上原则，它的要求极为严格，所有文章和著作，均选全球顶尖专家进行盲评①。

法国智库的科研成果由专门独立的机构来评审。科研成果、个人表现全由自己汇总上报，所在单位只报单位的情况，对于本单位的科研人员不作褒贬评价，这样可杜绝因领导人的好恶而影响对科研人员客观公正的评价。对一个单位或一个科研人员的考核，基本上都是与被考核单位或人员没有直接利害冲突的人，而且这些人又都是这个方面的专家，有较高的鉴别力，评审具有公平合理性②。

兰德公司的质量管理非常典型。兰德公司自成立以来，就确立了非常明确的研究定位与发展目标，即通过高质量、独立性、客观性的政策分析和研究，促进政策制定和完善，并提高决策的质量。兰德公司成立60多年来，其研究内容、研究方式、服务的政府部门都发生了许多变化，但唯一没有改变的是兰德公司所秉持的高质量、客观性的研究标准。兰德公司认为，高质量（High quality）和客观性（Objective）的研究是兰德公司存在和发展的核心价值，也是兰德公司赢得政府及决策者长期信赖和形成强大政策影响力的基础。为了维护和不断提升兰德的核心价值，兰德公司在其长期研究实践中，逐步形成了一系列的研究标准，并建立起研究质量的监控机制，来确保形成高质量、客观性的研究成果。

1. 明确质量标准

兰德公司的研究质量标准是在长期研究实践中逐步完善，历经10多次修订，并于2009年形成了10项研究质量准则。这10项准则是针对兰德公司所有研究活动和成果的统一标准，覆盖了研究活动的主要环节，是兰德公司研究人员在所有研究项目中必须牢记和遵从的，也

---

① 参见许宝健：《加拿大智库的特点及启示》，《中国经济时报》2015年1月22日。

② 参见国务院发展研究中心公共管理与人力资源研究所“国外智库管理体系研究”课题组：《与政府关系密切的法国智库》，《中国经济时报》2013年2月27日。

是兰德公司各业务管理部门、内外部评审专家进行研究管理、监督及评价研究项目及成果的主要依据，更是研究项目委托方及政策制定者评价兰德公司研究水平的依据。但对于优秀研究成果，兰德公司则有更高要求或标准。兰德公司规定，优秀研究成果在符合上述10个项目标准的同时，还需要做到三点：一是全面、完整、系统的研究，兰德公司强调，政策研究不能仅仅从委托方的角度或面临的问题出发，而是要从更大的范围、更高视角及长期性来研究问题，并提出解决方案；二是创新性研究，即研究要有新的设计、新的思路或新的认识，并在研究方法上创新；三是研究要经得起时间的考验，多数政策研究项目都是政府或委托方针对现实问题提出，兰德公司长期以来一直努力寻求长期的或全面的解决方案，避免陷入急功近利式的研究。兰德公司有一些非常优秀的研究成果或政策方案，在研究完成时政府或决策者难以接受，但是事后证明研究结论非常正确和合理，或者在研究的过程中实现了研究方法方面的重大突破，如线性规划，往往成为长期政策研究的工具。因此，优秀的研究成果更需要时间的验证。

2. 完善质量监控机制

兰德公司对研究质量的要求是贯穿于其研究活动的各个方面，为此，兰德公司内部建立了比较完善的质量监督机制。一是公司层面设有质量监管委员会，由公司高层、研究部门的质量督导，以及研究人员管理部和对外关系部等方面的人员组成，负责制定公司的质量标准，监督各研究部门及其他业务部门的研究质量。二是研究部门设置专职质量主管，级别相当于研究部门负责人，主要负责本研究部门的质量监督和管理，包括组织研究项目的开题、中期汇报，审阅各研究项目的报告，达到公司质量标准后组织内外部同行专家进行评审，并对修改后的研究报告进行最终审查。三是研究项目负责人是研究质量的第一责任人。兰德公司的每一个研究项目的负责人，具体负责组织相关研究活动，并对研究成果负责。研究完成后，项目负责人必须对成果进行检查，然后提交本研究部门的质量主管进行评审，并负责按照评审专家意见进行修改。四是采取内外部专家评审制。兰德公司研究成果评审采取内外部专家实名评审制度。通常是内外部同行专家各聘一名，内部专家一般为研究项目团队之外的同行专家。原则上兰德公司的研究人员都可以担任评审专家，评审工作计入研究人员工作量。评审专家根据兰德公司的质量标准，对研究报告进行评议，并提出修改意见。研究团队必须根据评审专家的意见进行修改，并书面说明修改情况。

3. 实施分类管理

兰德公司每年在研项目超过1000个，形成的各类研究成果多达数千种。针对形式各样、为数众多的研究成果，兰德公司采取分类管理的原则，分门别类地制定了相应的质量标准和管理规范。总体来看，兰德公司的研究成果可以分为四类。一是研究项目的研究报告，是兰德公司最基本的研究成果，每年兰德公司完成并出版的研究报告多达700多份；二是学术论文。兰德公司鼓励研究人员根据项目研究的方法、内容及结论，撰写学术论文，每年公开发表在各种学术期刊的论文有300多篇；三是兰德公司的政策评论和政策摘要及听证会政策意见，这主要是根据项目研究中的重要研究发现、主要研究结论和政策建议整理形成的，提供给政府机构、国会及社会各方面意见领袖，每年兰德公司的政策评论有250篇，研究摘要在100篇以上，提供议会的听证会政策意见数十篇；四是研究人员在各类媒体上发表的文章、接受的专访，也是其重要的研究成果形式。

无论何种形式的研究成果，首先需要符合兰德公司的统一质量准则。在此基础上，还需要符合相应的质量标准和管理规范。例如，兰德公司研究人员撰写的学术论文，既要符合兰德公司的质量准则，也需要符合相关学术规范，对外发表前需经3～9位国内外同行的审议和不记名投票，经过修改后由评委表决是否通过。所以，学术论文代表着公司研究的最高水平。

再如，兰德公司提供给国会或其他决策者的政策摘要或听证会政策意见，是反映兰德公司政策研究水平和影响力的最重要成果形式。为此，兰德公司要求，撰写政策摘要和证词，必须基于兰德公司已有的研究成果，内容上应包括主要的研究发现和政策解决方案，更加强调问题导向和政策的针对性；在管理程序上，政策摘要或证词需要经过相关研究部门主管及主管副总裁的审查，主要针对内容、结构及政策内容进行把关；修改完善后再提交公司对外事务部的国会关系处及公司主管对外关系的副总裁审定，主要从文字、政策针对性及是否符合公司立场等角度进行把关，研究人员按相关意见修改完善后，由公司提交国会及相关决策者①。

（二）国内智库质量管理

对于中央国家机关、中央军委、中央企业以及科研机构和高校等行政事业单位下属的智库，普遍设立了科研管理部门，负责科研项目计划制定、研究课题的立项审批、课题经费管理（如课题经费预算审批、课题经费使用的票据报销审批）、课题研究成果检查和存档以及科研人员的考核等。许多单位设有学术委员会，主要负责教师和科研人员的职称评审、学术道德监督和论文剽窃审查。有些单位会组织课题研究成果评选，对获得奖项的教师和科研人员给予物质和精神奖励。对于民间智库，有的设立了研究总监岗位，专门负责项目质量管理，对课题研究成果进行审查和把关。另外，研究部门的负责人也会对下属的课题研究成果进行审查和把关。

在我国，智库质量管理方式与项目来源类型有很大的关系。对于党政机关、中央军委、中央企业安排的研究课题，由课题主管部门组织专家对课题研究成果评审。对于党政机关、企事业单位委托的课题，由委托单位组织专家对课题研究成果评审。对于来自国家自然科学基金、国家社会科学基金等以及教育部、科技部等国家部委的科研项目，由国家自然科学基金委员会、全国哲学社会科学规划办公室以及有关部委组织专家对课题研究成果评审。在提交课题研究报告时，课题主

① 参见王微：《兰德公司研究质量标准及管理制度》，中国智库网 http://www.chinathinktanks.org.cn/content/detail/id/2885354.

管部门或委托单位要对研究报告进行内容查重和剽窃审查，以提高课题研究质量。

《中共中央办公厅、国务院办公厅关于加强中国特色新型智库建设的意见》提出，完善以质量创新和实际贡献为导向的评价办法，构建用户评价、同行评价、社会评价相结合的指标体系。

智库研究成果质量高低，受影响最大的是使用智库研究成果的一方，通常是党政机关和企事业单位。因此，在智库质量管理中，用户评价最为重要。同行专家学者主要是在项目执行过程聘请担任项目顾问，在项目研究成果评审时作为评审专家提出修改意见。许多智库研究成果最终要变成可发布实施的政策文件。政策出台后实施效果如何，需要社会各界特别是利益相关方对政策进行评价，以便对政策进行修订、完善。

（三）智库评价和排名情况

目前，国内外一些机构推出了智库评价指标体系和智库排名报告。自 2007 年起，美国宾夕法尼亚大学“智库研究项目（TTCSP）”每年发布《全球智库报告》。根据 2017 年 1 月宾夕法尼亚大学发布的《全球智库报告 2016》，2016 年，全球共有 6846 家智库，其中美国有 1835 家智库，中国有 435 家智库。在 2016 全球智库综合排名 175 强中，美国的布鲁金斯学会蝉联第一名，中国有 9 家智库入选，分别是中国现代国际关系研究院、中国社会科学院、中国国际问题研究院、国务院发展研究中心、上海国际问题研究院、北京大学国际战略研究院、中国与全球化智库、中国人民大学重阳金融研究院。

2015 年 1 月，零点国际发展研究院与中国网联合发布了《2014 中国智库影响力报告》，从专业影响力、政府影响力、社会影响力和国际影响力四个方面对我国智库进行了排名，国务院发展研究中心、中国社会科学院、上海社会科学院、北京大学国家发展研究院、中央党校、国家发改委宏观经济研究院、环保部环境规划院、中国国际经济交流中心、零点研究咨询集团、中国人民大学重阳金融研究院位列前十。

2015 年 11 月，中国社会科学院中国社会科学评价中心发布了《全球智库评价报告 2015》，从吸引力、管理力和影响力三个方面对全球智库进行了评价，中国国务院发展研究中心排名第 9，中国国际问题研究院排名第 23，中国现代国际关系研究院排名第 35，中国国际经济交流中心排名第 40，国家发改委宏观经济研究院排名第 59，商务部国际贸易经济合作研究院排名第 67，清华大学国情研究院排名第 84，中国人民大学国家发展与战略研究院排名第 87，北京大学国家发展研究院排名第 96。

2016 年 1 月，上海社会科学院智库研究中心发布了《2015 中国智库报告·影响力排名与政策建议》，从决策影响力、学术影响力、社会影响力、国际影响力和智库成长能力五个方面对国内智库进行了评价，中国社会科学院、国务院发展研究中心、北京大学、清华大学、中国科学院、复旦大学、中央党校、上海社会科学院、中国人民大学、中国工程院位列前十。

2016 年 7 月，光明日报智库研究与发布中心和南京大学中国智库研究与评价中心联合发布了《中国智库网络影响力评价报告》。该报告从网络资源、网络传播能力和网络交流能力三个方面对 68 个国内智库的网络影响力进行了评价，中国社会科学院、中共中央党校、国务院发展研究中心、中国金融四十人论坛、国家行政学院、清华大学当代国际关系研究院、清华—卡内基全球政策中心、中共北京市委党校、零点研究咨询集团、北京大学国家发展研究院位列前十。

2016 年 11 月，四川省社会科学院与中国科学院成都文献情报中心联合发布了《中华智库影响力报告（2016）》，从决策影响力、专业影响力、舆论影响力、社会影响力和国际影响力五个角度对我国大陆及港澳台地区的 232 家智库进行了评价。2015 年我国综合影响力排名前 10 位的智库分别为中国社会科学院、北京大学、清华大学、国务院发展研究中心、中国科学院、复旦大学、中国人民大学、上海社会科学院、中共中央政策研究室、中国与全球化智库。

可见，不同的智库评价机构采用了不同的智库评价指标体系，得出的智库评价结果也不一致。智库评价机构应该公开智库评价指标体系，说明指标含义、采用的数据及其来源、测算方法等，否则难以让人们信服。

另外，这些智库评价机构采用的智库评价指标体系是否科学、合理，还值得商榷。例如，评价智库研究成果的价值，关键是看有没有被决策层采纳。如果没有被采纳，就失去了价值。政策研究不同于学术研究。政策是用来执行的，而不是像学术论文那样用来看的。因此，评价智库关键是评价决策影响力，不能用评价学术水平的指标来评价智库发展水平。

中央党校和国家行政学院许多教员参与了党中央、国务院政策文件起草；许多教员撰写的内参，被中央领导批示，影响了中央领导决策。许多教员承担了中央部委和地方政府委托的政策研究课题，为中央部委和地方政府起草政策。而这些一般都不公开，从现有智库评价指标体系都体现不出来。中央党校和国家行政学院的教员可以接触大量官员，他们可与官员探讨政策问题，官员可以支持他们进行实地调研；他们可以去党政部门挂职，深入了解政策制定、实施和评估过程。这些是许多高校和科研机构智库不具备的政策研究条件。

中国特色新型智库，就反映了中国智库与西方智库的不同。中国与西方国家政治制度不同、行政体制不同，不能用西方国家的智库评价标准来评价中国智库。当然，我们可以学习、借鉴西方国家的智库评价方法，但不可以照抄照搬。与其热热闹闹追求智库排名，不如安下心来为中国发展出谋划策，贡献智慧。

参考文献

[1] 林聚任：《社会科学研究方法》，山东人民出版社 2008 年版。

[2] 谭跃进：《定量分析方法》，中国人民大学出版社 2013 年版。

[3] 谢明：《政策透视——政策分析的理论与实践》，中国人民大学出版社 2004 年版。

[4] 褚鸣：《美欧智库比较研究》，中国社会科学出版社 2013 年版。

[5] 王佩亨、李国强：《海外智库：世界主要国家智库考察报告》，中国财政经济出版社 2014 年版。

[6] 金彩红、黄河：《欧美大国智库研究》，上海社会科学院出版社 2016 年版。

[7] 孙效良：《政策科学论纲》（修订本），经济科学出版社 2012 年版。

[8] 陈振明：《政策科学——公共政策分析导论》（第二版），中国人民大学出版社 2003 年版。

[9] 陈庆云：《公共政策分析》（第二版），北京大学出版社 2011 年版。

[10]〔美〕托马斯·R. 戴伊著，谢明译：《理解公共政策》（第十二版），中国人民大学出版社 2011 年版。

[11]〔美〕威廉·N. 邓恩著，谢明等译：《公共政策分析导论》（第 4 版），中国人民大学出版社 2011 年版。

[12]〔印〕考希克·巴苏著，卓贤译：《政策制定的艺术》，中信出版集团 2016 年版。

[13]〔美〕梅里利·S. 格林德尔、约翰·W. 托马斯著，黄新华、

陈天慈译：《公共选择与政策变迁》，商务印书馆 2016 年版。

[14] 何俊志：《结构，历史与行为——历史制度主义对政治科学的重构》，复旦大学出版社 2004 年版。

[15]〔法〕朱·弗登博格、让·梯若尔著，黄涛译：《博弈论》，中国人民大学出版社 2010 年版。

[16] 贠杰：《公共政策研究的理论与方法》，河南人民出版社 2003 年版。

[17] 风笑天：《现代社会调查方法》（第五版），华中科技大学出版社 2014 年版。

[18] 风笑天：《社会调查中的问卷设计》（第三版），中国人民大学出版社 2014 年版。

[19] 蒋颖：《人文社会科学领域文献计量学研究》，社会科学文献出版社 2013 年版。

[20] 蒋剑辉：《民意测验与社会测量》，中国物价出版社 2002 年版。

[21] 金江军、郭英楼：《互联网时代的国家治理》，中共党史出版社 2016 年版。

[22] 彭兰：《网络传播概论》（第 3 版），中国人民大学出版社 2012 年版。

[23] 朱有志、贺培育、刘助仁：《智库学概论》，中共中央党校出版社 2015 年版。

[24] 唐磊：《当代智库的知识生产》，中国社会科学出版社 2015 年版。

[25] 任晓：《第五种权力：论智库》，北京大学出版社 2015 年版。

[26]〔美〕詹姆斯·麦根、安娜·威登、吉莉恩·拉弗蒂主编，王晓毅等译：《智库的力量：公共政策研究机构如何促进社会发展》，社会科学文献出版社 2016 年版。

[27]〔美〕詹姆斯·麦甘恩、理查德·萨巴蒂尼著，韩雪等译：《全球智库政策网络与治理》，上海交通大学出版社 2015 年版。

[28]〔美〕斯特鲁伊克著，李刚等译：《经营智库：成熟组织的实务指南》，江苏人民出版社 2015 年版。

[29] 赵蕾霞、钟永恒、史海建：《国际权威智库中定量分析工具的应用及特点研究》，《情报杂志》2014 年第 5 期。

[30] 张军、周磊、慕慧鸽：《国际权威智库定量研究方法进展与趋势》，《图书情报工作》2015 年第 7 期。

[31] 谭三桃：《研究方法不规范是制约地方社科院社会主义新智库建设的瓶颈》，《社会科学管理与评论》2012 年第 3 期。

[32] 王佳宁、莫远明：《智库研究的方法创新与走向判断》，《重庆社会科学》2012 年第 9 期。

[33] 曹明：《以信息化促进智库现代化转型发展》，《中国社会科学报》2015 年 7 月 2 日。

[34] 王满传、赵秋雁：《新型智库建设者的实践与思考——评魏礼群新著〈建设智库之路〉》，《光明日报》2015 年 2 月 11 日。

[35] 曹明、刘兰兰：《社科型智库信息化建设评价指标体系研究》，《中州大学学报》2014 年第 5 期。

[36] 殷志华、赵国辉：《利用信息化手段建立智库研究成果知识管理系统浅析》，《中国建设信息》2014 年第 17 期。

[37] 蓝志勇：《也谈公共管理研究方法》，《中国行政管理》2014 年第 3 期。

[38] 丁元竹：《探索智库的研究方法》，《中国发展观察》2012 年第 8 期。

[39] 赵一红：《浅论社会科学方法论中的价值中立问题》，《暨南学报（哲学社会科学）》1999 年第 1 期。

[40] 王鉴：《论人文社会科学研究的解释性》，《学术探索》2011 年第 12 期。

[41] 中国人民大学商学院产业研究中心：《中国智库的商业模式及发展方向》，《现代国企研究》2014 年第 5 期。

[42] 陈振明：《政策科学与智库建设》，《中国行政管理》2014 年

第 5 期。

[43] 徐湘林：《公共政策研究基本问题与方法探讨》，《新视野》2003 年第 12 期。

[44] 傅广宛、韦彩玲、杨瑜、杜文强：《量化方法在我国公共政策分析中的应用进展研究——以最近六年来的进展为研究对象》，《中国行政管理》2009 年第 4 期。

[45] 许共城：《欧美智库比较及对中国智库发展的启示》，《经济社会体制比较》2010 年第 4 期。

[46] 何利辉、罗洋：《美国智库发展研究及启示》，《宏观经济管理》2009 年第 12 期。

[47] 周琪：《美国智库的组织结构及运作——以布鲁金斯学会为例》，《人民论坛》2013 年第 12 期。

[48] 曾毅：《美国智库观察》，《决策》2008 年第 5 期。

[49] 郭岚：《国外智库产业发展模式及其演化机制》，《重庆社会科学》2013 年第 3 期。

[50] 张小溪：《智库发展的着力点在于思想和方法创新》，《中国社会科学报》2015 年 4 月 20 日。

[51] 段培新：《政策分析研究方法文献综述》，《社会科学管理与评论》2013 年第 1 期。

[52] 孙蕊、孙萍、张景奇、吴金希：《内容分析方法在公共政策研究中的应用——以耕地占补平衡政策为例》，《广东农业科学》2014 年第 4 期。

[53] 徐扬辉：《论社会科学研究方法在公共政策制定过程中的作用和意义》，《当代经济》2011 年第 14 期。

[54] 李亚：《一种面向利益分析的政策研究方法》，《中国行政管理》2011 年第 4 期。

[55] 雷志宇：《定性研究方法及其在现代公共政策研究中的规范应用》，《复旦公共行政评论》2007 年 11 月 30 日。

[56] 贺卫、王浣尘：《试论公共政策研究中的模型方法》，《中国

软科学》2000 年第 1 期。

[57] 冯军旗：《如何制定好的政策——基于〈不变的是原则，万变的是方法〉的实证研究》，《安徽行政学院学报》2014 年第 2 期。

[58] 廖筠：《公共政策定量评估方法之比较研究》，《现代财经(天津财经大学学报)》2007 年第 10 期。

[59] 王水雄：《模型加个案方法推动社科研究》，《中国社会科学报》2016 年 4 月 20 日。

[60] 金江军：《"互联网+"创新智库发展模式》，《学习时报》2015 年 12 月 28 日。

[61] 黄璜：《政策科学再思考：学科使命、政策过程与分析方法》，《中国行政管理》2015 年第 1 期。

[62] 王微：《兰德公司研究质量标准及管理制度》，中国智库网 http：//www.chinathinktanks.org.cn/content/detail/id/2885354.

[63] 王迎晖：《美国顶尖智库的资金来源及运作分析》，《解放军报》2016 年 3 月 21 日。

[64] 陈云松、黄超：《大数据推动社会科学研究深挖潜力》，中国社会科学网 http：//www.cssn.cn/xr/xr_xrf/xrly/201501/t20150112_1475236.shtml.

[65] 李文、邓淑娜：《大数据带来社科研究新变化》，《人民日报》2015 年 8 月 24 日。

[66] 孙建军：《大数据时代人文社会科学如何发展》，《光明日报》2014 年 7 月 7 日。

[67] 姜春力：《大数据助力智库建设》，《经济》2016 年第 17 期。

[68] 罗繁明：《利用大数据推进新型智库建设》，《人民日报》2016 年 7 月 15 日。

[69] 王铮：《美国兰德公司的运营特点与发展态势》，《智库理论与实践》2016 年第 1 期。

[70] 罗尧：《世界顶级智库美国兰德公司的人才培养之道》，《中国高校科技》2016 年第 4 期。

［71］王继承、冯巍：《合格的政策分析家是怎样炼成的——兰德公司的人力资源管理》，《中国发展观察》2012 年第 9 期。

［72］王继承：《兰德公司人力资源“矩阵式”管理经验》，《中国经济时报》2012 年 9 月 7 日。

［73］高春玲：《布鲁金斯学会的核心价值、运行机制及未来构想》，《智库理论与实践》2016 年第 2 期。

［74］李婧：《美国智库决策研究的运行机制——以布鲁金斯学会为例的个案研究》，《社会科学管理与评论》2013 年第 3 期。

［75］肖飞、李习文：《智库全媒体传播能力建设路径浅析》，《新闻爱好者》2014 年第 1 期。

［76］赵博：《智库必须思考如何以新形式传播成果》，《文汇报》2014 年 2 月 17 日。

［77］李后强：《树立互联网思维　增强智库服务功能》，求是理论网 http：//www. qstheory. cn/laigao/2014—07/c _ 1111580225. htm.

［78］殷志华、兰宗敏：《充分借助信息网络平台提升新型智库社会影响》，《新经济导刊》2014 年第 9 期。

［79］郑海峰：《全球著名智库发展经验及其对我国的启示》，《能源技术经济》2012 年第 5 期。

［80］安淑新：《国外智库管理运行机制及对我国的启示》，《当代经济管理》2011 年第 5 期。

［81］李玲娟：《美国智库的研究及对中国民间智库的启示》，《辽宁行政学院学报》2008 年第 6 期。

［82］杨尚东：《全球智库发展实践、经验及对中国的启示》，《管理现代化》2014 年第 1 期。

［83］王大骐、张欢：《美国智库的前世今生》，《南方人物周刊》2011 年第 42 期。

［84］戴慧：《英国智库的管理方法、研究方法及启示》，《中国经济时报》2014 年 1 月 28 日。

［85］国务院发展研究中心公共管理与人力资源研究所“国外智库

管理体系研究”课题组：《德国智库建设管理与运行概况》，《中国经济时报》2012年12月14日。

[86] 国务院发展研究中心公共管理与人力资源研究所“国外智库管理体系研究”课题组：《与政府关系密切的法国智库》，中国经济新闻网 http：//www. cet. com. cn/wzsy/gysd/778186. shtml.

[87] 刘恩东：《美国智库建设的启示》，《学习时报》2014年5月19日。

[88] 韩显阳：《美国智库面面观》，《光明日报》2015年3月1日。

[89] 吴育良：《国外智库信息服务的分析及启示》，《情报杂志》2015年第2期。

[90] 尹春梅：《适应智库需求的文献信息资源建设》，《山东图书馆学刊》2014年第5期。

[91] 王明慧、邹庆国：《浅谈智库成果的网络传播》，《学理论》2012年第22期。

[92] 薛澜：《智库热的冷思考：破解中国特色智库发展之道》，《中国行政管理》2014年第5期。

[93] 任陇婵：《媒体融合的梦想如何照进现实》，《视听界》2015年第1期。

[94] 吕洪：《传媒转型：哀悼时光不如留住灵魂》，《人民日报》2014年2月13日。

[95] 房宁：《我们需要什么样的智库学者》，《光明日报》2015年12月30日。

[96] 刘少东：《智库建设的日本经验》，《人民论坛》2013年第35期。

[97] 庞清杰：《国外战略智库面面观》，《解放军报》2015年1月24日。

[98] 许宝健：《加拿大智库的特点及启示》，《中国经济时报》2015年1月22日。

[99] 程永明：《日本智库经费来源渠道研究》，《人民论坛》2014年第3期。

[100] 光明日报智库研究与发布中心：《2015中国智库年度发展报告：盘点各类智库特点》，《光明日报》2016年1月13日。

[101] 沙璐：《25机构入选首批国家高端智库建设试点单位》，中国社会科学网 http：//ex. cssn. cn/zk/zk _ jsxx/zk _ zx/201512/t20151204 _ 2741912. shtml.

[102] 彭科峰：《全球智库报告2016：中国智库数量世界第二》，科学网 http：//news. sciencenet. cn/htmlnews/2017/2/367207. shtm.

[103] 中国社会科学评价中心：《全球智库评价报告》，中国社会科学网 http：//skpj. cssn. cn/xspj/qwfb/201511/t20151123 _ 2708853. shtml.

[104] 王斯敏、曹继军、颜维琦：《〈2015中国智库报告〉公布智库影响力排名》，《光明日报》2016年1月28日。

[105] 朱虹：《〈中华智库影响力报告（2016）〉今日发布》，人民网 http：//sc. people. com. cn/n2/2016/1109/c345167—29280012. html.

[106] 杨谧、张胜、姬泰然：《〈中国智库网络影响力评价报告〉发布》，《光明日报》2016年7月13日。

[107] 何池康：《重温毛泽东的调查研究理论》，《学习时报》2017年1月6日。

[108] 张康之：《美国智库建设与智库人才培养》，《学习时报》2016年11月24日。

[109] 朱光磊：《让社会科学更好支撑智库建设》，《人民日报》2015年10月27日。

[110] 贾宇、张胜、王斯敏等：《立足高端服务决策引领发展——国家高端智库建设试点工作一周年回顾与研究》，《光明日报》2016年12月1日。